Jane Mansbridge

FEMINISMO, DEMOCRACIA Y PODER

Serie CLA •DE •MA
Política

FEMINISMO, DEMOCRACIA Y PODER

Jane Mansbridge

Edición y estudio crítico
de Felipe Rey Salamanca

© Del artículo: «La Enmienda de Igualdad de Derechos (ERA)», *por Jane Mansbridge*. Este texto proviene del segundo libro de Mansbridge *Why we lost the ERA?*, publicado en 1986.

© Del artículo: «Feminismo y democracia», *por Jane Mansbridge*. Publicado originalmente en inglés en: Mansbridge, J. (1990). «Feminism and Democracy». *The American Prospect*, Spring.

© Del artículo: «Usar el poder/combatir el poder», *por Jane Mansbridge*. Publicado originalmente en inglés en: Mansbridge, J. (1994). *Using Power/Fighting Power. Constellations*, 1(1), 53-73. https://doi.org/10.1111/j.1467-8675.1994. tb00004.x

© Del artículo:: «¿Deberían los negros representar a los negros y las mujeres a las mujeres?», *por Jane Mansbridge*. Publicado originalmente en inglés en: Mansbridge, J. (1999b). «Should Blacks Represent Blacks and Women Represent Women? A Contingent "Yes"», *The Journal of Politics*, 61 (3), págs. 628-657.

© Del artículo: «Susan Moller Okin», *por Jane Mansbridge*. Publicado originalmente en inglés en: Ackerly, B., Mansbridge, J., Rosenblum, N., Shanley, M., Tickner, J. A., & Young, I. M. (2004). Susan Moller Okin. *PS: Political Science and Politics*, 37(4), 891-893.

© Del artículo «Iris Marion Young: legados para la teoría feminista», *por Jane Mansbridge*. Publicado originalmente en: Mansbridge, J. (2008). *Iris Marion Young: Legacies for Feminist Theory. Politics and Gender*, 4(2), 309-311. https://doi.org/10.1017/S1743923X08000202

© Del artículo: «Sobre la importancia de lograr las cosas», *por Jane Mansbridge*. Publicado originalmente en inglés en: Mansbridge, J. (2012). «On the Importance of Getting Things Done». *PS: Political Science & Politics*, 45(1).

© Del artículo: «Negociación deliberativa». Publicado originalmente en inglés en: Warren, Mark E. y Jane Mansbridge, con André Bächtiger, Max A. Cameron, Simone Chambers, John Ferejohn, Alan Jacobs, Jack Knight, Daniel Naurin, Melissa Schwartzberg, Yael Tamir, Dennis Thompson y Melissa Williams. 2015. "Deliberative Negotiation". En *Political Negotiation*, Jane Mansbridge y Cathie Jo Martin (eds.). Washington DC: Brookings, págs. 141-198. Este texto fue resumido para su inclusión en esta edición.

© De la edición: Felipe Rey Salamanca
© De la traducción: Alejandro Sánchez Lopera
Corrección: Marta Beltrán Vahón

Primera edición: noviembre de 2023

Derechos reservados para todas las ediciones en castellano
© Editorial Gedisa, S.A.
www.gedisa.com

Preimpresión: gama, sl

ISBN: 978-84-19406-06-4
Depósito legal: B 17500-2023

Impreso por Sagrafic
Impreso en España
Printed in Spain

Queda prohibida la reproducción total o parcial por cualquier medio de impresión, en forma idéntica, extractada o modificada, de esta versión castellana de la obra.

Índice

Prefacio 11
Introducción 11
Combatir el poder 12
Teoría de la contingencia 16
Representación descriptiva 17
Bienes de uso libre y el modelo de núcleo moral/
    periferia coercitiva 22
Negociación deliberativa 25
Conclusión: de un tiempo de esperanza a un tiempo de
    miedo 26
Bibliografía 29
**Estudio crítico. Un final y un comienzo: Primeros
recortes de una democracia de la amistad.**
Felipe Rey Salamanca 35
Algunas aclaraciones sobre esta edición 37
¿Qué es la igualdad política? El papel de la intensidad . . . 40
¿Qué es el interés público? 49
¿La democracia como el gobierno del pueblo o como el
    gobierno de todos? 49
Ética de la representación 50
Bibliografía 51

1. La Enmienda de Igualdad de Derechos (ERA).
¿Movimiento o cofradía?........................ 55
Nosotros contra ellos 56
Pureza doctrinal............................... 58
Homogeneidad 59
Virar hacia adentro: ¿una ley de hierro? 61
Escapar de la ley de hierro 65
Bibliografía.................................. 68

2. Feminismo y democracia......................... 71
Democracia como deliberación 73
El cuidado: ¿una política sin poder?.................. 79
Teorías feministas del poder....................... 81
Escucha y deliberación democrática 83
Superar las formas sutiles del poder................. 85

3. Usar el poder/combatir el poder 91
Resumen del argumento 91
Por qué las democracias necesitan usar la coerción 94
Cómo los ciudadanos podrían combatir las mismas
coerciones que necesitan 99
Por qué necesitamos usar y combatir la coerción en
nuestro fuero íntimo............................ 104
Reelaborando el recuerdo de la injusticia 109
Bibliografía.................................. 111

4. ¿Deberían los negros representar a los negros y las
mujeres a las mujeres? Un «sí» contingente.......... 113
¿Qué es la representación «descriptiva»? 115
Argumentos en contra de la representación descriptiva.. 116
Los costes del sorteo: menos talento 117
Los costes de la selección: ¿cuáles grupos, por qué y
cuántos de cada uno? 123
«Esencialismo» como un coste de selección 129
Otros costes de la representación descriptiva 132
Contextos de desconfianza: los beneficios de la
comunicación ampliada 135

Contextos de intereses no cristalizados: beneficios de la deliberación experiencial 139

Más allá de la representación sustantiva. 147

Institucionalizando formas fluidas de representación descriptiva 154

Bibliografía. 157

5. **Susan Moller Okin** 165

Bibliografía. 171

6. **Iris Marion Young: legados para la teoría feminista**... 173

Bibliografía. 175

7. **Sobre la importancia de lograr las cosas** 177

Los dos impedimentos para la democracia de Robert Dahl: el vínculo causal no examinado 178

La tradición de la resistencia. 186

Una teoría de la acción democrática. 190

Negociación y delegación. 196

Una teoría para nuestro tiempo 203

Bibliografía. 204

8. **Negociación deliberativa**. 209

Acción 211

Los ideales de una negociación justa 217

Negociación deliberativa 218

La negligencia frente a la negociación deliberativa 222

Interacción repetida. 228

Interacciones a puerta cerrada 231

Pagos compensatorios. 241

Conclusión. 243

Bibliografía. 245

Prefacio[1]

Jane Mansbridge

Introducción

No se puede ser feminista sin ser intensamente consciente del poder. Al final de la década de 1960, cuando participé activamente en la temprana «segunda ola» del movimiento de mujeres, ninguna de nosotras contaba con mucha teoría feminista que nos ayudara. Estábamos inventando la teoría para nuestras acciones a medida que actuábamos. Nuestras ideas emergieron, entre otras cosas, de estar sentadas semana tras semana en pequeños «grupos de concienciación» donde nos contábamos nuestras vidas, nos centrábamos analíticamente en asuntos y momentos clave y nos dábamos cuenta, a veces lentamente y otras en un *shock* repentino, que lo que habíamos dado por sentado, o práctico, o útil para sobrevivir en el mundo no era, de hecho, bueno para nosotras. Nuestras metas no eran buenas para nosotras. Nuestras normas no eran buenas para nosotras. Partes de nosotras mismas no eran buenas para nosotras. Antes incluso de que alguna de nosotras hubiera leído a Foucault, nos dimos cuenta de que el poder estaba en todas partes. Esto hizo

---

1. Este prefacio está basado en parte en Mansbridge (2017, 2023a y 2023b).

que la lucha contra este poder fuera difícil. Como dijo Sally Kempton: «Es difícil combatir un enemigo que tiene puestos de avanzada en tu cabeza».[2]

Las ideas de este volumen han sido extraídas tanto de las experiencias de usar como de combatir al poder. Combatir al poder es difícil, pero necesario. A menudo, usar el poder es costoso y a veces peligrosamente contraproducente, pero también es necesario. La respuesta correcta tiene que ser, tanto como sea posible, identificar y combatir los peligros inherentes incluso cuando usamos ese poder. Podemos aprender a reducir el uso del poder, aun cuando este deba ser ejercido a través de la negociación deliberativa. Y podemos aprender a hacer que el poder que usamos sea más legítimo incluso para aquellos sobre los que es ejercido.

Combatir el poder

Tanto la sección «Superar las formas sutiles del poder» en el capítulo «Feminismo y democracia» (1990a; este vol.) como «Usar el poder/combatir el poder» (1994; este vol.) confrontan el dilema de reconocer que nuestros propios yoes derivan en pequeña y (a menudo) en gran medida del uso del poder por parte de aquellos que nos criaron y de las comunidades en las que vivimos. El poder que nos ha dado forma incluye tanto la fuerza, que a menudo constriñe las opciones que tenemos, como la amenaza de sanción. A veces ese poder en el trasfondo nos ayuda a descubrir y promover lo que es bueno para nosotros en el sentido más amplio; a veces evita que comprendamos aquello que es bueno para nosotros. Así, de alguna manera «debemos encontrar los espacios, experiencias y herramientas analíticas para distinguir la coerción que queremos usar de aquella que nos oprime» (1994, 65; este volumen). ¿Cómo com-

---

2. Kempton (1970), citada en Mansbridge, «Usar el poder/combatir el poder» (1994), en este volumen. En 1994 no pude encontrar la fuente de esta cita. Más recientemente, internet me ayudó a encontrar a Kempton, quien me dio la cita correcta.

bates a un enemigo que tiene puestos de avanzada en tu cabeza? Necesitas la ayuda de otros. ¿Cómo empiezas a entender las diferentes formas en que fuerzas injustificables han creado lo que eres y aquello que haces? Necesitas la ayuda de otros.

A menudo lo que sucede no es obvio, y muchas veces no resultará del todo claro. Cuando un grupo más poderoso tiene intereses subyacentes importantes, todos los sistemas sociales, económicos y políticos pueden dirigirse a satisfacerlos sin que la mayoría de los miembros de ese grupo lleguen a ser conscientes de esas dinámicas subyacentes (o incluso esos miembros pueden desarrollar preferencias conscientes hacia aspectos centrales de esos sistemas). Los más poderosos quizás nunca lleguen a lidiar con la pregunta de cuánto les cuesta a los demás que los poderosos colmen su propio placer e intereses. Los menos poderosos también pueden no ser conscientes de esas dinámicas. A medida que los grupos subordinados tratan de clarificar cuáles son sus intereses, la ayuda debe provenir de hablar con los demás; de las redes sociales; del arte, las novelas y las biografías; de la historia, los estudios en psicología y las ciencias sociales, y, espero, del tipo de teoría que tanto otros como yo estamos escribiendo ahora.

Entender cuán difícil es identificar y combatir el poder sutil aclara, por ejemplo, por qué el interés propio debe jugar un papel en la deliberación. Inspirada en parte por ideas feministas, Nancy Fraser criticó cuatro suposiciones de Habermas en 1990, de las cuales la tercera sostenía «que el discurso en las esferas públicas debe ser restringido a la deliberación en torno al bien común, y la aparición de "intereses privados" y "asuntos privados" es siempre indeseable». Debido a que Fraser y yo habíamos discutido estas cuestiones juntas, ella me citó como si yo hubiera escrito que «descartar el interés propio hace más difícil para cualquier participante el captar qué es lo que está en juego. En particular, puede que los menos poderosos no encuentren cómo descubrir que el sentido prevaleciente del "nosotros" no los incluye adecuadamente» (ya que después cité este pasaje en un gesto de aprecio por su trabajo, puedo ahora, jocosamente, dar la cita como Mansbridge, 2017, citando a Fraser, 1990, citando a Mansbridge, 1990 [en este volumen]).

Pero tanto las preocupaciones de Fraser como las mías eran serias. Y creo que han prevalecido. Dos décadas después, pude reunir a un grupo de académicos, incluyendo a tres prominentes habermasianos norteamericanos, para ser coautores de un firme argumento en favor de incluir el autointerés, constreñido por la equidad y los derechos de los otros, en la deliberación (Mansbridge *et al.*, 2010; para una incorporación incluso más tardía de ese argumento en una fuente relativamente autoritativa, véase Bächtiger *et al.* 2018, 4, para la Tabla 1 y el estándar deliberativo de *segunda generación* de «orientación tanto al bien común como al autointerés constreñido por la equidad»). Esa idea acerca del interés propio fue derivada directamente de la práctica y la teoría feminista.

La ayuda colectiva también puede emerger de las fuerzas desorganizadas. Descubrí un proceso en curso así, desorganizado y «emergente», con el término «machista». En 1986, durante la primera encuesta que formuló la pregunta «¿Se considera feminista?», había notado que de las mujeres que solo tenían el bachillerato, más de la mitad se llamaban a sí mismas «feministas» —entre las mujeres afroamericanas, el 68 % se hacían llamar feministas—. Ya que la mayoría de mis amigas eran de clase media y profesionales tanto en la Costa Este como en la Oeste, me preguntaba si esas mujeres sin educación universitaria habían llegado a la misma conclusión por vías similares a la mía y la de mis amigas. Así que me dispuse a preguntarles.

En 1990 entrevisté a cincuenta mujeres de bajos recursos sin título universitario, compuestas aproximadamente por dos tercios de mujeres blancas y un tercio de mujeres afroamericanas. En esas entrevistas en profundidad, muchas mujeres me contaron de las conversaciones que habían tenido con sus amigas sobre diferentes ideas feministas. Muchas, también, de forma casual, llamaron a los hombres «machistas». Movida por la curiosidad, diseñé un par de preguntas para una encuesta local y encontré que el 63 % de las mujeres en el área urbana de Chicago habían llamado a alguien «machista», ya fuera en su cara o hablando de él con otra persona. Más de la mitad de las mujeres afroamericanas sin educación universitaria, y de las mujeres que se llamaban a sí mismas «conservadoras», habían usado también esa palabra. El concepto se había establecido sin importar las divisiones políticas, de clase y raza. Para muchas mujeres, ese término, junto con el movimiento de liberación de mujeres que lo respaldaba, ofreció una apertura para pensar conscientemente —y para discutir con amigas— en torno al poder masculino en sus diferentes formas, tanto las sutiles como las no sutiles (Mansbridge y Flaster, 2007a).

Esas entrevistas me hicieron darme cuenta de que había un montón de conversaciones mutuas y «formación de opinión» —para usar el término de Habermas— que estaban en curso, en el propio terreno, que incluso ni los investigadores en movimientos sociales estaban documentando. En una reunión de la American Political Science Association mencioné a una teórica política amiga la conversación colectiva que había encontrado, y la llamé de pasada «deliberación» informal. Ella objetó en denominarla deliberación, y yo entendía su punto de vista. Debido a que no quería entrar en un debate sobre si lo que escuché era deliberación o no, cuando lo escribí lo llamé *conversación cotidiana*. Sabía, no obstante, que lo que había escuchado era parte de nuestra deliberación colectiva, y en tanto la concebía como una parte de algo más, se me ocurrió la idea de un *sistema deliberativo*. Un sistema deliberativo tiene muchas partes, algunas de ellas incluso antideliberativas; todas alimentan, sin embargo, nuestro pensamiento colectivo en torno a ideas y problemas (Mansbridge, 1999a).

Al igual que la conversación cotidiana, a menudo los *enclaves deliberativos* o deliberación entre los relativamente afines no cumplen todos los estándares de la buena deliberación. Pero las ideas que esos enclaves generan, particularmente entre miembros de grupos marginalizados, pueden alimentar de manera productiva el sistema deliberativo más amplio. Tal como los grupos de concienciación de mujeres de finales de los años 1960 nos enseñaron, a veces necesitamos de los espacios seguros formados solo por aquellos que han compartido experiencias similares para poder dar sentido a esas experiencias. Introduzco el concepto de *enclaves deliberativos* en «Usar el poder/combatir el poder» (1994, en este volumen) para describir esos espacios seguros, al tiempo que reconozco sus inconvenientes.

Más adelante, otros usaron ese término en un sentido más derogatorio, para describir principalmente los riesgos de hablar solo con los que piensan de forma afín a nosotros (p. ej., Sunstein, 2000). He subrayado esos peligros en el libro *Why We Lost the* ERA [*Equal Rights Amendment*], resumido en el capítulo, «La Enmienda de Igualdad de Derechos (ERA). ¿Movimiento o Cofradía?» (1986, en este volumen). No obstante, en «Usar el poder/combatir el poder» quise enfatizar cómo combatir el poder en enclaves podría contribuir positivamente al sistema deliberativo amplio. La *aproximación sistémica a la deliberación* (Mansbridge *et al.*, 2012a) emergió así de manera cercana a la comprensión del papel de la conversación cotidiana y el «enclave» de deliberación en el sistema más amplio, en tanto mi comprensión de esos roles emergió en primer lugar inductivamente de mis experiencias cualitativas en el movimiento de mujeres y en mis entrevistas con mujeres de bajos recursos en torno a las ideas feministas.

Teoría de la contingencia

Mi primer libro, *Beyond Adversary Democracy* (1980; volumen 1),[3] formulaba un argumento desde la *teoría de la contingencia* sin nombrarla —como lo haría después—. Mi inmersión en los dos casos de estudio de ese libro hizo que me diera cuenta y que posteriormente argumentara que el poder igualitario era más importan-

---

3. Volumen 1 hace referencia al primer volumen de este proyecto publicado por Editorial Gedisa, titulado «Democracia. Amistad y Pugna».

te en términos contingentes en tres contextos: cuando los miembros necesitaban poder igualitario para proteger sus intereses por igual, cuando el respeto igualitario entre los miembros requería poder igualitario, y cuando el desarrollo individual también dependía del ejercicio del poder igualitario.

Cuando esos fines eran en gran medida alcanzados por otros medios, no era tan necesario, normativamente, utilizar más recursos para tratar de equiparar el poder. Mis experiencias con distintos colectivos de mujeres, donde las exclusiones pasadas del poder en organizaciones progresistas tradicionalmente dominadas por hombres habían intensificado las preocupaciones con el poder igualitario, me llevaron a esperar que mi análisis desde la contingencia hubiera tenido impacto práctico, disminuyendo la ansiedad en torno a la equiparación del poder. Al final, cualquier impacto que haya tenido el libro fue casi por completo en el campo de la teoría. Pero mi interés en la contingencia, y su aplicación práctica, continuó cuando comencé a pensar sobre la representación descriptiva.

Representación descriptiva

A mediados de la década de 1990, en el encuentro anual de la American Political Science Association, almorcé con Iris Marion Young —algo que siempre tratábamos de hacer—. Young me argumentaba que uno no tenía que pertenecer a una clase para representar los intereses de esa clase. Coincidí con ella, como era usual —Iris era una pensadora aguda, persuasiva y moralmente comprometida—. No obstante, seguía cavilando al respecto: «Pero yo *quiero* algunas mujeres representantes en el Congreso, ¿por qué?». A medida que lo pensaba, el contexto empezó a parecer crucial. En «¿Deberían los negros representar a los negros y las mujeres a las mujeres? Un "sí" contingente» (1999, en este volumen), abordé la cuestión normativa de la representación «descriptiva», aquella representación efectuada por personas que, en su propia vida, comparten experiencias prominentes con sus votantes (por ejemplo, los negros representando a los negros o las mujeres representando a las mujeres).[4]

Argumenté que en cuatro contextos particulares, los activistas, los movimientos y los diseñadores constitucionales deberían estar dispuestos a «invertir» más en otros valores para poder lograr la representación descriptiva. Estos contextos eran los de intereses no cristalizados, una historia de desconfianza comunicativa, la escasez de roles políticos modelo derivada de una historia de subordinación política, y la carencia de legitimidad gubernamental entre los miembros de un grupo subordinado.

En este artículo escribí la palabra «contingente» directamente en el título. En ese título, desafortunadamente, las palabras «sí» y «no» son dicotómicas. Lo que quise decir —y señalé en el artículo— era que en la medida en que esas condiciones se mantengan y sean importantes, los movimientos y los activistas deberían esforzarse más para alcanzar la representación descriptiva. En tanto esas condiciones sean menos importantes, los activistas, los movimientos sociales y otros más no tienen que, en términos normativos, esforzarse en pagar los costes en los que se incurra al presionar por una mayor representación descriptiva. Aquello que debemos hacer normativamente se sitúa en un espectro y es contingente respecto al contexto.

Actualmente la teoría de la representación descriptiva ha tenido un gran desarrollo, pero los cuatro contextos en los que me enfoqué en 1999 aún parecen relevantes. Aquí discutiré trabajos recientes referidos a solo dos de esos contextos (intereses no cristalizados y desconfianza comunicativa).

Cuando los intereses no están cristalizados es porque los sistemas políticos existentes no han procesado los asuntos relativos a esos intereses. Esos asuntos no han sido parte de una campaña o plataforma políticas. Ya que dichas cuestiones no han estado en la

---

4. Anne Phillips (1995) y Melissa Williams (1998) ya habían hecho importantes análisis al respecto.

agenda política, una vez emergen, los representantes tienen que actuar sin haber tomado una posición pública frente a ellas (y, posiblemente, sin siquiera haber pensado mucho sobre dichas cuestiones). También puede ser que esos asuntos no hayan sido objeto de mucha discusión pública. En contextos de intereses no cristalizados, los representantes que desde sus propias vivencias entienden personalmente las experiencias de sus electores son más capaces de responder como los constituyentes quisieran que lo hicieran.

En los Estados Unidos, la mayor representación descriptiva de mujeres y negros —y, de forma interseccional, de mujeres negras— ha conducido con el tiempo a que ahora los candidatos tomen posiciones en campaña en torno a intereses previamente no cristalizados como el cuidado de los hijos, el acoso sexual y el sesgo racial en la vigilancia policial. Podemos rastrear un proceso de cristalización en la legislatura federal de los Estados Unidos a través del ejemplo de la salud materna de los negros, un asunto que pocos —si es que alguno— de los candidatos a cargos federales habían hecho parte de sus campañas en el pasado. Las congresistas negras en el Congreso pusieron el asunto en la agenda, en parte trabajando a través del *enclave deliberativo*. Si bien las mujeres negras, en tanto representantes interseccionales, tuvieron oportunidades de resaltar sus perspectivas dentro del Congressional Black Caucus y del Congressional Women's Caucus, su estatus doblemente marginalizado les hizo sentir la necesidad de crear sus propios espacios en dos *caucus* (o asambleas privadas de partidos) separados: el Congressional Caucus on Black Women and Girls en el 2016 y el Black Maternal Health Caucus en el 2019 (Brown *et al.*, 2023). *Caucuses* separados como esos les permiten a los individuos que comparten experiencias prominentes clarificar juntos su pensamiento, inventar nuevas y creativas ideas, y darse apoyo mutuo mientras los representantes llevan sus ideas y demandas hacia arenas de debate potencialmente indiferentes u hostiles. A través de la claridad, creatividad y el apoyo mutuo de sus enclaves, las representantes negras convirtieron la salud materna negra en un asunto político cristalizado.

La importancia de la representación descriptiva en torno a las cuestiones no cristalizadas emerge en otro contexto: cuando los representantes negocian entre sí, formal o informalmente. Una lección central en una buena negociación es moverse desde las posiciones declaradas hacia los intereses subyacentes (Warren y Mansbridge *et al.*, 2015). Al comienzo de la negociación cada parte puede declarar y creer que quiere X o Y, pero esas posiciones pueden de hecho ser solo medios para alcanzar intereses subyacentes que, tal vez, podrían alcanzarse por medios menos costosos para la contraparte. Si los negociadores pueden develar esos intereses subyacentes, posiblemente también puedan descubrir esos medios menos costosos. Un buen proceso de negociación puede exponer intereses subyacentes que pueden no haberse hecho conscientes incluso para muchos representantes en los parlamentos, las administraciones y los grupos sociales. Tales intereses se encuentran sin cristalizar. La representación descriptiva ayuda a los representantes a acceder, a partir de su propia experiencia, a los intereses no articulados de sus electores y sopesar esos intereses en la negociación en maneras más cercanas a aquellas en las que sus electores los sopesarían.

Un contexto aparte en el cual la representación descriptiva tiene un valor particular es la desconfianza comunicativa. Contextos así han llegado a ser particularmente prominentes en esta era de polarización política. Sin embargo, los teóricos normativos, politólogos empíricos y los profesionales siguen fallando al no centrarse lo suficiente en un antídoto contra esa desconfianza: la comunicación representante/elector, o aspirar al ideal de lo que llamo la *representación recursiva* —construida sobre una comunicación continua, bidreccional y mutuamente receptiva— (Mansbridge, 2022, vol. 1). La representación descriptiva facilita la comunicación recursiva, particularmente en el caso de grupos marginalizados. Todavía en la actualidad, en los Estados Unidos, los electores negros siguen siendo más propensos a contactar a sus representantes negros (Broockman, 2014; Gay, 2002). Los representantes negros también son más propensos a responder a los representantes negros cuando estos solicitan ayuda, incluso cuando esos ciudadanos se encuentran fuera del distrito del representante (Broockman, 2013, a partir del concepto de representación subrogada de Mansbridge, 2003, vol. 1). Las posibilidades para la comunicación recursiva entre representante y elector se multiplican cada año. Tal como señalan Brown y sus colegas (2023) e Hinojosa y Funk (2023), hoy en día los representantes pueden comunicarse con sus electores vía correo electrónico, Twitter, Facebook, y una variedad de otras redes sociales, con una panoplia de señales que atraen la atención hacia sus características descriptivas y hacen más fácil la comunicación.

Las diferencias de clase entre representantes y constituyentes plantean un creciente problema para la desconfianza comunicativa. Thomas Piketty (2019) muestra cómo, entre otras causas, el declive de los sindicatos y de la industria en los Estados Unidos, Reino Unido y Francia ha dado como resultado que una élite educada haya llegado a dominar sus partidos de izquierda. Nicholas Carnes (2013) documenta el declive de miembros provenientes de la clase trabajadora en muchas legislaturas. Pocos miembros de actuales los parlamentos democráticos en el mundo desarrollado miran hoy la legislación «con los ojos de un trabajador» (Mill, [1861] 1975, cap. 3) —o de una trabajadora—. Esta pérdida de representación descriptiva puede proveer muy bien una de las razones para el ascenso de líderes populistas autoritarios, quienes, aunque a menudo no sean representantes descriptivos, pueden hacer campaña diciendo: «Nosotros decimos lo que usted piensa» (Mansbridge y Macedo, 2019, pág. 72, volumen 1). Sobrepasar la desconfianza comunicativa —sea por la racialización, el género, la clase u otra forma de marginalización— sigue siendo una función importante de la representación descriptiva.

Bienes de uso libre y el modelo de núcleo moral/ periferia coercitiva

Usar el poder significa, entre otras cosas, usar el poder estatal. Con el tiempo me he ido convenciendo cada vez más tanto de la importancia del poder estatal en un mundo crecientemente interdependiente como de la centralidad de lo que ahora llamo el problema del *free rider*,[5] cuya lógica fue descubierta entre 1955 y 1965.

El problema del *free rider* es causado por nuestra necesidad humana de utilizar bienes de «uso libre»: bienes que, una vez producidos, pueden ser utilizados de manera gratuita por cualquier persona. El problema es que si las personas pueden usar algo gratis, probablemente no van a querer pagar por ello. Querrán más bien disfrutar de las contribuciones de otros de forma gratuita, sin cooperación por su parte. Pero si todo el mundo quiere usufructuar sin tener que pagar, el bien de uso libre difícilmente puede ser producido. Cuando decidimos colectivamente, ya sea en una organización o en una nación, que queremos algunos bienes de uso libre, tenemos que ser capaces de generar la suficiente solidaridad y sentido del deber para lograr que los usuarios ayuden a producirlos voluntariamente. Cuando alguien no contribuye y en cambio usufructúa gratuitamente las contribuciones de otros, puede que tengamos que instituir aquel castigo mínimo necesario que lo inducirá a contribuir.

He argumentado que el modelo más eficiente usualmente consiste en un núcleo moral amplio de solidaridad y deber, junto con una pequeña periferia coercitiva. Al prevenir que los «no coopera-

---

5. N. del T.: *Free-rider* es una expresión difícil de traducir al castellano. Las palabras que usualmente se usan («gorrón» o «colado») connotan de entrada un matiz negativo que no necesariamente se encuentra en la palabra en inglés, derivada de la lógica económica que opera cuando un individuo efectúa un cálculo coste/beneficio para saber si puede usufructuar un bien o beneficiarse de una situación sin necesidad de actuar. Una traducción más adecuada sería «no cooperadores», tal como sugiere Jon Elster en *Tuercas y tornillos* (pág. 128).

dores» (*free riders*) exploten a aquellos que contribuyen a parte de la solidaridad o el deber, la periferia coercitiva puede proveer lo que denomino un «nicho ecológico» para que sobrevivan las motivaciones de solidaridad y deber. Si bien el problema de los «no cooperadores» se manifiesta en todos los niveles, incluyendo una familia o un grupo de personas que comparten vivienda, en entidades lo suficientemente grandes como para abarcar interacciones entre extraños —particularmente en entidades territoriales— la institución más eficiente en proveer la coerción necesaria es el Gobierno. Todas las razones materiales que se han esgrimido en favor de instituir un Gobierno (las vías sin peaje, la ley y el orden, la defensa militar) son bienes de uso libre. El problema de los «no cooperantes» es la razón de ser del Estado. La democracia, así, fue instituída para legitimar la coerción necesaria para producir bienes de uso libre.

Mi introducción al problema del *free rider* se produjo en algún momento posterior a 1965, cuando *La lógica de la acción colectiva* de Mancur Olson resumió una década de pesquisa intelectual que dio como resultado la comprensión de esa lógica por primera vez en la historia. Esto empezó a cambiar mi forma de pensar. El entusiasmo de los inicios del movimiento de mujeres (o «segunda ola»), cuando nos esforzábamos en instituir grupos sin líderes y con poder igualitario, me había llevado a interesarme de forma profunda en la teoría anarquista. Pero cuando compré *Anarquía, Estado y Utopía* de Robert Nozick en 1974, el año en que fue publicado, y hojeé el índice, me sorprendió que no mencionaba en ningún lugar el problema del *free rider*. Y cuando en 1982 la Enmienda para la Igualdad de Derechos (ERA, por sus siglas en inglés) no fue aprobada a nivel de los Estados, me di cuenta de que la enmienda en sí misma era un bien de uso libre. La persona se beneficiará de dicho bien sea que haya contribuido a producirlo o no. Debido a que el movimiento tenía pocos «incentivos selectivos» (incentivos individuales guiados por el autointerés) para ofrecer a sus activistas, y ningún poder coercitivo, tenía que apoyarse casi en su totalidad en los compromisos de las activistas con la solidaridad y el deber.

Esta dinámica engendró la convicción de una lucha épica que acentuó la sensación del nosotras contra ellos, la preocupación con la pureza doctrinal, la homogeneidad y el viraje hacia adentro que analicé en «ERA ¿Movimiento o cofradía?» en *Why We Lost the ERA* (1986, en este volumen).

Para el momento en que llegué a «Sobre la importancia de lograr las cosas» (2012; en este volumen), ya había escrito diversos análisis de los elementos que componen la lógica del problema del *free rider*.[6] «Sobre la importancia de lograr las cosas» agrupó ese trabajo previo, proponiendo una «teoría de la acción democrática» basada en el problema del *free rider*.[7] Habiendo reconocido la necesidad de la coerción, una de las tareas era articular la necesidad de esa coerción con la necesidad de resistirse a la coerción ilegítima u opresiva, tal como escribo en «Usar el poder/combatir el poder» (1994). Otras tareas importantes llegaron a ser cómo legitimar esa coerción y cómo minimizarla tanto como fuera posible. La urgencia de estas tareas se incrementó en tanto nuestra constante y creciente interdependencia humana crea necesidades crecientes para utilizar bienes de uso libre y cantidades crecientes de problemas del

---

6. P. ej.: «La relación del altruismo y el autointerés» (1990) mostró cómo el autointerés puede proveer un nicho ecológico para que el altruismo sobreviva. «Una solución de núcleo moral al dilema del prisionero» (2001) enunció el ideal de un núcleo moral amplio y una periferia coercitiva pequeña. También introdujo el ejercicio del «bien de uso libre» con el cual inicié mi curso de Teoría Democrática en la Harvard Kennedy School y que utilicé para el discurso como presidenta de la American Political Science Association, «¿Para qué es la Ciencia Política?» (2014). «Acerca del problema del *free rider*» (2009) resume la lógica para una audiencia no especializada.

7. Este análisis de 2011 aún utiliza el término de Olson «problema de la acción colectiva» para aquello que, posteriormente, otros colegas y yo llamaríamos el «problema del *free rider*». También utilizaba el lenguaje de los «bienes no excluyentes». El término «bienes públicos», usado frecuentemente, también es incorrecto porque «bienes públicos» incluye la característica de la «no rivalidad» (el bien no se puede agotar), lo cual es irrelevante para la lógica del *free rider* (Olson, 1965, pág. 14, n. 21). En «¿Para qué es la Ciencia Política?» (2014), que describe como tarea central para la ciencia política legitimar la coerción que los problemas del *free rider* requieren, acuñé el término «bienes de acceso libre» que, después, en «Representación recursiva» (2022, vol. 1), cambié a «bienes de uso libre» para mayor claridad.

tipo *free rider* por resolver —a menudo con algún tipo de coerción estatal—. Pero nuestros mecanismos del siglo XVIII para legitimar esa coerción no están a la altura de su tarea. La representación recursiva (2022, vol. 1) ayuda a legitimar esa coerción necesaria. La negociación deliberativa (2016, este vol.) ayuda tanto a legitimar esa coerción como a minimizarla.

Negociación deliberativa

La negociación deliberativa ayuda a minimizar la coerción al fomentar el acuerdo genuino entre las partes. «Negociación deliberativa» (2015, este vol.) fue un artículo escrito «en coautoría deliberativa» —el término es mío— que incluyó a teóricos de distintas vertientes y a algunos politólogos empíricos. Fue creado como una especie de manifiesto, rompiendo con el casi unánime tabú en contra del interés propio y la negociación presente entre los habermasianos, rawlsianos y los teóricos republicanos cívicos. La inspiración fue Mary Parker Follett, una brillante e injustamente olvidada teórica de las organizaciones, quien en 1925 inventó el concepto de «integración» para describir soluciones al conflicto que indagan más allá de las posiciones visibles en la superficie para llegar a los intereses subyacentes y, así, encontrar allí las bases para un acuerdo genuino.[8]

---

8. Follett (1925a) sobre la integración, discutida en Mansbridge (1990, este vol.; y 1988, xxii-xxviii). En la cuarta conferencia de la misma serie, «Poder» (1925b), Follett introdujo por primera vez en la teoría normativa el concepto de «poder con». Dorothy Emmett, la primera mujer presidenta de la Sociedad Aristotélica en Inglaterra, más adelante reintrodujo el término (1953, citando a Follett). La interpretación de Hannah Arendt (1970) sobre el poder como un medio para actuar concertadamente tiene un impulso similar. Diversas escritoras feministas de la «segunda ola» del movimiento de mujeres reinventaron el concepto y el término (véase Mansbridge, 1990, este vol., y Mansbridge, 1988, xvii-xxii). Que esas escritoras hayan sido casi todas mujeres puede tener cierta relación con la correlación, actualmente bien establecida a través del metaanálisis, respecto que las mujeres son más proclives a tener un estilo «consultivo», participativo (Eagly y Carly, 2007).

Nuestro artículo distinguía entre las soluciones «plenamente integradoras» que describe Follett, en las cuales nadie pierde nada (llamadas ahora soluciones *win-win* o «todos ganan»; véase Fisher, Ury y Patton, 2011, pág. 10), y soluciones «parcialmente integradoras», en las cuales los participantes pierden algo en algunos aspectos pero, después de sondear sus intereses mutuos y conflictivos, encuentran conjuntos de propuestas en torno a los cuales nos podemos poner genuinamente de acuerdo. Ambos procesos usualmente requieren algún tipo de indagación más allá de la superficie de las opiniones, preferencias e intereses a través de lo que entendemos por deliberación.

Conclusión: de un tiempo de esperanza a un tiempo de miedo

Cada año prácticamente se rompe un nuevo récord de calor en la Tierra. Ahora sabemos que un clima estable es el mayor bien de uso libre para todos. Pero tenemos pocas instituciones en funcionamiento para ayudar a mantener ese bien de uso libre. Tal como están las cosas, el núcleo de la contribución voluntaria procedente de las motivaciones de solidaridad y deber tendría que ser inmenso, ya que la periferia existente de coerción legítima utilizable es muy pequeña. A nivel nacional y federal, se necesitan nuevas prácticas de coordinación para minimizar la coerción, y las nuevas prácticas que necesitamos para legitimar la coerción están superando a la teoría de esas prácticas, retardando la adopción y difusión de las mismas.

En esta época de miedo existencial, mi propio enfoque ha cambiado desde resistirse al poder a encontrar maneras para hacer que el poder que tenemos que ejercer sea más legítimo. Tenemos todavía que entender y practicar la resistencia. Para poder usar más coerción —algo a lo que pocos le dan la bienvenida cuando se aplica directamente sobre ellos— tenemos también que encontrar, describir, diseminar y teorizar formas para minimizarla. Tenemos que encontrar maneras para diseñar la coerción de modo que no expulsemos las motivaciones intrínsecas de solidaridad y deber. Más que nada, tenemos que hallar maneras de legitimar la coerción, genuinamente, de modo que la legitimidad normativa, o aquello que consideremos correcto después de deliberar, subyazca a la legitimidad percibida.

En la búsqueda de nuevas formas para legitimar la coerción que necesitamos, espero que el enfoque de la contingencia sea útil. Argumentaré también en favor no de reemplazar la teoría tradicional sino de suplementarla, usando más «teoría inductiva» (Landemore, 2020) o «teoría normativa fundamentada» (Ackerly *et al.*, 2021), en la cual los teóricos observan conscientemente la forma en que las prácticas y comprensiones de los seres humanos han evolucionado a medida que actúan en el mundo circundante. Mi comprensión de la teoría de la contingencia emergió inductivamente —al igual que la de los sistemas deliberativos—.

Es cierto que ya no vivimos en los años 1960, un momento en el cual las economías de Occidente estaba expandiéndose, las democracias se habían más o menos «consolidado», las desigualdades eran relativamente bajas, los adolescentes se encontraban en un crecimiento histórico en la pirámide poblacional, y las esperanzas eran grandes. Hoy, sin embargo, el momento podría ser uno de creatividad sin precedentes. Enfrentamos necesidades crecientes de interdependencia, un mayor número de problemas de *free rider*, una consecuente y creciente necesidad de coerción estatal y, por tanto, una necesidad en dramático ascenso de prácticas que legitimarán genuinamente esa coerción, y de teorías que ayudarán a señalar la dirección en la cual deberían moverse esas prácticas. La demanda de legitimidad está creciendo. Al mismo tiempo, la legitimidad percibida y —con la creciente desigualdad— parte de las bases de una genuina legitimidad normativa están naufragando. La oferta de legitimidad está menguando. Esta generación podría tomar seriamente esta crisis en la oferta y demanda de legitimidad, y mezclar de forma generativa la esperanza que siempre acompaña a una nueva generación con el miedo que todos estamos experimentando, a medida que el clima se deteriora y los ciudadanos de muchos países devienen cada vez más críticos de sus Gobiernos. La creatividad también emerge de la necesidad.

La creatividad también emerge al juntar nuestras mentes. Aquí hay una gran esperanza en el horizonte, pues los nuevos fenómenos de asambleas y asambleas ciudadanas seleccionadas por sorteo entre la población (y estratificados de tal manera que la autoselección entre los escogidos no produzca una muestra no representativa), están juntando las mentes ciudadanas para deliberar conjuntamente en torno a asuntos importantes y a menudo altamente controvertidos como el aborto, el matrimonio entre parejas del mismo sexo y el clima. En estos foros los peores efectos de la polarización y el aislamiento se ven dramáticamente mitigados. Los ciudadanos se escuchan entre sí con respeto mutuo. Individuos de grupos marginalizados pueden ser escuchados (Bächtiger *et al.*, 2018). Al mismo tiempo, internet está ligando pensadores individuales a lo largo del globo, de formas tales que a veces profesionales, teóricos y académicos empíricos se reúnen para compartir ideas sobre cómo mejorar la democracia en un entorno de creciente urgencia. Quizás con el tiempo la creatividad humana pueda, de hecho, satisfacer nuestras necesidades.

Este volumen concluye con unas palabras que usé para describir la contribución de dos extraordinarias teóricas feministas, Susan Okin (Mansbridge, en este vol.; asimismo Mansbridge y Okin, 1994 y 2007b) e Iris Marion Young (Mansbridge, 2008). Tuve la fortuna de dialogar con ambas sobre la teoría, de poner nuestros cerebros en común para pensar problemas comunes, y también de compartir las ansiedades, esperanzas y momentos de goce de la vida diaria. Ambas hubieran contribuido mucho más a nuestra comprensión del poder y la democracia si siguieran vivas. Pero nuestra generación ha hecho su parte. Ahora es el turno para las lectoras y lectores de este volumen.

Bibliografía

Ackerly, B.; Cabrera, L.; Forman, F.; Fuji Johnson, G.; Tenove, C.; Wiener, A. (2021). «Unearthing Grounded Normative Theory: Practices and Commitments of Empirical Research in Political Theory», *Critical Review of International Social and Political Philosophy*, 10 de marzo, en línea, https://doi.org/10.1 080/13698230.2021.1894020

Bächtiger, A.; Dryzek, J.; Mansbridge, J.; Warren, M. (2018). «Introduction», en *The Oxford Handbook of Deliberative Democracy*, André Bächtiger, John Dryzek, Jane Mansbridge y Mark Warren (eds.), Oxford: Oxford University Press, Oxford.

Broockman, D. E. (2013). «Black Politicians Are More Intrinsically Motivated to Advance Blacks' Interests: A Field Experiment Manipulating Political Incentives», *American Journal of Political Science*, 57 (3): 521-36.

— (2014). «Distorted Communication, Unequal Representation: Constituents Communicate Less to Representatives Not of Their Race», *American Journal of Political Science*, 58 (2): 307-21.

Brown, N.; Clark, J.; Mahoney, A.; Strawbridge, M. (2023). «Sister Space: Collective Descriptive Representation and Black Women in Legislative Caucuses», *Politics and Gender* 15 de marzo, 1-5, https://doi:10.1017/S1743923X22000599

Carnes, N. (2013). *White-Collar Government: The Hidden Role of Class in Economic Policy Making*, University of Chicago Press, Chicago.

Eagly, A. H.; Carli, L. L. (2007). *Through the Labyrinth*, Harvard Business School Press, Boston.

Emmett, D. (1953). «The Concept of Power» (discurso presidencial), *Proceedings of the Aristotelian Society*, 54: 1-26.

Fisher, R.; Ury, W. L.; Patton, B. (2011). *Getting to yes: Negotiating agreement without giving in*, Penguin, Nueva York.

Follett, M. Parker [1925a] (1947). «Constructive Conflict», reimpreso en *Dynamic Administration: The Collected Papers of*

Mary Parker Follett, Henry C. Metcalf y L. Urwick (eds.) (1-20), Harper and Brothers, Nueva York.

— [1925b] (1947). «Power», reimpreso en *Dynamic Administration: The Collected Papers of Mary Parker Follett*, Henry C. Metcalf y L Urwick (eds.) (75-92), Harper and Brothers, Nueva York.

Fraser, N. (1990). «Rethinking the public sphere: A contribution to the critique of actually existing democracy», *Social Text*, n° 25/26, 56-80.

Funk, K. D.; Hinojosa, M. (2023). «Descriptive Presentation: Invoking Identity as a Claim for Descriptive Representation», *Politics & Gender*, 1-6. http://doi:10.1017/S1743923X22000563

Gay, C. (2002). «Spirals of Trust? The Effect of Descriptive Representation on the Relationship between Citizens and Their Government», *American Journal of Political Science*, 46 (4): 717-32.

Kempton, S. (1970). «Cutting Loose: A Private View of the Woman's Uprising», *Esquire*, 74, julio: 57.

Landemore, H. (2020). *Open democracy: Reinventing popular rule for the twenty-first century*, Princeton University Press, Princeton.

Mansbridge, J. (1980). *Beyond Adversary Democracy*, Basic Books, Nueva York (con un nuevo prefacio, University of Chicago Press, 1983).

— (1986). *Why We Lost the* ERA *(Equal Rights Amendment)*, University of Chicago Press, Chicago.

— (1990a). «On the Relation of Altruism and Self-Interest», en Jane Mansbridge, *Beyond Self-Interest* (133-143), University of Chicago Press, Chicago.

— (1990b). «Feminism and Democracy», *The American Prospect*, 1, 21 de marzo: 126-139. ____ (1994). «Using Power/Fighting Power», *Constellations*, 1 (1): 53-73.

— (1994). *Feminism*, vol. con Susan Moller Okin, 2 vols, Edward Elgar (ed.), Cheltenham, Glos.

— (1998). «Mary Parker Follett: Feminist and Negotiator», prefacio a la reedición de Mary Parker Follett, *The New State* [1918] (xvii-xxviii), Penn State Press, University Park, Penn.

— (1999a). «Everyday Talk in the Deliberative System», en Steven Macedo (ed.) (211-239), *Deliberative Politics*, Oxford University Press, Oxford.

— (1999b). «Should Blacks Represent Blacks and Women Represent Women? A Contingent "Yes"», *Journal of Politics*, 61(3): 627-657.

— (2001). «A "Moral Core" Solution to the Prisoners' Dilemma», en Joan W. Scott y Debra Keates (eds.), *Schools of Thought: Twenty-five Years of Interpretive Social Science* (330-347), Princeton University Press, Princeton.

— (2005). «Rethinking Representation», *American Political Science Review*, 97 (4): 515-527.

— (2007a). «The Cultural Politics of Everyday Discourse: The Case of "Male Chauvinist"», con Katherine Flaster, *Critical Sociology*, 33(4): 627-660.

— (2007b). «Feminism», con Susan Moller Okin, en *A Companion to Contemporary Political Theory*, Robert Goodin, Philip Pettit y Thomas Pogge (eds.), 2ª ed., vol, 1 (332-359), Blackwell, Oxford.

— (2008). «Iris Marion Young: Legacies for Feminist Theory», *Politics and Gender*, 4 (2): 309-311.

— (2009a). «A "Selection Model" of Political Representation», *The Journal of Political Philosophy*, 17 (4): 369-398.

— (2009b). «On the Free Rider Problem», en *The Future of Political Science: 100 Perspectives*, Gary King, Kay Lehman Schlozman y Norman Nie (eds.) (217-19), Routledge, Nueva York.

— (2010). «The Place of Self-Interest and the Role of Power in Deliberative Democracy», con James Bohman, Simone Chambers, David Estlund, Andreas Follesdal, Archon Fung, Cristina Lafont, Bernard Manin y José Luis Martí, *The Journal of Political Philosophy*, 18 (1): 64-100.

— (2012a). «A Systemic Approach to Democratic Deliberation», con James Bohman, Simone Chambers, Thomas Christiano, Archon Fung, John Parkinson, Dennis Thompson y Mark Warren, en *Deliberative Systems*, John Parkinson y Jane Mansbridge (eds.) (1-26), Cambridge University Press, Cambridge.

— (2012b). «On the Importance of Getting Things Done» (The 2011 APSA James Madison Lecture) *P.S.: Political Science and Politics*, 45(1): 1-8.

— (2014). «What is Political Science For?», discurso presidencial de APSA, *Perspectives on Politics*, 12 (1): 8-17.

— (2017). «The Long Life of Nancy Fraser's "Rethinking the Public Sphere"», en *Feminism, Capitalism, and Critique*, Banu Bargu y Chiara Bottici (eds.) (101-118), Palgrave Macmillan, Nueva York.

— (2019). «Populism and Democratic Theory», con Stephen Macedo, *Annual Review of Law and Social Science*, 15: 59-77.

— (2022). «Recursive Representation: The Basic Idea», en *Constitutionalism and a Right to Effective Government?*, Vicki C. Jackson y Yasmin Dawood (eds.) (206-220), Cambridge University Press, Nueva York.

— (2023a). «The Future of Political Theory», conferencia Benjamin J. Lippincott, *Contemporary Political Theory*, 22, 251-265, https://doi.org/10.1057/s41296-023-00615-7

— (2023b). «A Contingent "Yes" Revisited», *Politics & Gender*, marzo, 1-8, http://doi:10.1017/S1743923X2200054X

Mill, J. S. [1861] (2001). *Consieraciones sobre el gobierno representativo*, Alianza Editorial, Madrid.

Olson, M. [1965] (1992). *La lógica de la acción colectiva. Bienes públicos y la teoría de grupos*, Limusa Noriega Editores, Ciudad de México.

Phillips, A. (1995). *The Politics of Presence*, Oxford University Press, Oxford.

Piketty, T. (2019). *Capital e ideología*, Deusto, Barcelona.

Sunstein, C. (2000). «Deliberative trouble: why groups go to extremes», *Yale Law Journal*, 110 (1): 71-120.

Warren, M. E.; Mansbridge, J., con André Bächtiger, Max A. Cameron, Simone Chambers, John Ferejohn, Alan Jacobs, Jack Knight, Daniel Naurin, Melissa Schwartzberg, Yael Tamir, Dennis Thompson y Melissa Williams (2015). «Deliberative Negotiation», en *Political Negotiation*, Jane Mansbridge y Cathie Jo Martin (eds.), Brookings, Washington DC.

Williams, M. S. (1998). *Voice, Trust, and Memory: Marginalized Groups and the Failings of Liberal Representation*, Princeton University Press, Princeton.

Estudio crítico. Un final y un comienzo: Primeros recortes de una democracia de la amistad

Felipe Rey Salamanca

Una de las contribuciones más significativas de Jane Mansbridge a la teoría de la democracia son los cimientos de un modelo normativo de democracia que provisionalmente podemos llamar *democracia de la amistad*. Quisiera diferenciar este concepto de su *democracia unitaria*, el modelo que Mansbridge (1983) articuló en la década de 1980. La propia Mansbridge se mostró después escéptica de aquel nombre —democracia unitaria— por su connotación totalizante. No lo veo así; antes pienso que el prejuicio que se tendría respecto al nombre revela hasta dónde se ha querido llegar basando la democracia y su teoría en el autointerés, una de las trayectorias que la propia Mansbridge (1990) ha confrontado. Por lo tanto, se podría usar sin temor el concepto de democracia unitaria, ya que la democracia puede ser unidad, que el interés común y el bien público existen, a pesar del sarcasmo que de ambos ha hecho la teoría de la democracia adversaria, y que los diseños institucionales pueden estar volcados hacia la unidad y no hacia el conflicto político. A mi parecer, hoy en día, esto es lo más radical y progresista que se puede plantear; las teorías basadas en el conflicto eternizan y profundizan un régimen democrático que hace aguas: el conflicto político sin barandillas acaba rodando por la escalera; al final de la pugna no queda ni el último trazo de amistad cívica que se requiere para hacer la pugna posible. Para la democracia siempre es indispensable una dosis importante de amistad cívica, imprescindible para pugnar.

Los artículos de este volumen contribuyen a esta lectura de Mansbridge. Una de mis metas con este proyecto de dos volúmenes sobre su obra ha sido demostrar que estamos ante una teoría democrática consistente. La amistad política es, entiendo, el vaso comunicante de tantos trabajos diferentes sobre tantos temas: feminismo, participación, representación, deliberación, poder, coerción y autointerés.

En su primer libro, Mansbridge disputa enérgicamente la idea de que la democracia debería dirigirse solamente a gestionar el conflicto político, o lo que ella llama democracia *adversaria*. La democracia, nos dice, también debe gestionar el valor político de la amistad.

> En una democracia unitaria, los intereses similares de los ciudadanos les permiten tomar sus decisiones por consenso. Al no tener que preocuparse de sopesar por igual los intereses de cada individuo en la decisión, el tipo de igualdad que les preocupa es cualitativa: el sentimiento de igual respeto que prevalece entre amigos. El proceso unitario de toma de decisiones no consiste en sopesar los votos, sino en el toma y daca de la discusión cara a cara. Los tres rasgos distintivos de una democracia unitaria —respeto igualitario, consenso y reuniones cara a cara del conjunto— animan a los miembros a identificarse entre sí y con el grupo en su conjunto. Este proceso de identificación ayuda a su vez a desarrollar intereses comunes (1983, pág. 5).

En los años 1990, Mansbridge (1990) rastreó el predominio de la visión adversaria desde el siglo XVIII hasta esa década (anteriormente, en el siglo XVII, el Parlamento británico adoptaba sus decisiones por consenso y, mucho antes, las primeras organizaciones humanas utilizaron mecanismos democráticos unitarios y no adversarios). El predominio de la democracia adversaria ha continuado y se ha acentuado desde ese estudio de Mansbridge hasta hoy.

La democracia de la amistad reivindica la idea arendtiana (Arendt, 1997) de que la esencia de la política es el diálogo y su negación es la guerra. Esta comprensión está en oposición a una ontología que considera la enemistad (Schmitt, 2014) o el conflicto (Mouffe, 2016) como condición necesaria de la política. La razón por la cual dos ontologías opuestas al mismo tiempo pueden ser plausibles estriba en que la de la política es una ontología social, construida. Ya que la política no es, *naturalmente* hablando, ninguna de las dos cosas, puede ser socialmente construida partiendo de ambas. Este es el punto de apoyo para la democracia de la amistad: no hay nada inevitable en el conflicto político, ni en la lógica amigo-enemigo (como tampoco lo habría en la amistad democrática). Podemos construir la democracia de tal modo que sea receptiva a actitudes humanas diversas. Una democracia de la amistad, desde luego, necesita unas instituciones democráticas muy diferentes a las actuales, que son las instituciones de la democracia adversaria, instituciones que a su vez impulsen nuevas construcciones democráticas como la amistad y la empatía políticas. Necesitaría pues un embrión de lo que Mansbridge (1983) llamó instituciones *unitarias*. Este resulta ser otro hallazgo de nuestra autora. Las instituciones democráticas que damos por sentadas, como el voto y las reglas mayoritarias, son necesidades institucionales derivadas de un modelo democrático: la democracia adversaria. Pero los catálogos de la imaginación son mucho más amplios y abarcan todas las posibilidades unitarias.

Algunas aclaraciones sobre esta edición

Feminismo, democracia y poder es la segunda entrega de un proyecto editorial publicado por la Editorial Gedisa, que se integra con otros registros de los últimos años cuyo objetivo es la divulgación en el mundo hispanohablante de la obra de esta autora imprescindible. Con ocasión de la publicación del primer volumen, titulado *Democracia: amistad y pugna*, Mansbridge impartió tres conferencias en Barcelona: el *Coloquio con Jane Mansbridge*, organizado por el Colegio de Profesionales de la Ciencia Política y de la Sociología de Cataluña;[1] el *workshop Democracy, Friendship and Conflict*, organizado por la Universidad Pompeu Fabra, y el conversatorio *El arte de escuchar*, organizado por el Centro de Cultura Contemporánea de Barcelona.[2]

La teoría política de Jane Mansbridge ha obtenido reconocimiento global. A los premios que recibió en la década pasada, como el Johan Skytte, considerado como el «nobel» de la ciencia política, se ha sumado el año pasado el Benjamin E. Lippincott de la American Political Science Association, que le fue otorgado por Beyond Adversary Democracy. Otros proyectos como este, pero con su propia selección de artículos, se han emprendido en inglés y en francés. La colección en inglés ha sido editada por la profesora de la Universidad de Toronto Melissa Williams (Williams, 2021) y el libro en francés por el teórico político Samuel Hayat (Mansbridge, 2022). Esta colección en español, reúne además dos prefacios inéditos de la autora, que no se encuentran ni siquiera en inglés, uno para cada volumen. Creo que, juntos, conforman la pieza más importante sobre el trabajo de Mansbridge escrito por la misma autora y, como decía, solamente resultan accesibles por ahora para el público hispanohablante. Entre los dos libros que publicamos en castellano, presentamos a los lectores 16 textos de la autora, escritos desde 1980 hasta 2023. Mansbridge no escribió un libro unitario de su teoría democrática, como sí lo hicieron otras figuras de la teoría política analítica; estos ensayos reunidos —o su versión en inglés y francés— serán lo más cercano a «un libro de Mansbridge». Aunque se trata de un volumen extenso, es la punta del iceberg de una obra que abarca dos libros, tres libros editados y más de cien artículos, escritos en cincuenta años, entre 1973 y 2023.

---

1. Véase https://youtu.be/wa-fHlR8FCE
2. Véase https://www.cccb.org/ca/multimedia/videos/jane-mansbridge/240307

Quisiera realizar algunas aclaraciones acerca del trabajo de edición realizado. En primer lugar, quiero destacar la excelente traducción que ha llevado a cabo el investigador y traductor colombiano Alejandro Sánchez Lopera. Además de ser una traducción nítida e inteligente, Alejandro introdujo a nota al pie algunas aclaraciones sobre términos de la política estadounidense que el público hispanohablante no tiene por qué conocer. Varios de los trabajos reunidos han experimentado transformaciones para su inclusión en este volumen. «Usar el poder/combatir el poder» se presenta de una manera abreviada. «Negociación deliberativa» también ha sido resumido con la participación de la autora, quien también ha realizado algunas modificaciones menores. Los demás textos son presentados en su integridad.

Los textos sobre feminismo son los capítulos «La Enmienda de Igualdad de Derechos (ERA). ¿Movimiento o cofradía?», «Feminismo y democracia», «Usar el poder/combatir el poder», «Susan Moller Okin» e «Iris Marion Young», y, muy especialmente, el prefacio. Sobre el poder, las piezas más importantes son «Usar el poder/combatir el poder» y «Sobre la importancia de lograr las cosas». Sobre la democracia, situada en este volumen en las intersecciones entre feminismo y poder, pueden consultarse, especialmente, «¿Deberían los negros representar a los negros y las mujeres a las mujeres?», «Sobre la importancia de lograr las cosas» y «Negociación deliberativa».

En este estudio me centraré en el tema de democracia. El análisis de la obra feminista es abordado por la propia autora en el prefacio, donde aclara que su trabajo democrático derivó de su obra feminista, o, más en general, de sus inquietudes feministas. Esto hace más relevante este volumen. En dicho texto podemos aprender que ideas como los *enclaves deliberativos*, el *método normativo inductivo*, la *teoría de la contingencia*, el papel del autointerés en la deliberación y los *sistemas deliberativos*, entre otras del universo de Mansbridge, proceden de tales inquietudes.

¿Qué es la igualdad política? El papel de la intensidad

En sus orígenes, en el siglo XVIII, la igualdad política estuvo anclada en una relativa igualdad de afectación de la cual se podía derivar una relativa igualdad de influencia mediante el voto. Los pensadores de la democracia de los siglos XVIII y XIX consideraron que la mejor expresión de la igualdad democrática para sociedades homogéneas de hombres propietarios blancos consistía en el principio de la igualdad política, sintetizado en el principio de «una persona un voto». A mediados del siglo XIX, John Stuart Mill (2001) sugirió un esquema de voto plural con las consecuencias opuestas a aquellas que recomendaría un sistema de desigual afectación e influencia. En este, una mayor influencia correspondería con aquel más afectado, con independencia de sus méritos (la cualificación que Mill pensó para entregar a algunos el voto plural). Un mundo basado en exclusiones —de la mujer, de los negros, de los pobres y de los extranjeros— podía hasta cierto punto asemejar las afectaciones individuales. Descontadas las afectaciones de los más afectados al excluirlos de la cosa pública, las afectaciones resultantes eran bastante indistintas. Estos hombres se preocupaban más o menos por lo mismo, en un relativo mismo grado: libertad económica, libertad de expresión, etc. Todo esto comenzó a cambiar en el siglo XIX. La inclusión de nuevos grupos trajo consigo otra inclusión: la de sus propias afectaciones. Los trabajadores estaban *más* afectados por las condiciones de trabajo. Las mujeres estaban *más* afectadas por el cuidado de los hijos. Los antiguos esclavos y sus descendientes estaban *más* afectados por la ausencia de libertades individuales. Un abanico de intensidades se abrió y no ha dejado de desplegarse hasta hoy. La intensidad se reforzó. Una *política de la intensidad* emergió.

Podemos, entonces, diferenciar la política de la *igualdad* de la política de la *intensidad*. Una y otra adoptan diversas perspectivas acerca de la igualdad política, el principio democrático básico. La política de la igualdad, que predominó en los orígenes de nuestros gobiernos representativos, para realizar el cálculo de lo que debe ser igual, trata a los individuos como números enteros. Cada individuo es una sola unidad de afectación e influencia política. La política de la intensidad, en cambio, trata a los individuos como fracciones. Cada individuo puede ser fraccionado en muchas unidades tanto de afectación como de influencia. Lo que debe ser *igual* es el agregado de la influencia política de un individuo (e inclusive esto se puede poner en entredicho en el contexto de la democracia como amistad), pero, para cada tema, el individuo puede tener una desigual afectación e influencia. Unos pueden influir *más* sobre una decisión si les afecta *más*.

La visión numérica es la más común. Forma parte de lo que Achen y Bartels (2016), inspirados por Mansbridge, llamaron la teoría *folk* de la democracia. Esta teoría es el relato habitual que manejamos sobre la democracia. Si uno quisiera explicarle la democracia a un niño, le contaría esta historia: «la democracia empieza por los votantes. La gente corriente tiene preferencias sobre lo que debe hacer su Gobierno… Lo que quiere la mayoría se convierte en política gubernamental» (Achen y Bartels, 2016, pág. 1). En esta historia, las personas tienen la misma influencia sobre los asuntos públicos. La principal demostración de esto es la regla, antes mencionada, de «una persona, un voto», algo que hasta un niño puede entender.

Pero esta formulación contrasta con otra. Tomando elementos cruciales de la teoría feminista y en diálogo con autoras de la presencia política de los noventa, incluida Mansbridge, Asenbaum (2023) ha propuesto una teoría de la presencia que fragmenta al individuo en múltiples identidades. Según él, podemos desplegar estas múltiples identidades en espacios democráticos diferentes. El mundo digital, donde nos encontramos convirtiéndonos en avatares, cuentas de redes sociales, seudónimos, o donde actuamos anónimamente es uno de estos espacios. La presencia que necesitamos va más allá de la que Phillips (1995), Mansbridge, Williams (1998) y Young (2000) concibieron en los años 1990, cuando la mujer estaba casi por completo ausente de los cuerpos políticos institucionales, y que Phillips llamó «la política de la presencia» —la presencia de la mujer en la política a través, si era necesario, de nuevos dispositivos como eran las cuotas— (véase, en este volumen, «¿Deberían los negros representar a los negros y las mujeres a las mujeres?»).

Otro tratamiento relacionado en la teoría constitucional es la variedad descriptiva de Gargarella (2021), quien afirma que nuestras identidades no son reducibles a una unidad. La tesis de Gargarella sostiene que el sistema representativo contemporáneo se construyó para incluir identidades homogéneas que hoy no existen sino divididas en muchas categorías que nunca «caben» en un solo voto.

Quiero mostrar una tercera fuente de fragmentación que considero decisiva para nuestro entendimiento de la democracia contemporánea, y que constituiría el meollo de algunas de las distinciones más importantes en dicho campo, empezando con la distinción entre la democracia representativa y participativa. También opino que esta tercera multiplicidad puede acabar conduciéndonos a una democracia de la amistad, aunque también contenga en sus orígenes muchas de las tensiones de nuestras democracias actuales.

La *intensidad* nos separa. No somos números enteros en términos de afectación. En nuestras vidas, cada tema, cada asunto, no se nos presenta con la misma intensidad. Algunos nos afectan *más*. Si yo vivo en el mismo lugar donde una compañía va a abrir una mina, todos pueden esperar que a mí me importe *más* esta mina. Si yo o mi hijo tenemos cáncer, todos pueden esperar que me importe *más* cuánto dinero invierte mi Estado en la investigación contra el cáncer. Si yo nací mujer, todos entenderán que a mí me preocupen *más* asuntos como el aborto. La discriminación también envuelve nuestra ceguera habitual sobre estas afectaciones. Cuando una afectación existe, pero no es públicamente reconocida, sobreviene el dolor. La crianza es un ejemplo. Criar a un niño es una de las cosas más difíciles que hay, pero, aunque esto ha sido así desde siempre, esta intensidad solo recientemente ha obtenido reconocimiento y un tratamiento social especial a través de políticas públicas de distinto tipo.

La intensidad tiene esta cualidad intrínsecamente democrática consistente en que todos podemos, en muchos casos sin mucho esfuerzo, comprender las afectaciones de los demás. Algunas veces podremos descubrirlo con una mirada. Pero la mayoría de las veces, tendremos que hablar. La deliberación es importante porque nos permite descubrir las afectaciones y problemáticas de los demás. Una de las tragedias de una nueva segregación de nuestras sociedades, aquella que nos divide entre consumidores de bienes y servicios privados (seguros privados, educación o sanidad privada, etc.) y destinatarios de los servicios públicos, es que nos pone más difícil entrar en contacto directo con las afectaciones de los otros. La empatía democrática y la democracia de la amistad se truncan de cierto modo ante la ausencia de esta institución unitaria de nuestras democracias. La educación pública, la salud pública, las pensiones públicas, son instituciones democráticas unitarias que se añaden a otras que Mansbridge incluyó en su trabajo temprano, como la prensa pública e independiente o la burocracia independiente. Así que veo que hay un argumento basado en la democracia para apoyar estos servicios públicos diferente al argumento económico, al argumento vinculado a la justicia y al argumento democrático de que la distribución equitativa de estos bienes es la precondición para el ejercicio de las libertades políticas: necesitamos servicios públicos en nuestras democracias para estar en contacto con las afectaciones ajenas, pues sin esa toma de contacto no seremos capaces de desarrollar la empatía.

La amistad democrática es profundamente personal, en el sentido de que la podemos construir como construimos nuestras amistades personales: encontrándonos, hablando, compartiendo dichas y angustias. Sin ello, no entenderemos por qué «les importa tanto» —lo que coloquialmente expresamos como «ponernos en los zapatos del otro»—. La democracia necesita urgentemente eso. Podremos dirigirnos a una verdadera democracia de la amistad basada en la tolerancia solo si entendemos esto con toda su profundidad; solo si entendemos que las diferencias políticas no están enraizadas en nuestra benevolencia o en nuestra malicia más que en la historia de vida única y particular que acaba dictándonos la intensidad con que nos importan las cosas. Y solo si comprendemos de qué forma tratamos tan fervientemente de influir en ellas, que es lo que me propongo exponer a continuación.

Imaginemos que somos «paquetes» de influencia. No somos números enteros: todos contenemos múltiples unidades de intensidad. Imaginemos que están disponibles, que podemos libremente convertirnos en unidades de influencia. Imaginemos que cada uno tendrá cien unidades de intensidad y de influencia. Imaginemos a una persona a quien le preocupa un asunto y a otra que no le concede importancia. ¿En qué sentido podemos decir que son iguales si tienen la misma influencia? Un ideal democrático podría ser que, en el agregado, todos invirtamos la misma influencia (los números enteros), aunque cada uno la invierta en muchos modos diferentes. En este volumen («Usar el poder/combatir el poder»), encontraremos el papel de la resistencia y de la acción como vehículos de expresión de las demandas políticas más intensas, como las reclamaciones feministas. La intensidad de nuestras demandas debería poder ser expresada a nivel de la resistencia; resistir al poder, pero también al nivel de la acción.

Este principio hoy tiene aceptación. La distinción entre democracia participativa y representativa es ficticia desde cierto ángulo, pero muy real desde otro. La verdadera diferencia no tiene nada que ver con la representación; la democracia participativa también está organizada en líneas representativas. En algunos casos, los ciudadanos votan, aunque solo sea después de la intervención de miles de representantes en la esfera civil. Incluso los ciudadanos que votan son representantes del «pueblo» y son después representados por una mayoría. La diferenciación es más profunda y tiene que ver con el papel específico que adopta en cada modelo la igualdad política.

La democracia representativa la ha adoptado mediante el principio de *imparcialidad*. Normativamente, los representantes introducen la imparcialidad. Las instituciones democráticas representativas tradicionales son derivaciones de este principio. El principio de la imparcialidad constituye así una de las columnas de la democracia contemporánea, y nos indica que, en una sociedad, las personas deberían decidir las cuestiones como terceros desinteresados, como representantes. En el *Federalista* 10, Madison (1943) explicaba este principio —hoy en directa contradicción con el principio participativo que expondré más adelante como el principio de «los más afectados»—: «Ningún hombre puede ser juez en su propia causa, porque su interés es seguro que privaría de imparcialidad a su decisión y es probable que también corrompería su integridad» (pág. 37). Madison define «facciones» como «cierto número de ciudadanos, estén en mayoría o en minoría, que actúan movidos por el impulso de una pasión común, o por un interés adverso a los derechos de los demás ciudadanos o a los intereses permanentes de la comunidad considerada en conjunto» (pág. 36). Estos intereses «han dividido a los hombres en bandos, los han inflamado de mutua animosidad y han hecho que estén mucho más dispuestos a molestarse y oprimirse unos a otros que a cooperar para el bien común» (pág. 37). «Se sacrifican los grandes intereses de la sociedad a la vanidad» (pág. 300); «La ambición, la avaricia, la animosidad personal, el espíritu de partido» (pág. 4) conspiran en contra del interés público. En cualquier discusión nacional «se dará rienda suelta a un torrente de iracundas y malignas pasiones» (pág. 4). La necesidad del Senado consiste en «un verdadero sentimiento de carácter nacional» (pág. 266). La expansión de los gobiernos representativos en sistemas representativos complejos (Rey, 2023) busca dar cabida a diversas formas de la intensidad. Los sindicatos, las asociaciones civiles, las oenegés, son vehículos para que las personas puedan expresar en la esfera política la intensidad de sus demandas, las cuales, en cambio, mediante el voto, no pueden transmitir.

Empíricamente, los representantes son registradores de la intensidad. Los políticos no solo están al tanto de la igualdad numérica. Si fuera así, harían encuestas y decidirían en consecuencia, pero hacen otra cosa más que encuestas. Cotejan todo el tiempo la intensidad en el debate público. Chequean las pasiones y las intensidades, los niveles de adhesión o de animadversión. A veces prestan atención a una minoría política porque perciben que esa minoría tiene una afectación intensa. Realizan el cálculo mental mediante el cual la agregación de intensidades de una minoría acaba convirtiéndola en una mayoría si se la compara con una mayoría numérica que tiene una menor afectación. Si una minoría racial ha vivido toda la vida en un barrio cuyo desmantelamiento se prevé, sus niveles de intensidad pueden ser incluso superiores a los de una mayoría numérica pero desinteresada. Las minorías pueden ser mayorías desde el ángulo de la intensidad. Los políticos lo saben y gradúan en consecuencia estas intensidades para obtener decisiones legítimas.

La intensidad ha dado origen también al principio opuesto del de la imparcialidad: el *principio de los más afectados*. Distingo este principio del *principio de todos los afectados*. Este principio, teorizado por Robert Goodin (2007), «a grandes rasgos… establece que todas las personas afectadas por una decisión tienen derecho a participar en ella» (Wilson, 2022, pág. 169). El principio de los más afectados supone que estos individuos afectados en mayor medida tienen derecho a participar e incidir *más* en los asuntos que los afectan.

De acuerdo con este principio, los más afectados por un problema público tienen así mayor derecho a participar en su resolución. La peor exclusión probablemente tiene lugar cuando la unidad que somos es ignorada —cuando alguien, por ejemplo, no puede votar—, pero la exclusión también puede consistir en ignorar nuestra intensidad. Si el habitante cercano a esa mina tiene que diluir su voluntad con la de millones de otras personas que no están afectadas del mismo modo en que lo está él, ¿podemos decir que ha sido incluido? Parecería más bien lo contrario. Y parecería, también, que no ha tenido el mismo poder, puesto que otras personas que no se ven afectadas por los daños derivados de la actividad extractiva han tenido el mismo poder decisorio que él, pese a él sí le afecta e importa mucho *más*. Este es el punto de partida de lo que todos conocemos como democracia participativa, una de las grandes contribuciones del pensamiento y práctica democráticas del siglo XX. Lo que sostengo es que la distinción entre democracia representativa y participativa no estriba en la representación, sino de lo que sigue: mientras que la democracia representativa expresa la intensidad a través del principio de imparcialidad, la democracia participativa adopta el principio inverso de los más afectados.

La aplicación de ambos principios no está exenta de dificultades. Mientras que la imparcialidad está expuesta a la manipulación de distintos órdenes, la afectación lo está al autointerés. Una serie de estudios empíricos recientes (Achen y Bartels, 2016; Bafumi y Herron, 2010; Barberá *et al.*, 2019; Lax y Phillips, 2011) enseñan que los representantes son receptivos a las posturas más radicales. Radicalización no es afectación. Creo que es urgente trazar la división analítica entre ambos fenómenos. Una persona puede expresar un pensamiento radical por un asunto sin que le genere una afectación y sin que esté justificada de ningún modo su mayor influencia. Los representantes también prestan atención a otras intensidades, como la del dinero o la codicia. En un esquema de representación política libre (Rey, 2014), esta deriva de la imparcialidad es plausible. Llamados a descontar los intereses individuales de los otros, los representantes pueden acabar privilegiando los suyos propios. Sin embargo, el principio de la imparcialidad puede resolver hasta cierto punto los riesgos de la aplicación del principio de los más afectados a través de una mejor consideración de la distribución de los bienes «libres» (Mansbridge, 2019, 2021; véase también el prefacio de este libro).

Algunos bienes, como Mansbridge nos recuerda en el prefacio, son bienes «libres». Su provisión requiere de la coerción, pues de otro modo no estarían garantizados. Si todo en la democracia está diseñado de tal modo que solo cuenten nuestras propias afectaciones, entonces no podremos proveer estos bienes. Incluso si nos posicionamos a favor de políticas ecológicas, necesitaremos minas, turbinas, enormes aparatos que seguramente molestarán a algunos. Nadie quiere un centro de tratamiento de basuras en su calle, pero necesitamos centros de tratamiento de basuras; nadie quiere un proyecto de infraestructura en su predio, pero necesitamos infraestructura; nadie quiere molinos eólicos en su paisaje, pero necesitamos estas energías. A la hora de determinar la cabida de los principios de los más afectados y de la imparcialidad es crucial determinar en qué contextos las personas consideran que las reglas ordinarias no son suficientes para que se ejerza una coerción sobre ellas. En qué casos la gente, de forma justificada (la justificación resulta ser, precisamente, la misión del teórico), considera que su voto no la invalida para protestar o exigir un tratamiento diferencial ante, por ejemplo, un nuevo plan urbano, una mina a cielo abierto o una decisión política sobre temas como el aborto o de justicia distributiva. Buena parte del pensamiento político considera que el hallazgo de los criterios normativos no es dependiente de las consideraciones que tengan las personas acerca de lo que en un caso determinado se debería hacer. Mansbridge, por el contrario, cree que las personas en sus vidas emplean los ideales de un modo que los investigadores podrían tener en cuenta, como hizo ella para su primer libro, cuando a partir de dos investigaciones sociológicas —una en un pequeño pueblo y otra en una fábrica— determinó una de sus contribuciones normativas principales: que la igualdad de poder no es necesaria si las personas tienen intereses comunes. Mansbridge nos enseña que, cuando los intereses son comunes, debemos preferir instituciones unitarias en lugar de adversarias. Si nuestros intereses están en conflicto, podemos elegir instituciones adversarias. Al introducir su teoría de la contingencia en el corazón mismo de la democracia, abre las compuertas para una indagación normativa más completa acerca de en qué contextos la desigualdad de poder puede ser normativamente justificada, entre otras cosas si buscamos contrarrestar las desigualdades que no lo están y que subsisten en la práctica. En una democracia de la amistad las personas debemos tener la capacidad de que otros tengan más influencia que nosotros en determinados asuntos. Si verdaderamente somos amigos, esas diferencias en el poder no deberían suponer un problema imposible de solventar. Podemos permitir que otros puedan canalizar de algún modo en el sistema sus preocupaciones más intensas.

¿Qué es el interés público?

El interés público puede ser parcialmente descrito como la mejor consideración de los problemas que tienen que ver con la distribución de los bienes libres. Asimismo, puede ser entendido como una respuesta proporcional del sistema a todas nuestras fuerzas e intensidades. Ambos son elementos del andamiaje de lo que llamo *democracia de la amistad*. La democracia de la amistad es un modelo normativo de la democracia en el cual podemos reconocer la desigualdad de poder entre nosotros gracias a que nos comportamos con consideración en relación con las afectaciones de los otros, y es un esquema de cooperación diseñado para arrojarnos resultados proporcionales que puedan ser reclamados como los resultados de todos.

¿La democracia como el gobierno del pueblo o como el gobierno de todos?

Bajo una democracia de la amistad, los asuntos públicos deberían ser un reflejo exacto y proporcional tanto de las mayorías como de las minorías; un gobierno en el cual todos podamos sentirnos representados. En su sentido más profundo, la democracia no es «el gobierno del pueblo»; la democracia se trata, por el contrario, del «gobierno de todos». Desde el punto de mira del principio de la proporcionalidad, el principio mayoritario priva a la democracia de su contenido esencial, a saber, la igualdad. Permite una igualdad de ingreso, pero no de salida. Los ciudadanos somos iguales al votar, pero no cuando se gobierna, pues gobierna una mayoría (Mansbridge, 1983). ¿Qué pasaría si se gobernara para todos? Parecería una ingenuidad, pero en absoluto lo es.

Ética de la representación

Un gobierno de todos, esto es, una auténtica democracia, podría realizar cambios sustanciales sin realizar reformas institucionales. Un campo menos explorado es el de la ética de la representación. Dicha ética se pregunta por lo que los representantes deberían hacer con independencia de los incentivos externos que los obligan a hacerlo. Se trata de las decisiones morales que un representante político adopta. Un representante puede mostrarse más receptivo que otro a la crítica y más dispuesto a entregar algo a la oposición. Un Gobierno puede volcarse al compromiso sincero en lugar de preferir el camino fácil de la polarización. Un representante, moralmente hablando, puede elegir no mentir. Un representante puede genuinamente cambiar de opinión y explicárselo a la sociedad sin que ello implique una mentira. Un Gobierno puede cambiar por completo sus actitudes políticas aproximándose a un modelo normativo de la democracia de la amistad. Las prácticas republicanas en Chile y, muy especialmente, en Uruguay, sirven de ejemplo. Otras sociedades políticas, como la estadounidense, están a años luz de este ideal, y su deterioro democrático es evidente. Lo que está en el fondo de la crisis democrática es la completa derrota de la amistad democrática aupada por el aumento de la segregación política, movilizado a su vez por las redes sociales, la decadencia de los servicios públicos en muchas democracias, el desprestigio de algunas instituciones unitarias como las jefaturas de Estado, la animadversión exagerada y explotada en el plano político, la privatización de la esfera común, la pugnacidad del discurso político y otros acontecimientos que han hecho olvidar por completo a los ciudadanos que, en algún sentido, son amigos. Sin amistad política la democracia no puede subsistir.

Esta ética, sin embargo, es insuficiente. Otros cambios y reformas institucionales pueden ser necesarios. Un gobierno de la proporcionalidad implicaría ajustes importantes; implicaría fortalecer el tipo de instituciones unitarias que Mansbridge pensó en los años 1980. En «Negociación deliberativa», se trata de comprometerse en la esfera legislativa; en el capítulo sobre la «ERA», en el movimiento social; «Usar el poder» y «Lograr hacer las cosas» brindan un marco teórico para la política de compromisos que se aterriza en los dos otros artículos. Implicaría buscar arreglos institucionales que permitiesen alcanzar los compromisos a distintas escalas que Mansbridge reclama en este libro.

Referencias

Achen, C. H.; Bartels, L. M. (2016). *Democracy for Realists: Why Elections Do Not Produce Responsive Government*, Princeton University Press, Princeton.

Arendt, H. (1997). *¿Qué es la política?*, Paidós, Barcelona.

Asenbaum, H. (2023). *The Politics of Becoming: Anonymity and Democracy in the Digital Age*, Oxford University Press, Oxford.

Bafumi, J.; Herron, M. C. (2010). «Leapfrog Representation and Extremism: A Study of American Voters and Their Members in Congress», *American Political Science Review*, *104*(03), 519-542, https://doi.org/10.1017/S0003055410000316

Barberá, P.; Casas, A.; Nagler, J.; Egan, P. J.; Bonneau, R.; Jost, J. T.; Tucker, J. A. (2019). «Who Leads? Who Follows? Measuring Issue Attention and Agenda Setting by Legislators and the Mass Public Using Social Media Data», *American Political Science Review*, *113*(4), 1-19, https://doi.org/10.1017/S0003055419000352

Gargarella, R. (2021). *El derecho como una conversación entre iguales. Qué hacer para que las democracias contemporáneas se abran —por fin— al diálogo ciudadano*, Siglo XXI, Ciudad de México.

Goodin, R. E. (2007). «Enfranchising All Affected Interests, and It's Alternatives», *Philosophy & Public Affairs*, 35(1), 40-68.

Lax, J. R.; Phillips, J. H. (2011). «The democratic deficit in the states», *American Journal of Political Science*, 56(1), 148-166, https://doi.org/10.1111/j.1540-5907.2011.00537.x

Hamilton, A.; Madison, J.; Jay, J. (1943). *El Federalista*, Fondo de Cultura Económica.

Mansbridge, J. (1983). *Beyond Adversary Democracy*, The University of Chicago Press, Chicago.

— (1990). «Self-interest in political life», *Political Theory*, 18(1).

— (2019). Recursive Representation, en D. Catiglione y J. Pollak (eds.), *Creating Political Presence: The New Politics of Democratic Representation* (págs. 298-338), The University of Chicago Press, Chicago, www.hks.harvard.eduelectroniccopyavaila bleat:https://ssrn.com/abstract=3049294

— (2021). *Democracia: amistad y pugna*, Felipe Rey (ed.), Gedisa, Barcelona.

— (2022). *Dispositifs De La Democratie: Entre Participation, Deliberation Et Representation*, Classiques Garnier Multimedia.

Mill, J. S. (2001). *Consideraciones sobre el gobierno representativo*, Alianza Editorial, Madrid.

Mouffe, C. (2016). *Paradoja democrática: el peligro del consenso en la política contemporánea*, Gedisa, Barcelona.

Phillips, A. (1995). *The Politics of Presence*, Oxford University Press, Oxford.

Rey, F. (2014). *Teoría de la Representación Política en el Derecho Público*, Pontificia Universidad Javeriana, Ibáñez.

— (2023). *El sistema representativo: las representaciones políticas y la transformación de la democracia parlamentaria*, Gedisa, Barcelona.

Schmitt, C. (2014). *El concepto de lo político*, Alianza Editorial, Madrid.

Williams, M. S. (1998). *Voice, trust, and memory: marginalized groups and the failings of liberal representation*, Princeton University Press, Princeton.

— (ed.). (2021). *Jane Mansbridge. Participation, deliberation, legitimate coercion*, Routledge Innovators in Political Theory, Nueva York.

Wilson, J. L. (2022). Making the All-Affected Principle Safe for Democracy. *Philosophy & Public Affairs*, 50(2), 169-201. https://doi.org/10.1111/papa.12209

Young, I. M. (2000). *Inclusion and Democracy*, Oxford University Press, Oxford.

1
La Enmienda de Igualdad de Derechos (ERA). ¿Movimiento o cofradía?[1]

Jane Mansbridge

Como todos los movimientos sociales, tanto el feminismo estadounidense como el estilo de fundamentalismo político de Phyllis Schlafly* se enfrentaron a una tensión básica entre extenderse (hacia afuera) o replegarse (hacia adentro). Para cambiar el mundo, un movimiento debe incluir a tanta gente como sea posible. Pero para atraer activistas devotos, ese movimiento tiene que promover un sentido de exclusividad —«Nosotros pocos, felices pocos, nosotros, grupo de hermanos» (Shakespeare, 1988, págs. 177-178)—.[2]

---

*Nota del Traductor: Phyllis Schlafly (1924-2016) fue una abogada, activista conservadora antifeminista y prominente portavoz del movimiento nacional STOP ERA (Detener la Enmienda para la Igualdad de Derechos).

1. Nota del Editor: Este texto proviene del segundo libro de Mansbridge *Why we lost the ERA?*, publicado en 1986. En el libro, es el capítulo 13.

2. Retomo los términos «exclusivo» e «inclusivo» de Mayer M. Zald y Roberta Ash (1966, págs. 330-331). Distinguiré el «movimiento ERA» del movimiento feminista, del cual forma parte, porque de alguna forma involucró un espectro diferente de personas, particularmente de pueblos pequeños, del Sur y del Medio Oeste. Lo deno-

Si bien muchas fuerzas dentro del movimiento por la Enmienda de Igualdad de Derechos (ERA) [siglas de *Equal Rights Amendment*] promovieron la inclusividad, otras promovieron el separatismo, la preocupación por la pureza y la homogeneidad de pensamiento asociada con la exclusividad. A pesar de sus ideales incluyentes, las activistas que trabajaban en favor de la ERA tendían a preservar su propia moral al dividir el mundo entre «nosotros» y «ellos», buscando pureza doctrinal y rechazando interpretaciones de la realidad que no se ajustasen a sus preconcepciones. Las iglesias fundamentalistas, en todo caso, estaban más sujetas a este tipo de tensión, ya que creían que esa impureza podría llevar no solo a la exclusión social sino a la condena personal.

Nosotros contra ellos

El estudio de Rosabeth Moss Kanter acerca de las comunas del siglo XIX encontró que, cuando las comunas institucionalizaban la exclusividad, tenían más posibilidades de sobrevivir. Las comunas más exitosas desalentaban las relaciones del grupo hacia afuera a través del aislamiento geográfico, la autosuficiencia económica, un lenguaje y estilo de vestido particulares, y reglas que controlaban los movimientos de los miembros y los extraños a lo largo de las fronteras de la comunidad. Tres cuartas partes de las comunas exitosas de Kanter no reconocían los días festivos patrióticos tradicionales estadounidenses. La mitad no leían periódicos externos. Más de una cuarta parte caracterizaban específicamente al mundo externo como malvado (Moss Kanter, pág. 92, Tabla 3).

Aunque usualmente los movimientos sociales son incluyentes en sus fines conscientes, construir una organización sobre la creen-

---

mino un «movimiento», en lugar de una coalición de grupos de interés, en la medida en que evocaba sentimientos de solidaridad positiva entre las personas que no pertenecían a ninguna organización afiliada y las involucraba en la participación política (a menudo en formas no ortodoxas o «contrainstitucionales») como las manifestaciones.

cia en un principio puede, si el mundo se rehúsa a aceptar ese principio, producir un sentido profundo de «nosotros» contra «ellos». Cuando dos movimientos organizados con incentivos ideológicos están enfrentados entre sí, la realidad proveerá numerosas tentaciones de ver al opositor como la encarnación del mal. Para un oponente de la ERA, una fotografía de dos lesbianas abrazadas en pantalón corto en mitad de una manifestación en favor de la enmienda por la igualdad de derechos era un detonante para percibir allí el mal. Para las proponentes, la caracterización que hizo un legislador de ellas como «sin bra-sieres, sin cere-bro», repetida con condescendencia una y otra vez,[3] provocó un odio igualmente intenso. Tanto las imágenes de opositores sobre «libertinas» y acerca de un «bombardeo mediático desde el establecimiento de la Costa Este», como las imágenes de las defensoras sobre «zumbados de derechas» o de legisladores confabulados para acabar con la ERA en «salas llenas de humo de tabaco», contenían elementos de verdad. El proceso de la lucha acentuó el abismo. En tanto proponente, me era imposible sentarme en una galería legislativa, escuchar a algunos legisladores bromear mientras rechazan la igualdad de derechos para las mujeres, y no sentir odio. Y rara vez he visto tanto odio concentrado como el que vi en algunas de las mujeres republicanas vestidas de rojo cuando entré a un ascensor del Capitolio estatal en las jornadas de *lobby* portando mi broche verde de «Sí a la ERA».

Al igual que el nacionalismo y algunas formas de conversión religiosa, ciertos tipos de actividad política engendran una transformación del yo que requiere reconfigurar el mundo en campos de amigos y enemigos. Presentarse a elecciones o hacer campaña a favor de legislación social parece tener este efecto. Otros tipos de actividad política, como ocupar un cargo político, requieren que las personas desarmen esas fronteras, o que al menos las hagan más

---

3. Representante Hanrahan, Illinois, Cámara de Representantes, 16 de mayo de 1972, pág. 208; 8 de mayo de 1975, pág. 37; 2 de junio de 1977, pág. 39.

sutiles. Los movimientos a favor y en contra de la ERA tuvieron los mismos efectos en sus participantes que la mayoría de luchas en torno a la legislación social, solidificando los lazos internos del grupo sin crear vías de diálogo con el «otro». La camaradería política dentro de los grupos surgió de la dependencia y el respeto mutuo, ya que las proponentes trabajaban hasta altas horas de la noche preparando sus declaraciones o sus oponentes se amontonaban a las seis de la mañana en camionetas alquiladas para enfrentarse a carreteras congeladas por el invierno rumbo al Capitolio estatal.[4] Ambas partes también demandaban sacrificio. La convicción de que «si no hago esto, la causa puede fracasar» llevó a muchas mujeres, por primera vez en sus vidas, a firmar cheques por cincuenta, cien, quinientos o incluso mil dólares en favor de una causa política. Las personas que experimentaron esa solidaridad e hicieron ese sacrificio a menudo comenzaron a concebirse como seres políticos, que ayudaban a producir —y no simplemente consumir— las políticas que las afectaban. Pero este admirable resultado frecuentemente dependía, para conseguirlo, de una visión maniquea de «nosotros» y «ellos».

Pureza doctrinal

Una vez se ha trazado la necesaria distinción entre «nosotros» y «ellos», se sigue que cuanto menos te parezcas a «ellos», más serás uno de «nosotros». Llegar a ser de «nosotros» implica purificar tus creencias. La dinámica que liga a los activistas con el movimiento entraña idealismo, radicalismo y exclusión. Opera en contra de una política incluyente de acuerdos y de reforma.

En aquellas organizaciones que han escogido la exclusividad ideológica como medio de construcción de comunidad, es probable que los líderes sean aún más radicales que sus seguidores, ya

---

4. Retomo estos detalles de Felsenthal, *Sweetheart*, págs. 259-260.

que no sirven solo como intermediarios o embajadores con el mundo exterior sino como modelos morales cuya función es inspirar a los demás. Si bien la teoría de organizaciones tradicional predice que los líderes se tornarán más conservadores que sus bases, tanto Ellie Smeal de NOW (National Organization for Women) como Phyllis Schlafly de STOP ERA —aunque indudablemente menos radicales que algunos de sus voluntarios más activos— estaban casi con toda seguridad más alejadas entre sí que lo que estaba la mayoría de personas que aportaban tiempo o dinero para sus respectivos movimientos.[5]

Ni el movimiento a favor ni el movimiento en contra de la ERA parecen haber empujado con vehemencia a sus adherentes hacia disputas internas en torno a la pureza, pero sí hubo algunas presiones en ambos movimientos. Entre las proponentes, por ejemplo, esas presiones fueron visibles en las decisiones de los abogados en torno al aborto y el rol de las mujeres en la guerra.

Homogeneidad

En grupos que están construyendo un sentido de comunidad, lo similar atrae a lo similar, y los divergentes potenciales tratan de suprimir sus diferencias con el fin de pertenecer al grupo. La homogeneidad interna creada por los miembros los vincula entre sí de forma más plena.

---

5. Robert Michels fue quien primero postuló que los líderes de los movimientos democráticos llegarían a ser más conservadores que sus bases (1979). Zald y Ash, reconociendo que a veces lo opuesto también sucede, postulan que un declive en el interés por afiliarse puede producir un líder aún más radical que los afiliados mismos (pág. 399). Las causas de un liderazgo más radical son, en mi opinión, bastante complejas, pero incluyen de manera prominente demandas de incentivos ideológicos que se refuerzan mutuamente para la participación y exclusividad en la organización. Verba y Orren (1985) documentan la relativa distancia del liderazgo feminista en Estados Unidos frente a las opiniones de la ciudadanía, comparado con los liderazgos sindicales y obreros que seleccionaron de fuentes más conectadas con el Gobierno o la postura dominante.

Paradójicamente, el carácter inclusivo de un movimiento social acentúa la homogeneidad. A diferencia de una organización, un movimiento social no tiene requisitos de ingreso o certificación de membresía; sus miembros se definen e identifican a sí mismos solamente en términos de su ideología. Eres miembro de un movimiento en la medida en que creas aquello en lo que cree otra gente del movimiento. Una vez dejes de creer ya no estás, por definición, «en» el movimiento. Todos los miembros saben esto, al menos de manera inconsciente. También saben que se han «unido» al movimiento en parte para tener el apoyo de gente que piensa de forma similar —para hacer y conservar amistades—. Si desviarte demasiado de la ideología actual del movimiento causa que pierdas a tus amigos, solo te moverás en esa dirección cuando ya te sientas ajeno, o cuando sientas que «no tienes opción».

Entre las proponentes, la presión para acoplarse probablemente era más fuerte en el movimiento de mujeres radicales, en el cual «traicionar al movimiento de mujeres» al no asumir la línea ideológica correcta podía ser «tan aterrador como una traición a tu familia, a tus amigos más cercanos» (Harrison *et al.*, 1984: págs.14-16). Pero incluso en la sede más conservadora del movimiento de la ERA en Illinois, me sentí nerviosa al sugerir que incluyéramos en nuestra declaración de 1982 ante el Congreso de Illinois una disposición apoyando la interpretación «deferente» acerca del rol de las mujeres en las Fuerzas Armadas (algo que recién había descubierto).[6] Resultó que la junta directiva no tuvo problema con

---

6. N. del T.: una de las secciones del documento de la ERA afirmaba que la «igualdad de derechos bajo la ley no debe ser negada o restringida por los Estados Unidos o cualquier Estado por razones de sexo». En concreto el debate era si, por ley, las mujeres debían ser o no incluidas en igualdad de condiciones en el mismo proceso de reclutamiento y envío a combate que los hombres. Las partidarias de la inclusión de las mujeres sin matices o excepciones, o «igualitarias», argumentaban en favor de la igualdad plena entre hombres y mujeres —eximir a las mujeres del servicio militar y el combate sería reforzar los estereotipos que concebían a la mujer como débil e incapaz de servir al país—. Las «igualitarias», que finalmente fue la posición mayoritaria de las partidarias de la ERA, se enfrentaban a las «deferenciales», que proponían que el

mi sugerencia. Mi nerviosismo provenía de la autocensura y las fantasías de rechazo, no de una proyección adecuada de lo que sucedería. Pero temores vagos de este tipo son comunes en aquellos cuya información o acceso particular a ella los lleva a considerar desviaciones frente a «la línea del partido». No tengo evidencia acerca de esas presiones entre los oponentes, pero es difícil imaginar que no fueran igualmente intensas. De hecho, debido a que los oponentes activos en líneas generales estaban arraigados en comunidades pequeñas donde esperaban pasar el resto de sus vidas, y a menudo muchos estaban más comprometidos con sus iglesias que las feministas con «el movimiento», los costes de desafiar a sus compañeros eran probablemente aún mayores.

Virar hacia adentro: ¿una ley de hierro?

Si los movimientos sociales no pueden recompensar materialmente a sus miembros, y si los activistas tienen que hallar sus recompensas en la ideología y la solidaridad, podemos esperar que tales movimientos «sigan la ley de hierro de la involución», en la cual «cada movimiento social tiende a fragmentarse en sectas, a menos que triunfe rápidamente, en cuyo caso se convierte en una colección de instituciones».[7]

El movimiento socialista en Estados Unidos ilustra esta ley de hierro. Como argumenta Daniel Bell, este colapsó en la tensión entre inclusión y exclusión (1952, pág. 217). El movimiento obre-

---

Congreso o las Fuerzas Armadas definieran si las mujeres reclutadas debían o no ser excluidas del combate.

7. Estoy en deuda con Arthur Stinchcombe por la versión original de esta enunciación. Véase también Brewer (1957, págs. 482-493). Como todos los movimientos sociales, el movimiento ERA tenía en su interior no solo componentes institucionales, sino también organizaciones férreas y del tipo cofradía. No obstante, todos estos componentes institucionales podían verse muy influenciados por las tendencias hacia la cofradía o por el comportamiento institucional en el movimiento como un todo.

ro se convirtió en una institución, en tanto que el Partido Comunista se volvió una secta. El partido llegó a ser ideológicamente excluyente, y el compromiso mismo de sus miembros provenía en parte de «ese temor interior que nos persigue a todos a no resultar suficientemente revolucionario» (Howe y Coser, 1957, pág. 39). Sus miembros también devinieron islas sociales, apartados de los otros, no solo porque esos otros los condenaban al ostracismo, sino porque necesitaban aislase para evitar confrontar la amplia brecha existente entre sus expectativas revolucionarias y sus logros reales. Su intenso compromiso político dejaba poco espacio para sus trabajos o su familia, y se sentían incómodos con personas que no compartían su misión (Kornhauser, 1962, págs. 321-339, véase esp., pág. 326). Decía un miembro:

> Cuando estás en el Partido durante varios años, como yo, desarrollas lazos afectuosos con tus camaradas. He tenido unos pocos amigos afuera del Partido, pero nunca han podido ser amigos cercanos. No pueden ser amigos en absoluto si son hostiles al Partido. Nunca te sientes igual de cómodo con un extraño que con tus camaradas (pág. 326).

Todos los activistas comprometidos sienten que su compromiso político los sitúa aparte de la gran mayoría de ciudadanos. El caso extremo ocurre cuando el activismo requiere de la acción ilegal —como en *Resist*, un grupo de resistencia al servicio militar obligatorio fundado en 1967-1968, cuyos miembros habían cometido el acto ilegal de quemar o devolver la papeleta de reclutamiento (Useem, 1973, pág. 239 y sigs.)—.[8] Con solo ese acto los resistentes se convirtieron en proscritos. Pero procesos más comunes a todos los activistas intensificaron su extrañamiento frente al mundo exterior. Los resistentes tendían a sentir a la vez superioridad moral y rabia al haber arriesgado tanto por el bienestar de otros sin

---

8. Useem hace énfasis en el «extrañamiento externo» que los miembros de *Resist* sentían hacia el mundo externo.

recibir personalmente nada a cambio.[9] En la medida en que la política absorbía más sus identidades, los desacuerdos ideológicos con sus antiguos amigos se volvieron más difíciles de soportar.[10] Finalmente, su menguante interés en las actividades no políticas erosionó todos los lazos por fuera del universo del movimiento,[11] mientras construían un sentido casi religioso de comunidad en el interior.[12]

En el movimiento del Poder Negro (*Black Power*), los activistas se debatían acerca de hasta dónde los negros deberían trabajar con los blancos; en el movimiento Pentecostal, los grupos religiosos se debatían sobre «si un "espíritu cristiano pleno" debería provenir o no de la "prostituta de Babilonia",[13] o permanecer en el interior de ella y tratar de redimirla» (Gerlach *et al.*, 1970 pág. 54).[14] En el movi-

---

9. «Durante un tiempo me sentí más cercano a la gente que había destapado sus cartas, y más distante de la gente que no lo hizo. Era así de simple. Respetaba a aquella gente que había tenido ese gesto, y los que no lo habían hecho eran unos cobardes» (Useem, pág. 240; véase asimismo pág. 244).

10. «Diría que [la experiencia] me sensibilizó frente a las insensibilidades [de mis amigos], y esto no ha cesado. Ya no soy tan cercano a ellos y ahora los visito menos» (Useem, pág. 246).

11. «Empecé a sentir que mis intereses y los de mis amigos de posgrado no iban en la misma dirección, que se distanciaban cada vez más. Podíamos conversar sobre química, pero yo estaba cada vez menos interesado...» (Useem, pág. 248; también pág. 237).

12. «El día que lo hice [devolver mi papeleta de reclutamiento], acepté ser parte del movimiento... Me sentía muy cercano a mis amigos que habían resistido, a la Resistencia, y al Movimiento en general» (*ibid.*,

13. N. del T.: la prostituta de Babilonia, o la gran ramera, aparece en el Libro del Apocalipsis de la Biblia. «La gran ramera es la ciudad de Roma, descrita como en enigma (v. 9) con imágenes que en el libro de Isaías se aplicaban a Tiro y Nínive (*cfr.* Is 23,16-17; Na 3,4). Las muchas aguas, como se explica en v. 15, representan los pueblos sobre los que domina la gran ramera. Se le llama también Babilonia, por ser esta urbe el símbolo de las ciudades enemigas de Dios (v. 5; *cfr.* Is 21,9; Jr 51,1-19), y prototipo de lujuria». Comentario. *Sagrada Biblia*, Facultad de Teología, Universidad de Navarra, 2016, pág. 8491.

14. Véase igualmente su discusión de los mecanismos de compromiso que requerían el cortar lazos con la familia y las amistades (Gerlach *et al.*, págs. 114-117). No obstante, ellos documentan su discusión sobre el compromiso solo con ejemplos de los grupos pentecostalistas, no los del *Black Power*.

miento de mujeres, con tristeza una activista concluía lo siguiente acerca de otro grupo: «considerábamos que no eran tan puras como nosotras. Ellas aún existen, nosotras no» (Galper y Washburne, 1976, pág. 108; véase asimismo Ralph H. Turner, 1970, pág. 150; Michael Lipsky, pág. 1148; Douglas y Wildavsky, 1982, págs. 114-121).

Las fortalezas de la exclusividad son aquellas de un cuadro político comprometido. La exclusividad puede producir una vida personal intensa, profunda y significativa. Los compromisos y supuestos compartidos pueden también generar un discurso intelectual penetrante, ya que la intensidad misma del compromiso nos urge a ir más allá del lugar común y la línea del partido. En términos organizativos, un grupo exclusivo puede contar con que sus miembros harán lo que se requiera hacer.

En contraste, la fortaleza de la inclusividad es «la fortaleza de los vínculos débiles» (Granovetter, 1973, págs. 1360-1380). En términos personales, una organización inclusiva y menos férrea hace posible que el fortalecimiento del ego se retire a santuarios apolíticos como la familia. En términos intelectuales, posibilita amistades que recorren «todo el espectro de opiniones políticas» (Kornhauser, pág. 335). Desde el punto de vista organizativo, permite sostener diferentes vínculos con la comunidad en general. Al comparar las vidas políticas y personales de los activistas políticos liberales afiliados a Americans for Democratic Action con las de los miembros del Partido Comunista, William Kornhauser concluyó que «el grupo liberal halla su fuerza en los múltiples vínculos que sus miembros establecen con la comunidad» (Kornhauser, pág. 333). Al comparar dos comunidades que se resistían al renovamiento urbano —una, un barrio italiano estrechamente unido desde hace mucho tiempo, la otra, un conglomerado menos organizado—, Mark Granovetter argumenta que la razón por la cual el conglomerado menos organizado triunfó y la comunidad estrechamente unida fracasó puede haber sido que los miembros de los barrios menos exclusivos y menos estrechamente ligados podían utilizar sus contactos laxos con organizaciones e individuos diversos afuera del barrio para promover los intereses del mismo (*op. cit.*). Igual que sucede con los contactos, sucede con la información. Granovetter demuestra que existe una

> tendencia estructural a que las personas con las cuales estamos *débilmente* vinculados tengan mejor acceso... a información que nosotros no tenemos. En comparación con los amigos cercanos, los conocidos son más dados a moverse en círculos diferentes que nosotros. Es probable que las personas más cercanas a nosotros coincidan en mayor medida con las que ya conocemos, de modo que la información de la que disponen sea muy parecida a la que ya tenemos (1974, 52-53).[15]

Ocurre lo mismo con el pensamiento. Aquellos conocidos con opiniones diferentes y roles estructurales distintos nos pueden forzar a articular nuestras expectativas y comprensiones ocultas e, incluso, en ocasiones, a negociar, reflexionar y tomar decisiones —todos ellos procesos centrales del pensamiento, resumidos en la expresión «pensándolo bien...»—.[16]

Escapar de la ley de hierro

¿Qué condiciones tienden a tornar un movimiento en una cofradía? O, si asumimos que las dinámicas de incorporación al movimiento son tales que hacen que todo movimiento se vuelva hacia adentro, ¿qué condiciones impiden esta tendencia natural a la exclusividad? La historia del movimiento ERA sugiere tres condiciones: la posibilidad del triunfo, la dependencia del movimiento con respecto a actores en diferentes roles estructurales, y una ideología explícitamente incluyente.

La ERA estuvo extremadamente cerca de llegar a ser aprobada. Aunque ningún Estado la ratificó después de 1977, las votaciones

---

15. Véase asimismo Granovetter (1982, págs. 1051-30).
16. Véase Rose Laub Coser (1984, págs. 226, 230-233).

estuvieron tan igualadas en distintos Estados entre 1977 y 1982 que incluso las patrocinadoras no fueron capaces de predecir de antemano qué dirección tomarían los Congresos estatales. Esas condiciones debieron haber maximizado el impacto del realismo político, al reducir tanto el exceso de confianza como la tentación del perdedor a refugiarse en la pureza. Debido a que la meta de este movimiento social particular era ratificar una enmienda constitucional en Estados Unidos, lo cual requiere una supermayoría, las presiones usuales de la inclusividad —y, por ende, de heterogeneidad— en la afiliación se incrementaron.

La naturaleza descentralizada del movimiento ERA también condujo a una división del trabajo entre diferentes Estados, diferentes comunidades al interior de cada Estado y diferentes electorados a nivel local y estatal. Una organización del movimiento atraería miembros más conservadores; otra, a miembros más radicales. A nivel interno, esta descentralización les permitió a los miembros de cada grupo sentirse más cómodos entre sí. Externamente, esta división del trabajo hizo posible actos del tipo «policía bueno/policía malo», donde la organización más conservadora podía decirles a los detentadores del poder que, si no se efectuaban ciertas concesiones, no podrían contener por mucho más tiempo a los radicales. Pero, más importante aún, la división del trabajo promovió perspectivas distintas que tuvieron el efecto de socavar cualquier ideología unificadora.

«Hidra de mil cabezas» desde el punto de vista organizativo, el movimiento también tenía «ojos de mosca».[17] Dependía de diferentes tipos de actores individuales —amas de casa, secretarias, ejecutivas, escritoras, abogadas, académicas y políticas profesionales—, la mayoría de las cuales permanecían en sus otros roles mientras trabajaban para la ERA. Los distintos incentivos y exposi-

---

17. Tomo estos términos de Jessica Lipnack y Jeffrey Stamps (1982). El término académico más común para «cabeza de hidra» es «policefálea» (véase Gerlach y Hine).

ciones en sus otros roles les dieron a estas afiliadas al movimiento visiones ligeramente diferentes de la lucha común, y estas visiones produjeron diferentes puntos de vista.

En suma: la ideología del movimiento de mujeres es en sí misma inclusiva, enfatizando la sororidad de mujeres de diferentes clases, etnias, regiones y tipos de política tradicional. Esa ideología demanda que las mujeres se escuchen entre sí, sobre la base de que la historia de cada mujer tiene su propia validez y derecho a ser escuchada. El primer y simple enunciado de esa ideología es que todas las mujeres son hermanas y están fundamentalmente «en el mismo lado». Están en el mismo lado sin importar su clase, crianza o política, ya que estructuralmente tienen relaciones similares con el mundo y, particularmente, con los hombres. El «grupo de concientización» del movimiento de mujeres generalmente hacía su trabajo permitiéndole ver a las mujeres, que habitualmente se clasificaban por la clase, las costumbres y la política, sus similitudes en tanto mujeres. Esto permitió a cada mujer escuchar a otras mujeres hablando de sus vidas tal como ellas las habían vivido, y sentir compasión por experiencias por las que no habían atravesado, alegría por recuerdos mutuamente compartidos (pero anteriormente concebidos como triviales), y rabia al reconocer eventos no compartidos hasta ese momento.

La afirmación del movimiento de que «lo personal es político» significa, entre otras cosas, que, cuando las mujeres hablan de lo que es importante para ellas, esas experiencias a menudo derivan de experiencias comunes en un mundo donde los hombres ostentan la mayor parte del poder. Esto significa que es un error no escuchar ni tratar de entender aquello que otras mujeres dicen, aun cuando discrepemos con ellas. En el movimiento ERA, no importaba cuán involucrado estuviera un grupo particular de activistas intentando persuadir a un legislador, organizando una manifestación, o escribiendo un informe, la ideología inclusiva del movimiento más amplio de mujeres siempre estaba ahí para empujar, amablemente, hacia una estrategia de escucha sobre lo que otras mujeres —incluso de la oposición— tenían que decir. Esas fuerzas del movimiento ERA significaron que, si algún movimiento podía escapar a la ley de hierro de la involución, habría sido este. El que no haya escapado por completo quiere decir que es probable que ninguna organización basada en la membresía voluntaria lo pueda hacer.

Los movimientos sociales devienen «movimientos» solo al construir sobre valores y sueños comunes. Pueden anhelar incluir a todo el mundo algún día, pero no pueden, por definición, hacerlo hoy. Para sobrevivir, tienen que equilibrar las pretensiones de pragmatismo y pureza, de desplegarse (hacia afuera) o replegarse (hacia adentro). Tal vez ningún movimiento social pueda mantener ese equilibrio por mucho tiempo, lo cual puede ser la razón del por qué los movimientos sociales usualmente son transitorios. Pero algunos, en efecto, se mantienen más tiempo que otros y, como resultado, ejercen mayor influencia. Si bien el movimiento feminista que empezó a finales de la década de 1960 a menudo estaba desconectado de los legisladores del montón y los millones de estadounidenses a quienes representaban, mantuvo con mucho un equilibrio mejor entre desplegarse (hacia afuera) y replegarse (hacia adentro) que cualquier otro movimiento iniciado en ese momento. Esto puede ayudar a explicar su longevidad. Queda por ver si el movimiento conservador antifeminista de las décadas de 1960 y 1980, con su renovado énfasis en los valores familiares y el comportamiento sexual tradicionales, será igual de resiliente.

Bibliografía

Bell, D. (1952). «The Background and Development of Marxian Socialism in the United States», en *Socialism and American Life*, vol. 1, Donald D. Egbert y Stow Persons (, eds.), Princeton University Press, Princeton.

Coser, L. (1978). *Las instituciones voraces. Visión general*, Fondo de Cultura Económica, Ciudad de México.

Douglas, M.; Wildavsky, A. (1982). *Risk and Culture*, University of California Press, Berkeley.

Brewer, E.arl D. C. (1957). «Sect and Church in Methodism», en *Collective Behavior*, Ralph H. Turner y Lewis McKillian, (eds.),, Prentice-Hall, Englewood Cliffs.

Felsenthal, C. (1981). *Sweetheart of the Silent* Majority, Doubleday, Nueva York.

Galper, M.; Washburne, C. K. (1976). «A Women's Self-Help Program in Action», *Social Policy* 6.

Granovetter, Mark. «The Strength of Weak Ties», *American Journal of Sociology*, 78: 1360-1380.

— (1982). «The Strength of Weak Ties: A Network Theory Revisited» en *Social Structure and Network Analysis*, P. Marsden y N. Lin (, eds.), Sage, Beverly Hills.

Granovetter, M. (1974). *Getting a Job: A Study of Contacts and Careers*, Harvard

University Press, Cambridge.

Gerlach, L. P.; Hine, V. H. (1970). *People, Power, Change: Movements of Social Transformation* Bobbs-Merrill, Indianápolis.

Michelle, H.; Horning, B.; Koplow, G.; Lowry, M.; Siegal, E.; Zimmerman, L. (1984). «Feminist Writers: "All of Us Have Censored"», *Sojourner*, septiembre: 14-16.

Howe, I.; Coser, L. (1957). *The American Communist Party: A Critical History 1919-57*,

Beacon Press, Boston.

Kornhauser, W. (1962). «Social Bases of Political Commitment: A Study of Liberals and Radicals», en *Human Behavior and Social Processes*, Arnold M. Rose (ed.), , ed.,Routledge y Kegan Paul, Londres.

Laub Coser, R. (1984). «The Greedy Nature of *Gemeinschaft*», en *Conflict and Consensus*, Walter W. Powell y Richard Robbins (, eds.), Free Press, Nueva York.

Lipsky, M. (1968). «Protest as a Political Resource», *American Political Science Review*, 62(1968): 1148.

Lipnack, J.; Stamps, J. (1982). *Networking*, Doubleday, Nueva York.

Michels, R. (1979). *Los partidos políticos 1. Un estudio sociológico de las tendencias oligárquicas de la democracia moderna*, Amorrortu, Buenos Aires.

Moss Kanter, R. (1972). *Commitment and Community: Communes and Utopias in Sociological Perspective*, Harvard University Press, Cambridge.

Useem, M. (1973). *Conscription, Protest, and Social Conflict: The Life and Death of a Draft Resistance Movement*, Wiley, Nueva York.

Representante Hanrahan, Illinois, Cámara de Representantes, 16 de mayo de 1972, pág. 208; 8 de mayo de 1975, pág. 37; 2 de junio de 1977, pág. 39.

Shakespeare, W. (1988). *Enrique V*, acto IV, escena III, Planeta, Barcelona.

Turner, R. H. (1970). «Determinants of Social Movement Strategies», en *Human Nature and Collective Behavior: Papers in Honor of Herbert Blumer*, Tamotsu Shibutani (ed.), Prentice-Hall, Englewood Cliffs.

Mayer M. Z.; Ash. R. (1966). «Social Movement Organizations: Growth, decay and change», *Social Forces*, 44: 330-331.

Thorne, B. (1975). «Protest and the Problems of Credibility: Uses of Knowledge and Risk-taking in the Draft Resistance Movement of the 1960's», *Social Problems*, 23.

Wilson, J. (1973). *Introduction to Social Movements*, Basic, Nueva York.

Verba, S.; Orren, G. R. (1985). *Equality in America: A View from the Top*, Harvard University Press, Cambridge.

2
Feminismo y democracia[1]

Jane Mansbridge

Durante siglos, mientras los hombres gobernaban y escribían filosofía política, la experiencia de las mujeres tuvo poca influencia en la práctica o el pensamiento democráticos. Sin embargo, recientemente, las ideas feministas han estado en el centro de un debate emergente acerca de la naturaleza de la política democrática.

La tradición dominante en la ciencia política concibe la democracia principalmente como un método para compendiar deseos individuales arraigados en el interés propio. Los críticos de esa tradición enfatizan que cualquier democracia que funcione requiere que sus ciudadanos y representantes piensen no solo como un «yo», sino también como un «nosotros». La democracia implica la discusión pública de los problemas comunes, no solo un recuento silencioso de manos individuales. Y cuando la gente habla entre sí, a veces la discusión puede llevar a los participantes a observar su propia postura en el marco de los intereses más amplios de la co-

---

1. Publicado originalmente en inglés en: Mansbridge, J. (1990). «Feminism and Democracy». *The American Prospect*, Spring.

munidad. De hecho, en el mejor de los casos, los procesos democráticos resuelven los conflictos no solo a través de la voluntad de la mayoría, sino al descubrir respuestas que integran los intereses de las minorías. Así, una «democracia deliberativa» no simplemente registra las preferencias que ya tienen los individuos: anima a los ciudadanos a pensar sobre sus intereses de forma diferente.

Dos vetas de la escritura feminista iluminan el debate sobre la democracia deliberativa. La primera, que celebra el mayor cuidado brindado por las mujeres, modifica y enriquece el modelo deliberativo al proveer imágenes y modelos prácticos de la experiencia de las mujeres. En esta perspectiva, la socialización de las mujeres y su papel en la crianza de los hijos, entre otras causas, las hace especialmente atentas a la transformación del «yo» en un «nosotros» y a buscar soluciones a conflictos que den cabida a deseos diversos y, a menudo, suprimidos. En nuestra sociedad las mujeres usualmente suelen ser educadas para identificar su propio bienestar con el de otros, especialmente el de sus hijos y esposos. Más que los hombres, las mujeres construyen su identidad a través de las relaciones con amigas. Tal como afirma Jennifer Nedelski, el ser femenino tiene fronteras más «permeables». Las escritoras feministas proponen esta capacidad de una autodefinición más amplia como modelo para la política democrática.

Mas, tal como bien lo saben las feministas, la capacidad misma de identificarse con otros puede ser manipulada fácilmente en detrimento de las mujeres. Una segunda corriente de pensamiento feminista, que se enfoca en la opresión masculina, nos alerta sobre cómo la deliberación opera como máscara de la dominación. Andrea Dworkin demuestra que la permeabilidad es la vía tanto para la intromisión como para la privacidad. La transformación del «yo» en un «nosotros» que conlleva la deliberación política puede fácilmente enmascarar formas sutiles de control. Incluso el lenguaje que la gente usa para razonar en común usualmente favorece una forma de ver las cosas y desalienta otras. A veces los grupos subordinados no pueden encontrar la voz o las palabras adecuadas para expresar sus pensamientos y, cuando lo logran, descubren que no son escuchados. Las feministas que se enfocan en la inequidad de poder entre hombres y mujeres señalan las formas en que las mujeres son silenciadas, en cómo se les anima a mantener sus deseos en un modo incipiente, y en cómo se les escucha decir «sí» cuando quieren decir «no». Estas mismas valoraciones nos ayudan a comprender otras formas de dominación, como aquellas basadas en la riqueza, que también pueden contagiar el proceso deliberativo.

Así que, a medida que los teóricos políticos viran hacia pensar la democracia en tanto deliberación, el pensamiento feminista ofrece tanto ánimo como cautela. Las feministas aportan al nuevo énfasis en la deliberación experiencias de un yo acostumbrado a incluir el bienestar de los demás en el suyo propio, y a lograr ese bienestar común mediante la persuasión más que mediante el poder. Pero las feministas también aportan un vívido reconocimiento de la capacidad de un grupo dominante de silenciar o ignorar voces que no quiere oír.

Democracia como deliberación

Originalmente, la democracia significaba democracia deliberativa. Incluso Aristóteles, sin ser un demócrata, concluía que el pueblo, a partir de su capacidad deliberativa, podía producir mejores decisiones que un experto en muchos asuntos —«los banquetes colectivos son mejores que los costeados a expensas de uno solo»—. Los grandes escritores sobre la democracia en los siglos XVIII y XIX concibieron la democracia principalmente como una forma de razonamiento conjunto para promover el bien común. James Madison pensaba que las facciones enfrentadas entre sí se anularían mutuamente, facilitando a los hombres virtuosos el espacio para deliberar y tomar decisiones sabias públicamente. John Stuart Mill argumentaba que la tarea más importante de una asamblea representativa era «conversar», empleando perspectivas diferentes acerca de los intereses públicos. Antes de la Segunda Guerra Mundial,

Ernest Barker, el gran traductor de la *Política* de Aristóteles, definía en su esencia a la democracia no como una cuestión de votación, sino como «un método de gobierno que logra acuerdos en un debate común compartido por todos, para alcanzar un resultado que el mayor número posible está de acuerdo en aceptar».

El pensamiento político que emergió de la Segunda Guerra Mundial invirtió este énfasis en la deliberación y el bien común, exigiendo el reconocimiento del poder y el conflicto. Escuelas de pensamiento tan divergentes y mutuamente contradictorias como las de Marx, Freud, Arthur Bentley (fundador de la postura de grupos en conflicto en la política) y la economía neoclásica asumieron un mundo político basado en el interés propio, el poder y los intereses en competencia.

En 1942, el economista Joseph Schumpeter formalizó una teoría profundamente influyente que rebautizó la democracia como un mercado. En la democracia, tal como la entendió Schumpeter, no hay bien común o interés público. Los votantes persiguen sus intereses individuales haciendo demandas al sistema político en proporción a la intensidad de sus sentimientos. Los políticos, persiguiendo también sus intereses, adoptan políticas que les compran votos, asegurando así la *accountability*.[2] Para mantenerse en el cargo, los políticos actúan como empresarios e intermediarios, buscando fórmulas que satisfagan el mayor número posible de intereses. Las decisiones que emergen del intercambio entre votantes e intermediarios interesados se acercan tanto como sea posible a una suma equilibrada de intereses individuales. En la política como mercado, los candidatos son mercancías, que se venden a sí mismos o son puestos a la venta.

---

2. N. del T.: se sigue la sugerencia del editor del primer volumen: «Este término no tiene una traducción precisa en español y es, a menudo, más confuso traerlo en alguna de sus dos traducciones habituales, como "control" o como "rendición de cuentas". El concepto de *accountability* involucra ambas cosas. Este será un obstáculo frecuente que se aclarará del siguiente modo. Cuando la palabra en inglés pueda traducirse únicamente como "control" o "control democrático", o como "rendición de cuentas", usaré estas alternativas. Pero si su significado incluye las dos, usaré el término en inglés.»

Para toda una generación en la ciencia política estadounidense, la formulación de Schumpeter subyacía a la comprensión dominante de la práctica democrática. A muchos también les pareció que representaba un ideal democrático. El estudio del pluralismo, los grupos de interés y quién obtiene qué, dónde, cuándo y cómo, asumió de forma típica que los ciudadanos (y sus representantes) eran interesados y que los intereses entrarían en conflicto. La mayoría de quienes criticaban la comunidad política estadounidense, fueran de la derecha, del *establishment* o de la izquierda, también estaban de acuerdo con estos supuestos subyacentes acerca de la política entendida como poder.

Pero hace diez años la marea empezó a cambiar de nuevo. Unos pocos científicos políticos empezaron a señalar que algunas acciones legislativas eran inexplicables a menos que los representantes se preocuparan tanto por la reelección como por políticas públicas de calidad. Los legisladores en la Cámara de Representantes y el Senado, por ejemplo, votaron, a finales de la década de 1970 y principios de la de 1980, para desregular las industrias de carga y de aerolíneas, una medida que pensaron que beneficiaría al público. Lo hicieron en contra de un fuerte *lobby* tanto de los sindicatos como de las industrias, que tenían relaciones cercanas con las comisiones regulatorias. Los politólogos notaron también que los ciudadanos adoptaban posturas en asuntos como la guerra de Vietnam y el transporte público no porque la política que favorecieran los beneficiara sino porque pensaban que era la política correcta.

En los poblados pequeños la preocupación de los ciudadanos por el bien común era, en todo caso, aún más fuerte. Mi estudio de un poblado pequeño en Nueva Inglaterra y un lugar de trabajo gestionado colectivamente me convenció de que la teoría implícita de la democracia en esas comunidades políticas pequeñas claramente difería del modelo de mercado de Schumpeter. Schumpeter gestionaba los conflictos, en teoría, contando y sopesando preferencias. Los miembros de las comunidades que conocí asumían que en muchos asuntos existe el bien común y que razonar conjuntamente —deliberar— les podría llevar a descubrir o crear ese bien.

Cuando teóricos recientes de la democracia rechazan la concepción de la democracia como solo un mecanismo para agregar preferencias conflictivas e interesadas, acuden a distintas tradiciones filosóficas independientes. J. G. A. Pocock y Garry Wills han demostrado que los artífices de la constitución estadounidense, lejos de reflejar solamente el individualismo lockeano, querían promover tanto el espíritu público como la benevolencia. Pocock rastrea la preocupación por el espíritu público hasta los escritos de Maquiavelo sobre la corrupción de la virtud republicana en Florencia; Wills remonta la preocupación por la benevolencia hasta la Ilustración escocesa. Cass Sunstein argumenta que el Tribunal Supremo de Estados Unidos nunca ha consentido una teoría de la democracia basada solamente en la agregación de preferencias. Si bien tal Tribunal generalmente no ha examinado la racionalidad subyacente con la que operan los legisladores, siempre ha insistido que, por principio, la legislación sea guiada por el interés público. Al escribir sobre los espacios públicos y las características de una «situación ideal de habla», Jürgen Habermas ha inspirado a muchos a preguntarse qué instituciones y estructuras de poder son más hospitalarias con la deliberación pública.

Los nuevos teóricos deliberativos han sugerido varios cambios institucionales para renovar el proceso democrático:

- Adiciones de democracia directa. Descentralizar algunas decisiones en las asambleas de vecinos y apoyarse más en referendos municipales, estatales y nacionales podría ayudar a promover la deliberación. Benjamin Barber sugiere que la primera etapa de un referendo sea la elección múltiple, redactado de tal manera que le permita al votante expresar la intensidad de su apoyo y el respaldo a un principio, pero no a la propuesta específica. Esa etapa podría estar ligada a la asistencia a una asamblea deliberativa barrial. La segunda etapa, después de un período deliberativo de varios meses, sería la papeleta más tradicional de sí/no.

- Reformas electorales. El marco de los debates de campaña es un asunto apropiado para ser sometido a legislación. El formato de la Liga de Mujeres Votantes para los debates debería ser reincorporado y expandido para incluir candidatos del nivel estatal y municipal. Se deben financiar con fondos públicos amplios bloques de tiempo televisivo para discutir los asuntos. Y cerrando las escuelas y el comercio, así como prohibiendo eventos deportivos en el día de elecciones y en el último día de la campaña, la nación puede, de forma explícita, reservar tiempo para la discusión y la inscripción de votantes. El propósito es tanto simbólico como práctico: señalar el valor y la importancia de la discusión pública.
- Jurados de políticas. Los Gobiernos podrían elegir como jurados una muestra representativa de la población afectada y revisar evidencia, deliberar sobre asuntos específicos de políticas, y aconsejar al parlamento competente. Los experimentos del Estado de Minnesota con jurados de políticas les dan a los legisladores un mejor entendimiento de la opinión pública que las encuestas, y las deliberaciones de los jurados le dan a los participantes y amigos la oportunidad para ejercer una influencia creativa sobre las políticas.

La calidad de la deliberación hace o deshace una democracia. La buena deliberación produce, junto con buenas soluciones, los recursos emocionales e intelectuales para aceptar decisiones difíciles. La participación activa en las decisiones hace más fácil soportar —y entender las razones de— las pérdidas que conllevan algunas decisiones. La manipulación de la participación produce cinismo tanto en el centro de trabajo como en la comunidad política. La deliberación que respeta a todos los participantes y sustenta sus resultados en razones y puntos de vista que sortean los cuestionamientos genera resultados que incluso los oponentes pueden respetar.

A veces, sin embargo, los teóricos que promueven la deliberación fusionan la deliberación con el bien común. No solo el lenguaje de Mill y Barker, sino el de teóricos recientes como Benjamin Barber y Joshua Cohen sugiere que la deliberación tiene que ser deliberación en torno al bien común. Desde esta perspectiva, la deliberación ha de ser encuadrada en términos de «nosotros»; las demandas autointeresadas son inválidas. No obstante, descartar el interés propio hace más difícil para cualquier participante el captar qué es lo que está en juego. En particular, puede que los menos poderosos no encuentren cómo descubrir que el sentido prevaleciente del «nosotros» no los incluye adecuadamente. La deliberación (y el proceso político en general) debería hacer a los participantes más conscientes de sus intereses reales, incluso cuando esos intereses entran en conflicto.

A veces los teóricos deliberativos también olvidan el poder. Cuando, como pasa a menudo, existen políticas que no benefician a todo el mundo, las democracias requieren alguna forma de legitimar un proceso en el cual un grupo logra que otro haga algo que no quiere hacer. Para evitar concederle demasiado peso al *statu quo*, las democracias tienen que facilitar algún tipo de ejercicio del poder. En teoría, pueden legitimar la coerción al darle a cada ciudadano igualdad de poder en el proceso. El sistema tiene éxito allí donde cada cual pierde en algunos asuntos, pero gana en otros. El feminismo, en su vertiente del cuidado y en la antiopresiva, puede corregir tanto a la visión no realista de los «obstinados» politólogos que insisten en que la política no es más que poder, como a los teóricos deliberativos que, o rechazan de plano al poder o ignoran las formas en que los poderosos a menudo usan a su favor la apertura de la deliberación, sus procedimientos, y la orientación de muchos participantes hacia el bien común.

El cuidado: ¿una política sin poder?

Una política sin dominación es un ideal con un extenso linaje tanto por el lado masculino como por el femenino. Claude Henri de Saint-Simon, profeta temprano del socialismo, y Edward Bellamy, utopista norteamericano del siglo XIX, querían reemplazar el gobierno de los hombres por la administración de las cosas. Karl Marx visualizaba deshacerse del «poder político propiamente dicho», esto es, de la dominación de clase. John Stuart Mill y Ernest Barker reemplazaron el poder crudo no con la administración sino con la deliberación. Pero cuando las mujeres arribaron a su propia concepción de la política sin dominación, a menudo su lenguaje contenía alusiones a sus experiencias como madres. El resultado no fue el mismo. El cuidado —una forma particular forma de hacer del bien del otro el nuestro propio— invadió la esfera política.

En 1818, Hannah Mather Crocker, una temprana feminista, argumentó casi al mismo tiempo que Dios había «dotado a la mente femenina con iguales poderes y facultades» que aquellas de los hombres, y que «es el deber y privilegio apropiado de las mujeres el convencer por la razón y la persuasión». Cien años después las sufragistas usaron la misma fórmula de igualdad con diferencia. En términos estratégicos, las sufragistas se basaron en la persuasión, ya que contaban con poco poder político. Pero muchas también creyeron que las mujeres traerían la virtud a la política al extender la postura de la maternidad a la esfera pública, sustituyendo la persuasión por el poder, y reemplazando la política de partido con el buen gobierno progresista.

En *Herland*, una novela utópica feminista publicada seis años antes de que las mujeres obtuvieran el sufragio, Charlotte Perkins Gilman dibujó una sociedad poblada solo por mujeres, donde la dominación no tenía lugar. De los tres hombres que se tropezaban con esta utopía, el más agresivo anhela pelear, trata de «amaestrar» a las mujeres y glorifica la competencia. Las mujeres responden con una paciente comprensión, no infligen castigos, y no experimentan sentimiento competitivo alguno, salvo «un leve triunfo como el de ganar un simple juego».

Sin la explícita preocupación de Gilman por el cuidado, Mary Parker Follett, una teórica organizacional que escribió una generación después, también argüía en contra de la «dominación» («una victoria de una parte sobre la otra»). Se oponía incluso al acuerdo mutuo («cada parte cede un poco o algo con el fin de obtener paz») en favor de la «integración», que permitía que ninguna parte tuviera que «sacrificar algo».

A menudo Follett daba como ejemplo de integración el cómo un día, estando sentada en una biblioteca, había querido cerrar una ventana mientras otro lector la quería abierta. En lugar de eso, abrieron una ventana en una sala contigua que estaba vacía. «No hubo acuerdo mutuo», escribió, «porque ambos obtuvimos todo lo que queríamos».

Lo que podríamos llamar soluciones «todos ganan» (*win-win*), como la propuesta por Follett, suponen un correctivo necesario a la política entendida como batalla de voluntades. Pero es fácil en algunas visiones feministas confundir el correctivo con la historia completa, o asimilar erróneamente el énfasis en el cuidado y la empatía con la conclusión de que todas las relaciones humanas pueden ser englobadas en el cuidado.

Resulta igualmente fácil confundir la afirmación normativa referida a que los enfoques de cuidado y atención en las relaciones son buenos en sí mismos (o que promueven otros valores buenos en sí mismos) con la afirmación empírica de que las mujeres son más propensas que los hombres a adoptar esos enfoques. Ya sea que las mujeres y los hombres difieran en términos de cuidado y atención o no, las afirmaciones morales deben sostenerse por sí mismas. Deberíamos ser capaces de encontrar el lenguaje para construir de forma persuasiva la reivindicación de cualquier demanda o afirmación sin apelar al género. Sin embargo, debido a que la persuasión descansa en la experiencia y algunas experiencias son más prominentes socialmente para las mujeres (sea que de hecho hayan o no tenido la experiencia de, digamos, la maternidad como tal), las imágenes persuasivas que tocan más fácilmente a las mujeres no necesariamente van a tener un eco sensible en los hombres. Algunas demandas tendrán que tomar forma en el interior de la comunidad que comparte las experiencias relevantes para luego ser «traducidas» a otras audiencias.

Ya en 1968 y 1969, por ejemplo, casi al mismo tiempo de descubrirse a sí mismas en tanto «clase», con intereses distintos y a veces en conflicto con los de los hombres, las mujeres descubrieron que tenían una «cultura» distintiva y, en cierto modo, superior. Para las vertientes no separatistas del pensamiento feminista el problema pasó a ser cómo integrar el cuidado, la escucha, y la sensibilidad emocional de esta cultura con la política que las mujeres habían heredado de los hombres. Este proyecto ahora encuentra aliados entre los teóricos políticos que promueven la democracia deliberativa.

Teorías feministas del poder

Consideremos la «feminidad» del cuidado. Algunas feministas han reaccionado frente a la definición prevalente de la política entendida solo como poder, y del poder como solo dominación, elaborando lo que Nancy Hartsock llama «la teoría feminista del poder». Al adoptar la distinción de Mary Parker Follett entre «poder sobre» y «poder con», han retratado al poder no solo como dominancia sino como «energía, capacidad y efectividad». En 1980 Sara Ruddick se convirtió en la primera teórica académica en introducir ideales de maternidad en la política. En contra de la conjunción entre poder e impotencia de la comprensión heredada sobre la maternidad, Ruddick definió su proyecto como «la construcción de una imagen del poder maternal que es benigna, asertiva, robusta y sana», sugiriendo que las mujeres aportan al mundo público una cultura y una tradición encarnadas en la idea de un «pensamiento maternal», cuyas características son «humildad, sentido del humor resiliente, realismo, respeto por las personas y capacidad de respuesta al crecimiento».

Muy pronto Kathy Ferguson instó a que, en la creación de nuevas formas de organización, las mujeres recurrieran a valores «estructurados a partir de la experiencia de las mujeres —cuidado, empatía, conexión—». Virginia Held señaló que la relación entre el «padre/madre maternal» y el niño provee un entendimiento del poder que no implica doblegar al otro a la voluntad propia: «La persona maternal busca empoderar al niño para que actúe responsablemente. No quiere ni ejercer el poder ni defenderse en contra del poder ejercido por el niño». Cuando están más débiles físicamente, como en la infancia o la enfermedad, los niños pueden «exigir» la mayor cantidad de atención y cuidado —ya que en ese momento sus necesidades son muy críticas—.

Ni Ruddick, ni Ferguson, ni Held, ni ninguna de las muchas teóricas que están escribiendo ahora en esta línea están tratando de reemplazar el vocabulario político basado en el poder por uno basado en el cuidado o la intimidad. Su objetivo es integrar en el pensamiento político un rico —pero excluido— vocabulario y conjunto de experiencias (excluido porque usualmente se localiza en el ámbito doméstico y se define como privado, no político o, incluso, antipolítico). Este proyecto de integración requiere cierta sutileza. Requiere mantener distinciones útiles entre lo gubernamental y lo no gubernamental, y entre el particularismo de la empatía uno a uno y el universalismo de la solidaridad con toda la humanidad. El proyecto no requiere fundir lo público con lo privado. Pero sí requiere concebir las relaciones formadas en lo privado, lo doméstico y el ámbito particular como modelos razonables para algunas formas de espíritu público —o los primeros pasos en camino hacia ellas—. El paso que los griegos dieron al usar *philía*, o amistad, en tanto «amistad cívica», base del Estado, no difiere formalmente del paso de las sufragistas (la «maternidad social») de aplicar la relación maternal a la comunidad política ampliada.

Tomarse en serio la maternidad revela, por ejemplo, las radicales limitaciones de las teorías políticas basadas en una analogía inapropiada con el mercado. Cuando Robert Nozick sugiere que los individuos tienen un derecho primordial a poseer y vender lo que producen, Susan Okin replica que en ese caso las madres poseen y tienen el derecho de vender a sus hijos. Las relaciones de las madres con sus hijos usualmente socavan los modelos neoclásicos de individuos independientes, derechos, contratos, o la venta y la posesión.

Escucha y deliberación democrática

Prestar atención a las relaciones no es lo mismo que el «cuidado». Nancy Chodorow ha sugerido que los niños varones pueden verse obligados, en una sociedad donde las mujeres proveen la mayor parte del cuidado en la infancia temprana, a separarse de sus madres con mayor firmeza y oposición que las niñas. Así, en relaciones posteriores, los hombres pueden sentirse intrínsecamente menos conectados con los otros. Sea por esta razón o por razones derivadas de una historia de subordinación, las niñas y las mujeres en los Estados Unidos parecen valorar más las relaciones que los niños y hombres. Los juegos de las niñas, al menos en las comunidades blancas de clase media, se desarrollan en grupos pequeños, relativamente homogéneos, y no ponen énfasis en las reglas y la competencia que caracterizan a los juegos de los niños. Las niñas y las mujeres son mejores que los hombres interpretando las expresiones faciales y otras señales interpersonales. Las mujeres hablan menos en público que los hombres, y escuchan más.

Como señaló Marlene Dixon en 1970, «las mujeres están entrenadas para los matices, para escuchar las sutiles señales ocultas que conllevan los mensajes en sus palabras. Es parte de esa habilidad especial llamada "intuición" o "empatía" que todas las niñas tienen que aprender si van a ser exitosas en manipular a otros para obtener lo que quieren, y si van a proveer simpatía y comprensión a sus esposos y amantes». Si bien el «todas» de su oración indudablemente exagera, es cierto que generación tras generación a las mujeres se les ha enseñado a ser buenas oyentes. Ya en el siglo V a. de C., Sófocles decía: «Mujer, el silencio es un adorno en las mujeres».

Las habilidades para escuchar —que no el silencio— parecen producir mejores decisiones. Los experimentos de laboratorio de los psicólogos sociales sugieren que las mejores decisiones grupales (aquellas que más probablemente producen una respuesta «correcta» o una solución creativa) aparecen cuando sus miembros solicitan las opiniones de individuos que, inicialmente, están en minoría. Cuando un investigador instruye al grupo a que consulte a cada uno de sus miembros, este toma decisiones más correctas —que si, en cambio, no los consultara—. Cuando los líderes facilitan la emergencia de la opinión minoritaria, sus grupos se desempeñan mejor que aquellos grupos sin líderes. Los consultores organizacionales han aprendido de los psicólogos la útil —aunque bastante chocante— frase de «Si te entendí bien…». Para decir esas palabras tienes que haber escuchado, y así los otros tienen la oportunidad de corregir aquello que piensas que dijeron. Sin esta jerga, las feministas enseñan la misma lección: escuchar.

A la par de promover una ética del cuidado y habilidades de escucha, las pensadoras feministas también han sugerido el papel crítico de las emociones en la deliberación. Las emociones nos ayudan a aclarar quiénes queremos ser. La buena deliberación no se fomenta «dejando las emociones de lado». Al contrario, las soluciones «integradoras» o de «todos ganan» a menudo requieren la capacidad emocional para adivinar qué desean los otros o, al menos, para preguntarlo de una manera genuinamente curiosa e inofensiva. Se requiere habilidad emocional para acceder a los sentimientos a veces subconscientes de la gente en conflicto y a los hechos inobservados que pueden ayudar a crear una solución integradora.

Los miembros de un sindicato a veces hacen huelga en apoyo a las demandas de otro sindicato; algunos propietarios sin hijos votan a favor de más impuestos para mejorar las escuelas públicas. Tales acciones no están basadas solo en un compromiso racional con máximas que uno desearía que fueran universales, o en la creencia en alcanzar la mayor felicidad para el mayor número de personas. Están basadas también en un proceso que ha invocado la empatía, la solidaridad y el compromiso de nuestras acciones, así como la fidelidad a un principio. La presencia de otros con intereses diferentes a los nuestros dificulta, con razón o sin ella, el insistir en demandas basadas simplemente en el interés propio. En el momento en que personas con demandas que compiten entre sí se encuentran cara a cara, el conflicto no solo crea una competitividad egoísta; a menudo, también se hace más evidente emocionalmente cómo el comportamiento interesado puede dañar a otros. Cuando los individuos son capaces de una solidaridad o compromiso que opera por principios, involucrar las emociones ayuda a crear las transformaciones del yo necesarias para pensar en un «nosotros» en vez de un «yo».

Superar las formas sutiles del poder

Pero ¿quién es ese «nosotros» en una deliberación? El «nosotros» fácilmente puede representar una universalidad falsa, tal como lo hacía la palabra genérica «hombre» —refiriéndose a «humanidad»—. Incluso si el subordinado cree en él y lo pronuncia, el «nosotros» puede enmascarar una relación que va en contra de sus intereses. La experiencia del silencio de las mujeres, de los deseos inexplorados, de las palabras que no significan (ni son escuchadas para que digan) lo que dicen, y de las sutiles formas de la dominación se extiende más allá del género alertando tanto a teóricos como practicantes acerca de los escollos que conlleva un poder desigual en la deliberación.

El silencio, en su faceta positiva, permite escuchar. En su faceta negativa, una historia de relativo silencio les permite a las mujeres ser actores políticos que entienden que, cuando la deliberación deviene teatro, deja fuera a muchos que, por naturaleza o entrenamiento, no son actores. Cuando la deliberación se convierte en una demostración de lógica, deja fuera a muchos que no pueden transformar sus necesidades sentidas emocionalmente en una fórmula clara. Cuando muchas voces compiten por el espacio deliberativo, la muestra que logra ser oída no es representativa.

Muchos hombres tímidos son callados, pero el porcentaje equivalente de mujeres se incrementa al aprender que el silencio es apropiado para su género. Sucede que el no saber lo que uno quiere es parte también de la condición humana, no solo de la condición de género. Pero más allá de la condición humana, a las mujeres se les enseñó —al menos mientras yo crecía— a no tener deseos sólidamente definidos. Los niños se preguntaban, ya desde la canción infantil —«soldado, marinero, jefe de tribu»—, para qué clase de trabajos eran aptos. Los niños de clase media se preguntaban qué carreras escogerían. Las niñas como yo nos preguntábamos, en cambio, con qué clase de hombre nos casaríamos. Mi madre, siempre práctica, incrementó mi abanico de opciones de la mejor forma que pudo. Me educó con una variedad de habilidades tal que, me dijo una vez, pudiera casarme con «un príncipe o un indigente».

El entrenamiento para ser elegido en lugar de elegir incluye el no permitir que los propios deseos sean demasiado definidos. Mantener los propios deseos indefinidos hace que sea aún más difícil para nuestro intelecto comprender las señales que emite el yo cuando quiere una cosa en lugar de otra. Saber lo fácil que es mantener nuestros deseos indefinidos hace que las mujeres se den cuenta de que las asambleas deliberativas tienen que trabajar activamente en ayudar a que los participantes descubran y den forma a aquello que realmente quieren. Las preferencias, por no hablar de los intereses, no vienen dadas. Tienen que ser examinadas, probadas y expresadas en relación con las causas que las produjeron, ser exploradas y, finalmente, ser apropiadas. La buena deliberación tiene que basarse en instituciones que fomenten el disenso y en imágenes de conducta adecuada que permitan buscar a tientas, cambiar las posturas propias y respetar el carácter tentativo del proceso. Solo salvaguardias así pueden ayudar a los participantes a averiguar hacia dónde quieren ir.

Las palabras son la sustancia misma de la deliberación. Sin embargo, tradicionalmente a las mujeres se les ha enseñado a no decir lo que quieren decir. Carole Pateman nos remite al último capítulo de *Emilio, o de la educación* de Rousseau, el primer manual de educación progresista, diseñado para producir mujeres y hombres virtuosos y naturalmente sanos. Después de todos los primeros capítulos, en los que Emilio es criado en la honestidad emocional y en el desprecio a la hipocresía de la ciudad y de las cortes, resulta chocante cuando se dirige a Sofía, para enseñarle a decir «no» cuando quiere decir «sí» y, en respuesta, para enseñarle a Emilio a actuar como si ella hubiera dicho «sí» en vez de «no». En el mismo párrafo donde Rousseau hace la propuesta de que todo acto sexual, aun en el matrimonio, tiene que estar basado en el deseo mutuo, afirma que los hombres tienen que hacer caso omiso a los signos verbales de no consentimiento para leer el consentimiento en la mirada de las mujeres.

A medida que las violaciones se incrementan a lo largo de Estados Unidos, pero se vuelve ilegal —de Estado en Estado— el tener sexo con la esposa propia en contra de su voluntad, las mujeres tienen una razón particular para querer que sus «noes» sean tomados como un «no» y no como un «sí». Y en querer que a las mujeres se les enseñe, igual que a los hombres, a decir «no» cuando quieren decir «no».

No es difícil ver cómo la deliberación se distorsiona en el momento en que los subordinados dicen «sí» («sí, jefe») cuando quieren decir «no». Los rodeos de la incomprensión en el baile de la dominación y subordinación entre hombres y mujeres revelan otras capas, y otros tipos de distorsión, de los cuales ambas partes pueden no tener conciencia, y de los cuales la cultura en general es cómplice. Esta ha sido la década de la deconstrucción, de la semiótica y de Foucault. Al tiempo que la deconstrucción desmenuza un fragmento de literatura para ver qué hay detrás, la semiótica ve cada pausa, palabra y no-palabra como un significante, y Foucault descubre el poder en los intersticios de cada acto social, estas corrientes han servido como aliadas, a menudo sin quererlo de forma consciente, de la empresa feminista de desenmascarar y protegerse contra las formas sutiles de dominación.

En el plano teórico, un ejemplo importante de esta empresa es el análisis teórico de Andrea Dworkin y Catharine MacKinnon sobre la dominación implícita en el acto sexual. Dworkin y MacKinnon sugieren que, en el acto sexual promedio, el hecho de que una persona penetra y otra es penetrada (una empuja y la otra recibe) codifica un patrón de dominación y subordinación. Este patrón es reforzado en algunos casos por la posición arriba versus abajo, iniciador versus iniciado, y por otros reflejos o retornos secretos de las estructuras externas de poder. Las feministas han sacado a la luz los desequilibrios de poder inherentes a diversos actos sutiles —la ropa que usan los dos géneros, el corte de pelo, el maquillaje, la risa y las actitudes hacia la comida o hacia el propio cuerpo—.

Las mujeres, más que la mayoría de grupos oprimidos, han llegado a descubrir tanto los rostros encubiertos como manifiestos del poder. Muchas mujeres, no importa cuán activas sean como feministas, han amado a sus padres e hijos; a veces a sus amantes hombres y maridos. Y muchos hombres han amado a mujeres, a veces (al menos en la época moderna) con un fuerte compromiso consciente de estar creando en el mundo social, o al menos en sus relaciones íntimas, la igualdad que perciben «velada». Ya que este amor y compromiso con la igualdad también están estrechamente ligados con las formas conscientes e inconscientes de la dominación, las mujeres han tenido que empezar a aprender cómo descifrar las confusas gramáticas del amor y el poder.

La sensibilidad frente a formas sutiles de poder impregnó el igualitarismo y el compromiso hacia el consenso del movimiento inicial de mujeres radicales. Hoy continúa inspirando a los experimentos de la Asociación Nacional de Estudios de las Mujeres con la igualación del poder, como sus *caucuses*[3] para los electores que sienten que no tienen siquiera una voz paritaria. Las corrientes predominantes de organizaciones de mujeres comparten las mismas preocupaciones. Desde sus inicios, la Liga de Mujeres Votantes ha tomado decisiones a través de lo que denomina «consenso», a saber, un «acuerdo entre un número sustancial de miembros, representativo de la membresía en su conjunto, alcanzado a través de un estudio sostenido y una discusión grupal». El objetivo es la deliberación y la decisión a través de la persuasión. Durante las décadas de 1970 y 1980, las sedes estatales y locales de la Organización Nacional de Mujeres combatieron las desigualdades en el poder entre sus miembros, llegando a sugerir en Massachusetts en 1972, por ejemplo, una presidencia rotativa porque «no querían tener un sistema de estrellatos».

Usadas de forma indiscriminada, las prácticas cuyo objetivo es asegurar la igualdad y el consenso pueden socavar la deliberación, en lugar de profundizarla. Necesitamos laboratorios, que la práctica feminista genera en abundancia, para evaluar cuáles formas funcionan y cuáles no.

---

3. N. del T.: reuniones asamblearias.

3
Usar el poder/combatir el poder[1,2]

Jane Mansbridge

Resumen del argumento

En las democracias tenemos que usar el poder para llevar a cabo las cosas. Por poder entiendo coerción —lograr que otras personas hagan aquello que no harían a no ser por medio de la amenaza de la sanción o el uso de la fuerza—.

Siempre que las democracias se encuentren en una situación en la cual los intereses de sus miembros entren en conflicto, de tal manera que no se puedan poner de acuerdo, la acción suele requerir de coerción. Algún grupo, usualmente una mayoría, tendrá que coaccionar al resto, forzándolo a ir en una dirección sin que quiera

---

1. Publicado originalmente en inglés en: Mansbridge, J. (1994). Using Power/Fighting Power. *Constellations*, 1(1), 53-73. https://doi.org/10.1111/j.1467-8675.1994.tb00004.x

2. Quisiera agradecer a Joshua Cohen y Thomas McCarthy por sus comentarios en la conferencia sobre «Democracia y diferencia» en la Universidad de Yale, donde presenté este texto por primera vez, así como a Nancy Fraser por leer un primer borrador del mismo, y a los participantes del seminario en el London School of Economics por sus penetrantes críticas.

hacerlo y amenazándolo con sanciones si no lo hace. Si las democracias no pueden actuar en situaciones así, no se puede seguir diciendo que hayan sopesado los intereses de todos los ciudadanos de manera igualitaria. Si el conflicto conduce a la inacción, se les da más peso a aquellos que respaldan el *statu quo* que a los que están a favor de un cambio. Sin embargo, para actuar, los partidarios del cambio a menudo tienen que usar la coerción.

Ya que la coerción siempre es impugnable, y a menudo altamente parcializada y sustantivamente injusta, las comunidades que usan este poder tienen también que combatir constantemente ese mismo poder que utilizan. Las democracias tienen que rodear tal poder con salvaguardas institucionales —de derechos individuales, rasgos adicionales del «Estado de Derecho», y quizás requerimientos constitucionales respecto de que toda política pública tenga al menos nominalmente un «propósito público»—. Además de esto, sin embargo, las democracias necesitan impulsar y valorar enclaves de resistencia desde los cuales aquellos que pierden con cada acción coercitiva puedan reelaborar sus ideas y estrategias, reagrupar fuerzas y decidir, en un espacio más protegido, de qué manera continuar la batalla —o incluso dejar de hacerlo—.

Los mecanismos de participación convencionales, incluso aquellos habituales que muchos demócratas han defendido, no brindan suficientes recursos a quienes más necesitan combatir la injusticia residual inherente al ejercicio democrático de la coerción. Las democracias necesitan, adicionalmente, instituciones que nos ayuden a recordar las injusticias que cometemos, a continuar viendo esas injusticias como injusticias, y a reelaborar nuestras comprensiones de esas injusticias de manera creativa de tal manera que puedan jugar algún tipo de papel restitutivo o inventivo en el futuro. Nuestras teorías normativas de la democracia deberían mantener y reelaborar el recuerdo de la injusticia como parte integral de los procesos deliberativos y democráticos institucionales que son normativamente aceptables.

La tensión entre usar el poder y combatirlo se refleja en nosotros mismos. En parte somos creados a través de la coerción de los otros —los individuos y comunidades que nos formaron—. La coerción, en parte, nos ha hecho ser lo que somos. Al igual que los diques de un río fuerzan el agua a través de un canal o de otro, haciéndola fluir en una única dirección en lugar de que se disperse por la tierra, y al constreñirla generan la fuerza para impulsar una turbina o, digamos, mover una rueda, del mismo modo las formas en que hemos sido constreñidos y coaccionados nos constituyen en los seres actuantes que somos.

A medida que crecemos y nos damos forma a nosotros mismos, lidiamos de distintos modos con la coerción previa que nos ha moldeado. Algunas de las vertientes de la coerción que nos creó nos producen dolor en el presente. Intentamos erradicar todo aquello que nos produce un mayor dolor, pero vivimos con muchas cosas que simplemente nos costaría demasiado cambiar. La gente sana no se obsesiona con la mayoría de estas cosas. Cambiamos lo que podemos cambiar fácilmente y no pensamos demasiado en lo demás.

No obstante, cuando las coerciones que nos han creado no solo involucran placer y dolor sino justicia e injusticia, el simple olvido ya no es algo apropiado. Como mujer puedo erradicar algunos de los remanentes de coerciones injustas que me hicieron ser lo que soy. Pero no las puedo cambiar todas. Ni siquiera soy consciente de todas. Así que actúo, manifestando algunas de esas injusticias, traspasándolas a los demás, reforzándolas en los otros y en mi propia vida. Tengo que actuar, al igual que con las otras opciones que tengo en la vida, y no congelarme en la inacción por las injusticias que perpetúo. Pero a diferencia de mi postura frente a los placeres y dolores derivados de las coerciones que me han creado, no debería simplemente hacer las paces con las coerciones injustas y seguir adelante. Debería mantener conciencia de esas injusticias —mantener conmigo, en una tensión que no induzca a la inacción, algún espacio en el cual pueda residir una vívida conciencia residual de las injusticias que me han compuesto—.

Ninguno de nosotros puede lograr eso solo. Necesitamos comunidades de discurso, comunidades opositoras para alimentar, analizar, reelaborar y mantener vivas nuestras comprensiones de las injusticias que condujeron a que seamos las personas que somos ahora, al mismo tiempo que esas personas que somos ahora actuamos en el mundo tal cual es. Proseguimos, pero en lugar de dejar atrás nuestros compromisos con la justicia, los mantenemos con nosotros, en una tensión irritante, no incapacitándonos sino recordándonos que las cosas no son lo que debieran ser. Ya que lograr esta tarea solo por nuestra cuenta nos incapacitará, mantener el recuerdo de la injusticia tiene que ser un acto colectivo.

Pasa lo mismo con la democracia. Las injusticias que cometemos cuando actuamos colectivamente —ya que no actuar sería una injusticia aún mayor que actuar y coaccionar a otros injustamente— no deberían ser olvidadas ni dejadas atrás por nosotros. Nuestras deliberaciones colectivas deberían reconocer, almacenar, repensar nuestras comprensiones de esas injusticias, de tal manera que algún día podamos hacer, tal vez, alguna reparación, o algún día entendamos cómo hacer que la coerción que tenemos que usar tenga un matiz más justo. Nuestras deliberaciones democráticas tienen muchos usos. Uno de ellos tiene que ser el servir como nuestra conciencia colectiva, no solo como una inerte bodega de esqueletos de la injusticia pasada, sino como un espacio activo, creativo, pensante y desafiante que nos sirva permitiéndonos actuar, colectiva e individualmente —pero sin dejarnos olvidar—.

Por qué las democracias necesitan usar la coerción

En este ensayo, por «poder» entiendo coerción. En otros contextos definiré poder de manera más amplia como «la relación *causal* real o potencial entre las preferencias o intereses de un actor o grupo de actores y la probabilidad de un resultado». Esta definición amplia se enfoca en la causa; incluye reacciones anticipadas, y, en contraste con la definición más estrecha que adoptaré aquí, cubre aquello que Mary Parker Follett, William Connelly y muchas feministas llaman «poder para» y «poder con», así como «poder sobre».[3] En lugar de esa definición amplia, quiero adoptar aquí un subconjunto acotado de definiciones del «poder». Aquí usaré la palabra «poder» de forma intercambiable con «coerción» para referirme a lograr que otras personas hagan aquello que no harían a no ser por medio de la amenaza de la sanción o el uso de la fuerza.[4]

En una comunidad política extensa, interdependiente y permanente, la democracia requiere coerción —como dijimos, lograr que otras personas hagan algo que no harían probablemente requiere un grado significativo de coerción—. Las democracias requieren de la coerción en primera medida para actuar sin privilegiar excesivamente al *statu quo*. Cuando los intereses individuales entran en lo que parece ser un conflicto irreconciliable, una comunidad política democrática tiene que, o bien reforzar el *statu quo* al no actuar o bien, si actúa, tiene que forzar o amenazar (coaccionar) a algunos de sus ciudadanos en situaciones o acciones en contra de sus intereses. La regla de la mayoría es un mecanismo estándar para alcanzar una forma de coerción democrática relativamente justa.

Indudablemente, las democracias pueden saldar un buen número de sus conflictos a través de la deliberación. Esta puede ayudar a transformar los intereses y revelar zonas de acuerdo irrealizables anteriormente. En una buena democracia, grande o pequeña, la arena deliberativa debería estar, idealmente, abierta a todos, y el poder —en el sentido de la amenaza de sanción o uso de la fuerza— no debería interferir en el impacto del mejor argumento.

Sin embargo, en algún momento y sobre algunos asuntos, la deliberación no conducirá al acuerdo. La buena deliberación habrá

---

3. He adaptado la definición de poder de Jack H. Nagel a la de poder sistémico sustituyendo «intereses» por «preferencias» y añadiendo «un conjunto de actores» (1975, pág. 29).

4. Para esta definición de «poder sobre» recurro a las distinciones de Bachrach y Bachrach (1963) y Lukes (2007).

abierto áreas de acuerdo y habrá clarificado las áreas remanentes de conflicto. Los participantes habrán llegado a entender sus intereses de mejor manera que antes de la deliberación —incluyendo aquellos intereses en conflicto—. En este momento, cuando el conflicto persiste después de la buena deliberación, una democracia tiene dos opciones: permanecer en el *statu quo* o actuar, coaccionando a unos a unirse a otros. Ambos cursos de acción siempre incorporan una discutible injusticia en su procedimiento y, usualmente, algún sesgo mayor al poner el procedimiento en práctica, así como, de manera usual también, un grado considerable de injusticia en el resultado.

Las democracias modernas han llegado a aceptar cierto grado irreconciliable de conflicto como un hecho relativamente inalterable de la política. El conflicto irreconciliable combinado con la necesidad de la acción ineluctablemente lleva a requerir la coerción. Un Estado de bienestar fuerte requiere de la coerción para recaudar impuestos de quienes se oponen de manera inalterable a las políticas públicas de bienestar, tanto por principio como buscando la consecución de sus propios intereses materiales. Incluso algunas regulaciones que funcionan principalmente debido a las motivaciones de los ciudadanos con vocación pública usualmente requieren al menos un mínimo de coerción para evitar que el desertor ocasional inutilice a la mayoría de cooperantes (Mansbridge, 1994; Ayers y Braithwaite, 1992). Las democracias necesitan usar la coerción no solo por las razones de seguridad que Thomas Hobbes reconoció y que Robert Nozick finalmente, luego de las más extraordinarias piruetas y vueltas, reconoció también. Asimismo, se requiere por los cientos de miles de ocasiones, en una sociedad compleja e interdependiente, en que la acción colectiva requiere algún grado de coerción para alcanzar fines incluso unánimemente aprobados. Y ya que en una sociedad amplia con diversos intereses en conflicto el requisito de la unanimidad le dará casi poder total a aquellos que se benefician del *statu quo*, las democracias comprometidas con alguna aproximación a la igualdad de poder requerirán, para alcanzar fines colectivos, algunas formas de coerción no aprobadas unánimemente.

Muchos de los mejores filósofos políticos contemporáneos no se han enfrentado directamente al papel que juegan los intereses en conflicto y, consecuentemente, a la coerción en cualquier comunidad política. Filósofos tan diferentes como Hannah Arendt, Sheldon Wolin, Michael Walzer y Jürgen Habermas han concebido la democracia de forma tal que elogian el rol de la deliberación democrática en el descubrimiento, creación y permanencia de la comunalidad, al tiempo que denigran, implícita o explícitamente, el papel de la coerción democrática cuando los intereses entran en conflicto.[5]

En contraste con esos y otros escritores que se basan en una tradición primariamente deliberativa,[6] sostengo que cierta aproximación a una coerción justa procedimentalmente juega un papel importante y valioso en la consecución del cambio democrático.

Por sí misma, por supuesto, la coerción no puede producir resultados democráticos. En un mundo de coerción descarnada, aquellos con más dinero o armas simplemente vencerán. Ganarán en un mundo que no desean —un mundo privado de la cooperación voluntaria que hace que cualquier sociedad, compuesta de problemas de acción colectiva, funcione—. La democracia provee un marco de acción que, por un lado, facilita la deliberación (que termina en un acuerdo o en el reconocimiento del conflicto) y, por el otro, añade el «una persona/un voto» a la ecuación coercitiva que ya incluye «un dólar/un voto» y «un arma/un voto». En el interior de este marco aquellos que están relativamente desempoderados no solo tienen su poder original de amenazar el marco de la cooperación voluntaria; tienen también la capacidad de recurrir a un as-

---

5. Nota del Editor: en el original se encuentra un desarrollo de las posturas de estos autores que hemos omitido por razones de espacio.

6. Claus Offe, por ejemplo, define la política como algo que no tiene nada que ver con negociaciones entre intereses sino con «la elaboración de visiones acerca del orden justo en la vida social, y con el conflicto entre las visiones de ese orden» (1984, pág. 173). Véase asimismo Iris Marion Young (1990, págs. 72-74).

pecto del ideal de democracia para ejercer una forma relativamente justa de coerción. Este aspecto de la democracia le permite a una mayoría numérica, incluyendo una mayoría de los relativamente desempoderados, el uso de la coerción democrática para imponer un cambio sobre el resto. Esto también le permite a una minoría numérica mezclar poder y persuasión para asegurar el asentimiento de una mayoría y, así, coaccionar democráticamente al resto.

Al argumentar que las democracias tienen que «usar el poder» quiero aclarar aquello que *no* estoy diciendo. No digo que el elemento deliberativo de la democracia no sea importante. La persuasión, a través de información nueva, aserciones cognitivas y emocionales, y argumentos lógicos dirigidos a expandir las metas de los otros o las metas comunes, juegan y deben jugar un papel central en la práctica democrática.[7] Tenemos que incluir a más personas, en condiciones de participación más igualitarias, en los procesos existentes de persuasión democrática mutua, y pensar creativamente acerca de los intersticios de las estructuras dominadas por las élites en los cuales podrían crecer nuevas formas de participación deliberativa. Nada de lo que he dicho en torno a la necesidad de añadir el poder a la persuasión debería invalidar esto.

Tampoco estoy diciendo que el lenguaje y las prácticas de la deliberación están completamente separados del lenguaje y las prácticas de la coerción. El concepto de coerción relativamente justa, central en mi argumento, depende de decisiones impugnadas respecto a cuáles formas de coacción son justas. Esas decisiones deben tomarse en arenas deliberativas que se aproximen tanto como sea posible a las condiciones de libre e igualitaria formación discursiva de la voluntad colectiva. Las determinaciones tentativas

---

7. Véanse mis trabajos *Beyond Adversary Democracy* ([1980] 1983); *Why We Lost the ERA* (1986), *Beyond Self-Interest* (1990), «Feminism and Democracy», «A Deliberative Theory of Interest Representation»; «A Deliberative Approach to Neo-Corporatism» (1993); «Feminism and Democratic Community» (1993), y «Politics as Persuasion» (1994).

acerca de qué es sustantivamente justo y procedimentalmente ecuánime requieren deliberación.

Para concluir esta sección, tampoco estoy diciendo que el aspecto coercitivo de la democracia pueda llegar a ser tan legítimo como su aspecto deliberativo. Al menos en teoría uno puede imaginar una situación de acuerdo genuinamente no constreñido. Considero imposible desarrollar un conjunto de procedimientos para imponer la coerción que sean incontestablemente justos —incluso en teoría—. En la práctica, casi todas las formas de coerción democrática están lejos de ser justas. Mi argumento en esta sección es simplemente que las democracias requieren coerción, y que algunas de las formas de coerción son más democráticas y legítimas que otras. Es un error asimilar todas las formas de coerción con la «violencia» o descartarlas del cúmulo de ideas que configuran nuestro ideal de democracia. A cierto nivel de escala e interdependencia, la coerción es tan importante como la persuasión cada vez que una comunidad política deba tratar de promover los intereses de cada uno de sus miembros de manera más o menos igualitaria. Tanto para actuar como resolver problemas de acción colectiva, los grupos de individuos con intereses tanto conflictivos como comunes necesitan hallar maneras para instituir y llevar a cabo formas relativamente justas de coerción. Precisamente, al superponer un procedimiento ideal de poder político individual igualitario sobre los hechos externos de la desigualdad económica y el poder militar, las democracias hacen posible que aquellos más débiles en términos económicos y militares usen la coerción estatal para empezar a redireccionar ese balance.

Cómo los ciudadanos podrían combatir las mismas coerciones que necesitan

Si la coerción que produce una democracia parece razonablemente justa de acuerdo con las circunstancias, los ciudadanos deberían, en general, aceptarla en la práctica, pero asimismo encontrar maneras de no aceptarla completamente en términos psicológicos o sociales. La deslegitimación debe ir de la mano de la legitimación, siempre que, cuando la coerción sea razonablemente justa, quede suficiente legitimación para permitir que esa coerción haga su trabajo. Cada individuo en toda sociedad debe desentrañar este delicado equilibrio por sí mismo. El truco es mantener dos pelotas en el aire al mismo tiempo: reconocer la importancia, particularmente para los más desaventajados, de tener que tomar un inmenso número de decisiones relativamente democráticas (e impuestas a través de la coacción democrática) de manera rutinaria diaria, mensual y anualmente. Y reconocer la importancia, particularmente para los más desaventajados, de mantener, tanto en las instituciones y la cultura de la sociedad como en la mente de sus ciudadanos, algún tipo de reconocimiento y crítica permanente a los modos en que esas decisiones (y esa coerción) son injustas.

Por regla general, la mayoría de democracias son capitalistas, y el capitalismo (igual que muchos otros sistemas económicos) genera desigualdades que hacen que las decisiones de esas democracias disten de ser procedimentalmente justas. Todas las democracias son patriarcales, a excepción de las pequeñas comunidades voluntarias de mujeres, y el patriarcado crea inequidades que asimismo hacen que las decisiones en esas democracias disten de ser procedimentalmente justas. La mayoría de las democracias también son racistas y clasistas, e incluso sin tener relación con el capitalismo producen los mismos resultados. Todas las democracias existentes, incluyendo las comunidades intencionales más utópicas, incorporan desigualdades que producen decisiones coercitivas que son inequitativas en términos procedimentales y, consecuentemente, democráticamente injustas. Pero a los trabajadores, las mujeres, los grupos racializados subordinados, las clases bajas y otros grupos desfavorecidos les va mejor en esas democracias de lo que les iría en la mayoría de casos si las democracias empezaran a desmoronarse. El poder descarnado, crudo, sin mitigación alguna por parte de los valores democráticos, lastima usualmente a los desfavorecidos mucho más que lo que los lastima el poder democrático. Los desfavorecidos necesitan de la coerción que las democracias producen.

Debido a que no hay espacios deliberativos a los cuales no acceda el poder, las democracias no pueden depender de las arenas públicas deliberativas estándar para producir la crítica continua del poder que necesitan. Expandir oportunidades para la participación democrática, tanto a través de esfuerzos tradicionales (como la inscripción de votantes) como su registro en espacios no tradicionales como el lugar de trabajo, los encuentros barriales y los referendos deliberativos,[8] ayuda a los ciudadanos a combatir la coerción solo si esa participación no nubla su entendimiento. Para que la participación ayude a las personas a entender mejor sus intereses, los participantes necesitan, entre otras cosas, oscilar entre enclaves de protección, en los cuales puedan explorar sus ideas en un ambiente de estímulo mutuo, y entornos más hostiles, pero también más amplios, en los que puedan contrastar esas ideas contra la realidad imperante. Los universitarios afroamericanos que iniciaron el movimiento de las «sentadas» [*sit-ins*][9] en Greensboro (Carolina del Norte) del Movimiento Sureño de Derechos Civiles, los tempranos grupos de toma de conciencia de las mujeres y los Centros de Mujeres, las librerías y cafés que ahora apoyan enclaves de «políticas identitarias»[10] albergaron y aún albergan espacios

---

8. Véanse las sugerencias sobre la innovación participativa en Barber (1984).

9. N. del T.: las «sentadas» fue una estrategia diseminada por universitarios negros en la década de 1960 —ya utilizada a partir de la década de 1940— para resistirse a la discriminación racial en lugares públicos como restaurantes, cafeterías, tiendas y almacenes. Consistía en sentarse, a veces en silencio, y por largos períodos de tiempo, donde no estaba permitido por cuestiones de raza (por ejemplo, pidiendo una comida en un restaurante en el sector reservado solo para los blancos). Esta estrategia evidenciaba la irracionalidad y el prejuicio que alentaba dichas segregaciones espaciales.

10. Sobre la política identitaria en los enclaves, véase Taylor (1989, págs. 761-75) y Taylor y Whittier (1992). Respecto a la forma en que los movimientos sociales politizan la cultura, véase Young (1990, págs. 86-88).

relativamente seguros en los cuales los afines pueden encontrar sentido a lo que ven.

Incluso las sociedades más justas necesitan estos enclaves de discurso y acción protegida, pues cada vez que se instituyen nuevas formas de poder y participación se perturban patrones anteriores de poder en formas que simplemente no son justas. Cuando usualmente se celebran los encuentros vecinales en Nueva Inglaterra durante un día laboral para que los agricultores y los jubilados puedan asistir, o cuando los temas por discutir requieren de algo de conocimiento sobre las tradiciones del lugar, los recién llegados que trabajan durante el día están en una profunda desventaja.[11] Pero cuando los encuentros se reprograman para la noche, momento en que los granjeros y los adultos mayores están demasiado cansados para asistir, o cuando aparecen nuevos temas en la agenda (como definir la postura de la comunidad frente a las armas nucleares), que requieren del tipo de educación y facilidad de palabra que los recién llegados probablemente van a tener, los pobladores antiguos se sienten sobrepasados y se quedan callados.

De forma similar, la segunda ola del movimiento de mujeres en los Estados Unidos veía a sus beneficiadas simplemente como «mujeres», cuyos intereses entraban en conflicto de diferentes formas con los de los «hombres». Pero al menos en el corto plazo, y a pesar de los decididos pero ambivalentes esfuerzos de algunos grupos feministas para evitarlo, algunas de las perdedoras eran mujeres tradicionales, cuyas habilidades para el hogar y el cuidado de los niños fueron devaluadas públicamente.[12] Una vez la situación de poder había cambiado en ciertos segmentos del Estado, a

---

11. Las dinámicas de tales encuentros locales aparecen descritas en detalle en Mansbridge (1983).

12. Si bien en el largo plazo la entrada de las mujeres a la fuerza de trabajo remunerada y la positiva reacción de las mujeres de clase media y alta a experiencias más satisfactorias en el mundo del trabajo tuvieron un efecto mayor en esta devaluación que la actividad política feminista, la acción política feminista tuvo ciertos efectos independientes (Mansbridge, 1986).

las mujeres tradicionales se les dificultó hallar una voz en la deliberación y acceder a los medios de coerción, tal como les sucedía a las feministas en las áreas controladas por las tradicionalistas.

Cada equilibrio de poder crea un nuevo «alguien» que lleva las de perder; cada acuerdo, un grupo que se beneficiará del desacuerdo. En consecuencia, cada acuerdo crea no solo la capacidad necesaria para la acción sino también la necesidad de proteger y organizar de alguna manera a aquellos que han perdido.[13] Debido a que ninguna democracia alcanza nunca el punto en el cual la cuestión de la justicia está finiquitada, estas necesitan reconocer y promover enclaves de resistencia. Se requieren sugerencias para mejorar la democracia, como aquellas hechas frente al neocorporativismo democrático,[14] para entender hasta qué punto las instituciones a las que aluden facilitan o impiden enclaves de discurso opositor.

Este modelo de «enclave» de deliberación y acción democráticas genera al menos dos problemas. Primero aparecen los peligros (endémicos para los miembros de cualquier grupo) de hablarse solo entre sí. Cuando los supremacistas blancos les hablan mayoritariamente a los supremacistas blancos, los serbios a los serbios, las feministas a las feministas y los filósofos políticos a los filósofos políticos, se alientan entre sí a no escuchar a nadie más. No aprenden a decir lo que quieren decir en palabras tales que otros las puedan escuchar y entender. Los enclaves producen razonamientos que espacios menos protegidos hubieran evitado que aparecieran, pero también blindan esos razonamientos frente a la crítica razonable. La mayoría de las personas, pero particularmente aquellas desfavorecidas en la sociedad en su conjunto, necesitan de esta protección para pensar de forma más cuidadosa y crítica. Pasar tiempo tanto en un enclave opositor como fuera de él nos per-

---

13. Estoy en deuda con las conversaciones sostenidas con Bonnie Hoenig para esta parte de mi argumento.

14. Véase Cohen y Rogers (1992, págs. 393-472); Schmitter (1992, págs. 507-512). Para la representación de grupo véase Young (1990).

mite sopesar colectivamente las lecciones que cada uno de esos lugares le ofrece al otro. La división del trabajo también ayuda, en cuanto algunos se sumergen en la vida y el pensamiento del enclave mientras otros abarcan el espectro que va del enclave al mundo exterior.

Más importante aún, facilitar la oposición no es el único valor democrático. Cuando el Ku Klux Klan pierde influencia en la arena deliberativa y es superado electoralmente en el ámbito coercitivo, esperaríamos que el racismo que fomenta finalmente desaparezca por completo de la gama de posibilidades conceptuales a las cuales los ciudadanos tienen acceso. La cuestión debe de ser muy parecida a la de la libertad de expresión, la cual también debe sopesarse frente a otros derechos y bienes. Así como la democracia debe promover afirmativamente la diversidad de expresión subvencionando el franqueo de revistas y periódicos para su envío postal independientemente de su contenido, también debería, en iguales condiciones, promover afirmativamente enclaves organizativos y deliberativos donde el pensamiento opositor pueda crecer. En general, facilitar la oposición puede incluso ser un lujo solo disponible para aquellas democracias relativamente establecidas, cuyas poblaciones consideran que la mayoría de las decisiones son lo suficientemente justas como para dejar que el grado necesario de coerción democrática haga su trabajo. Estos valores requieren de un ejercicio de equilibrio constante para que ninguno sea sacrificado. Mi argumento es que tan solo la coerción razonablemente justa y la oposición a la injusticia en el interior de esa coerción han de ser reconocidos como valores democráticos.

Por qué necesitamos usar y combatir la coerción en nuestro fuero íntimo

Tras argumentar que en una comunidad política democrática tenemos que usar y combatir la coerción al mismo tiempo, quiero ahora argumentar que a la vez procesos paralelos están operando en nuestro fuero íntimo. Nuestros yoes están en parte construidos a través del uso de la fuerza y la amenaza de sanción por parte de los individuos que nos crían y de las comunidades en las que vivimos. Algunos de esos constreñimientos nos ayudan a promover aquello que está bien para nosotros en el sentido más amplio; otros nos mantienen a distancia de entender lo que es bueno para nosotros.

Usamos también las herramientas que la comunidad nos ha dado para coaccionarnos a nosotros mismos. Cada elección limita aquello que pudo haber sido, forzándonos hacia un camino de opciones futuras a menudo irrevocable. Cada vez que nos felicitamos por haber hecho bien el trabajo, y cada vez que nos castigamos por una mala decisión, todo eso nos ayuda a crear, a través de nuestras propias sanciones, la persona que hemos llegado a ser.

Al igual que en el mundo externo, debemos encontrar los espacios, experiencias y herramientas analíticas para distinguir la coerción que queremos usar de aquella que nos oprime. Michel Foucault, quien de forma magistral retrató la ubicuidad del poder, eludió esta cuestión normativa. La superposición no accidental entre «coerción» y «capacidad» en la palabra francesa *pouvoir* (así como en la alemana *Macht* y en la inglesa *power*) hizo que Foucault no distinguiera entre «poder para» y «poder sobre», o entre persuasión y poder, o entre intereses comunes y en conflicto, o entre sanciones más o menos legítimas (Fraser, 1989; McCarthy, 1990, págs. 437-469; Honneth, 1991).

En nuestras propias luchas contra la dominación debemos siempre tratar de distinguir, de forma aproximativa, no solo cuáles de los constreñimientos que nos han creado queremos cambiar, cuáles mantener o simplemente soportar, sino también cuáles de las formas de coerción que nos han creado son justas y cuáles injustas. Asimismo, cuáles de esas formas injustas de coerción tenemos que combatir y cuáles —en aras de llegar a acuerdos con la realidad— debemos dejar en paz.

Podríamos abordar este problema afirmando, correctamente, que todas las concepciones de justicia son esencialmente controvertibles. No existe constreñimiento alguno, ni amenaza de sanción o uso de la fuerza que simplemente puedan ser incontrovertiblemente justos. Sin embargo, dicho acercamiento, si bien es correcto, no da cuenta por completo de nuestras intuiciones, que también creo que son correctas, respecto a que las diferentes formas de coerción son más o menos justas y producen resultados más o menos justos. Así como en las democracias a veces caracterizamos la coerción procedimentalmente justa como una coerción que refleja el poder igualitario de cada participante en el interior de un marco que protege los derechos de la minoría, así deberíamos juzgar las formas de coerción ejercidas sobre el yo: como justas o injustas, en la medida en que la participación igualitaria de los verdaderos representantes de los afectados se incluye o excluye de forma sistemática.

La dominación implica tal penetración exhaustiva en el orden social, a través de ciertas formas de desigualdad injusta, que los grupos subordinados no pueden hallar fácilmente un punto de apoyo conceptual desde el cual siquiera argüir que esas desigualdades son injustas. Las imitaciones, las analogías, las penetraciones de una esfera en otra, las contradicciones internas al sistema dominante, los roles incompatibles y otros elementos caóticos siempre crean algunos espacios en todo sistema a través de los cuales pueden germinar nuevas comprensiones. Pero en un sistema caracterizado por la dominación prevalecen las formas injustas de coerción, y no es fácil que nuevas comprensiones sobre la justicia arraiguen y florezcan. De esta manera, en un sistema caracterizado por la dominación, las luchas internas y externas contra la coerción están profundamente enlazadas. Y aquello que necesita combatir en usted mismo puede ser algo que tenga que usar para combatir en otras batallas.

Patricia Williams sabía que su tatarabuela, Sophie, una esclava, había sido embarazada contra su voluntad por parte de su dueño, un abogado blanco de apellido Miller. Cuando Williams fue a estudiar derecho en la universidad, su madre le dijo alentándola:

«Los Miller eran abogados, así que lo llevas en tu sangre». Más adelante Williams escribió:

> Ella quería que yo reclamara esa parte de mi legado... [y] la usara como fuente de fortaleza y confianza. Al mismo tiempo me estaba pidiendo que reivindicara una parte de mi ser que era la despojadora de la otra parte de mi ser; me estaba pidiendo que negara de mi ser a esa pequeña niña negra sin derecho alguno que se sentía impotente y vulnerable, y, más aún, me estaba pidiendo que lo sintiera como algo correcto (Williams, 1990, pág. 20).

Williams reconocía ambos yoes y los usó, sin olvidar las injusticias que constituyeron su identidad multifacética. Cualquiera que viva, en palabras de Sally Kempton, con un «enemigo que tiene puestos de avanzada en su cabeza»,[15] no puede permitirse destruir en sí mismo todos los vestigios de la coerción, ya que la coerción que nos ha creado es a la vez la coerción que nos permite actuar. Nuestros yoes están diseñados para realizar un trabajo: permitirnos sobrellevar la vida. Cambiar partes de esos yoes tiene costes, especialmente cuando la vida exterior para la cual se han creado no está cambiando tan rápido como quisiéramos en una dirección que nos sea de utilidad.

Crecer consiste para cada persona en clasificar en parte cuáles de los elementos que le han dado forma quiere conservar, los que quisiera descartar, y aquellos que quisiera descartar (o sería mejor descartar) pero se da cuenta que hacerlo costaría demasiado en otros bienes (en términos de gasto de energía, por ejemplo). Este proceso puede no tener que ver con la opresión, nada que ver con la injusticia sistémica envuelta en las fuerzas coercitivas que nos

---

15. «Es difícil combatir un enemigo que tiene puestos de avanzada en tu cabeza», frase atribuida a «Sally Kempton, escritora (1943-)», en una tarjeta feminista de 1989 publicada por la *Rape Crisis Network* de la localidad Eugene en Oregon, red cuyos miembros actuales me dicen que no conocen las tarjetas ni quién las publicó. No he podido contactar a Kempton para establecer la autoría.

han creado. Mi madre, por ejemplo, sufría de depresión. Si asumo, por el momento, y de manera contrafáctica, que la depresión era puramente genética y no tenía nada que ver con el hecho de ser mujer, puedo lidiar con el legado negativo de la fuerza y las sanciones que ella ejerció en mi formación pagando el precio de cambiar algunas partes de mí que emergieron de allí, y dejando otras en su sitio —pues posiblemente no vale la pena hacer un esfuerzo tan grande—. Mas decidir, sobre la base del coste-beneficio, que luchar por cambiar alguna parte de nosotros simplemente costaría más de lo que vale el esfuerzo de hacerlo es diferente a decidir vivir con partes de nosotros que concluimos fueron creadas por la injusticia y permanecen impregnadas por ella. Pueden efectuarse compromisos entre el dolor y el placer, que luego pueden ser olvidados. Deben hacerse compromisos entre el dolor y la justicia, pero estos no deben ser olvidados.

La primera tarea pasa por reconocer como injustas algunas de las coerciones que nos han creado. Foucault no proveyó maqueta alguna con su mandato de «resistir». Y si bien a veces el sentido de injusticia es tan directo que se siente como instintivo, no podemos adivinar del todo bien que lo que sentimos es una injusticia sin antes consultar a los amigos que se preocupan por nosotros y a los discursos más amplios que nombran lo que estamos sintiendo, lo denuncian, y cuentan la historia de cómo llegó a ser posible.

Aun cuando hayamos identificado que alguna fuerza interna deriva de la injusticia, o encarna injusticias actuales, eso no significa que debemos combatirla. A veces los costes son demasiado altos. Si bien el concepto de «resistencia» de Foucault es útil, resulta demasiado inflexible, reactivo, demasiado «macho» (en el sentido amplio de la palabra) para capturar lo que muchas otras mujeres y yo hacemos. A veces resistimos, simplemente al plantarnos en nuestro sitio rehusándonos a movernos. Pero muchas otras veces somos un poco flexibles, meciéndonos como árboles ante el viento, para entonces probar de forma tentativa una nueva acción o poner a prueba una parte nueva, si bien pequeña, de nuestro ser.

A menudo las consecuencias del cambio son demasiado inciertas o amenazantes. Cuando pensamos que sería demasiado costoso combatir las formas de ser que nos constituyen, a veces es mejor olvidarlo, dejarlo guardado atrás y simplemente continuar. Cuando peleamos, tenemos que usar el yo que tenemos, frecuentemente aquel yo que en efecto está hecho de muchas injusticias —injusticias reconocidas y combatidas, de las que somos conscientes, pero que están guardadas, así como injusticias nunca percibidas—. Usamos el poder para combatir al poder, y nada de esto es puro.

Reelaborando el recuerdo de la injusticia

En la teoría democrática tanto como en la teoría del yo, resulta crucial distinguir entre las formas relativamente justas e injustas de coerción. En la práctica democrática, así como en la práctica del yo, es necesario, para poder actuar, usar la coerción a sabiendas de que en parte es injusta o que hay yoes empoderados en parte por los legados de la coerción injusta. En la teoría y la práctica democráticas, así como en la teoría y la práctica del yo, es entonces necesario combatir, en el momento mismo del acto, la injusta coerción que hace posible actuar.

En el lenguaje, por ejemplo, las connotaciones dominantes de una palabra siempre excluyen otras connotaciones o las ponen en desventaja. Cualquier palabra, como «mesa» o «silla», tiene connotaciones que colocan en desventaja referentes menos usuales de la misma. Pero a veces esas connotaciones dominantes derivan de una historia de injusticia. «Hombre» en tanto genérico excluye a las mujeres; «mujeres» en los Estados Unidos tiene connotaciones de blanquitud que excluyen a las «mujeres afroamericanas»; «mujeres afroamericanas» connota «mujeres afroamericanas heterosexuales»; «mujeres afroamericanas lesbianas» connota «mujeres lesbianas sin discapacidad» (Bartlett, pág. 848). Aunque tengamos que usar palabras, y no podamos mantener en la conciencia una regresión infinita de los potencialmente excluidos, tenemos que prestar particular atención a las palabras que reproducen desigualdades injustas. Frente a esas palabras, tenemos que tratar de mantener activamente la tensión entre la permanencia de su inteligibilidad y el combate en contra de sus connotaciones incrustadas.

En suma, los compromisos entre lo bueno y lo mejor, o entre lo malo (pero vivible) y lo mejor, se presentan en dos variantes. En términos generales, aquellos compromisos a los que se llega por la utilidad no presentan ningún problema en especial. Sin embargo, en nuestros compromisos con la justicia debemos diseñar nuestras vidas e instituciones de tal manera que la justicia comprometida permanezca inquietante, en algún lugar del margen, en un paréntesis que no desaparece, para ofendernos e incomodarnos en el futuro.

La mejor forma de preservar esas irritaciones es promoviendo el «pluralismo afirmativo» en la conversación democrática. Tenemos que encontrar, en nuestras democracias formales y en el ámbito de nuestros yoes, formas para eliminar el poder (en tanto fuerza y amenaza de sanción) tanto como sea posible de los ámbitos en los que combatimos, para entender así qué es justo y qué es injusto. Esto significa un discurso público que no esté completamente abrumado por los recursos masivos de las formas existentes de dominación.

Fomentar ese recuerdo molesto de la injusticia también significa promover afirmativamente discursos y culturas opositoras. Esos discursos y culturas han evolucionado en parte con el propósito de recordar a los participantes y a los otros acerca de la injusticia que impregna tanto cualquier democracia existente como cualquier construcción presente del yo. Tienen también un valor positivo, igual que el valor de las especies en peligro de extinción, ya que las diferentes culturas y discursos elaboran diferentes fines, así como diferentes medios para alcanzar fines similares. Las diferentes formas en que operan, las diferentes vías que exploran, tal vez deberían, en algún punto, reemplazar o suplementar las formas que reinan en el presente. Estos recordatorios institucionales y discursivos de la injusticia no deberían impedirnos actuar. Pero deberían mantenernos humildes y un tanto inquietos, y deberían servir como el repositorio de memoria y la fuente creativa a partir de los cuales algún día intentar acercarnos un poco más a la justicia.

Bibliografía

Ayers, I.; Braithwaite, J. (1992). *Responsive Regulation: Transcending the Deregulation Debate*, Oxford University Press, Nueva York.

Bartlett, K. T. (1984). «Feminist Legal Methods», *Harvard Law Review*, 18: 829-888.

Benjamin Barber, B. (1984). *Strong Democracy*, University of California Press, Berkeley.

Bachrach, P.; Bachrach, M. (1963). «Decisions and Non-decisions: An Analytic Framework», *American Political Science Review*, 57: 632-644.

Cohen, J.; Rogers, J. (1992). «Secondary Associations and Democratic Governance», *Politics and Society*, 20: 393-472.

Nancy, Fraser, N. (1989). «Foucault on Modern Power: Empirical Insights and Normative Conclusions», en *Unruly Practices*, University of Minnesota Press, Mineápolis.

Honneth, A. (1991). *The Critique* of *Power*, MIT Press, Cambridge, MA.

Lukes, S. (2007). *El poder. Un enfoque radical*, Siglo XXI, Madrid.

McCarthy, T. (1990). «The Critique of Impure Reason: Foucault and the Frankfurt School», *Political Theory*, 18:437-469.

Mansbridge, J. [1980] (1983). *Beyond Adversary Democracy*, University of Chicago Press, Chicago.

— (1986). *Why We Lost the ERA*, University of Chicago Press, Chicago.

— (1990). *Beyond Self-Interest*, (1990). Chicago: University of Chicago Press, Chicago.

— (1990). «Feminism and Democracy», *The American Prospect*, 19 de febrero.

— (1992). "«A Deliberative Theory of Interest Representation"», e. En Mark P. Petracca, *Interests*, Mark P. Petracca (ed.), Westview Press, Boulder.

— (1993). «A Deliberative Approach to Neo-Corporatism», *Politics and Society*.

— (1993). «Feminism and Democratic Community», en *Democratic Community*, John Chapman y Ian Shapiro (eds.), NOMOS XXXV, New York University Press, Nueva York.

— (1994). «Politics as Persuasion», en *The Dynamics* of *American Politics*, Lawrence C. Dodd y Calvin Jillson (, eds.), Westview Press, Boulder.

— (1994). «Public Spirit in Political Systems», en *Values and Public*, Henry J. Aaron, Thomas E. Mann y Timothy Taylor (eds.), Policy, Brookings, Washington.

Nagel, J. (1975). *The Descriptive Analysis of Power*, Yale University Press, New Haven.

Offe, C. (1984). *Contradictions* of *the Welfare State*, MIT Press, Cambridge.

Schmitter, P. (1992). «The Irony of Modern Democracy and Efforts to Improve Its Practice», *Politics and Society*, 20: 507-512.

Taylor, V. (1989). «Social Movement Continuity: The Women's Movement In Abeyance», *American Sociological Review*, 54: 761-75.

Taylor, V.; Whittier, N. (1992). «Collective Identity in Social Movement Communities», en *Frontiers in Social Movement Theory*, Aldon D. Morris y Carol McClurg Mueller (, eds.), Yale University Press, New Haven.

Williams, P. J. [1988] (1990). «On Being the Object of Property», en *Black Women in America*, Micheline R. Malson *et al.* (eds.), University of Chicago Press, Chicago.

Young, I. M. (1990). *Justice and the Politics of Difference*, Princeton University Press, Princeton.

4

¿Deberían los negros representar a los negros y las mujeres a las mujeres? Un «sí» contingente[1,2]

Jane Mansbridge

En al menos cuatro contextos, para cuatro funciones diferentes, los grupos desfavorecidos pueden querer ser representados por «representantes descriptivos», esto es, individuos que, en sus cir-

---

1. Publicado originalmente en inglés en: Mansbridge, J. (1999b). «Should Blacks Represent Blacks and Women Represent Women? A Contingent "Yes"», *The Journal of Politics*, 61 (3), págs. 628-657.

2. Este artículo fue concluido mientras la autora era investigadora invitada en el Center for Advanced Study in the Behavioral Sciences. Estoy agradecida por el apoyo financiero brindado por la National Science Foundation Grant #SBR-9601236 y el Institute for Policy Research de Northwestern University. También estoy agradecida por las excelentes sugerencias —sobre versiones previas y sobre un estudio más comprehensivo— de William Bianco, Carol Swain, Melissa Williams, Iris Marion Young, y los participantes en los seminarios en Ohio State University, Nuffield College, Indiana University, Princeton University, University of California en San Diego, Harvard University, Northwestern University y Boston College. Quisiera agradecer en particular a Benjamin Page por su lectura atenta y sus incisivos comentarios sobre este trabajo.

cunstancias personales, reflejan algunas de las experiencias más frecuentes y manifestaciones exteriores de la pertenencia al grupo. En el caso de dos de estas funciones —(1) comunicación adecuada en contextos de desconfianza, y (2) pensamiento innovador en contextos de intereses que no están cristalizados ni completamente articulados— la representación descriptiva amplía la representación sustantiva de intereses al mejorar la calidad de la deliberación. En el de las otras dos funciones —(1) crear un significado social de la «capacidad para gobernar» para miembros de un grupo en contextos históricos en los cuales esa habilidad ha sido seriamente cuestionada y (2) incrementar la legitimación *de facto* de la comunidad política en contextos de discriminación previa— la representación descriptiva provee beneficios no relacionados con la representación sustantiva.

En contextos de desconfianza grupal, de intereses no cristalizados, de una historia que sugiere incapacidad para gobernar y de baja legitimidad *de facto*, los diseñadores constitucionales y los electores tienen una razón para instituir políticas que promuevan la representación descriptiva, aun cuando dicha implementación implique algunas pérdidas en la implementación de otros ideales valiosos. Ya que los partidos políticos, comités legislativos y los votantes sopesan los pros y contras de la representación descriptiva, este análisis aboga por prestar atención a los contextos históricos específicos que hacen que la representación descriptiva sea más útil.

El análisis hará énfasis en que la función deliberativa de la democracia requiere de la representación descriptiva mucho más que de la función agregativa. Es sobre todo cuando nos preguntamos acerca de cómo mejorar la deliberación —tanto verticalmente, entre el elector y el representante, como horizontalmente, entre los representantes— que descubrimos la virtud de la experiencia compartida, que yace en el núcleo de la representación descriptiva.

¿Qué es la representación «descriptiva»?

En la representación «descriptiva», los representantes y las vidas que llevan son en cierto sentido típicas con respecto a las personas a quienes representan.[3] Los legisladores negros representan a los votantes negros, las legisladoras mujeres representan a las votantes mujeres, y así sucesivamente. Pocos comentaristas han notado que la palabra «descriptiva», que modifica el sustantivo representación, puede denotar no solo características visibles, como el color de piel o el género, sino también experiencias compartidas, de modo que un representante con experiencia en el campo es en ese sentido representante de sus representados agricultores. Este criterio de experiencia compartida, que razonablemente se podría esperar que promueva un compromiso con y una representación precisa de los intereses de los electores, tiene una larga historia en las tradiciones populares —e incluso en la ley—. Las personas que residen por mucho tiempo en un pueblo a menudo abogan por elegir en el cargo a alguien nacido allí mismo, bajo el supuesto explícito de que la experiencia de vida incrementa las experiencias comunes del representante con los intereses de los electores y su apego a estos. Argumentos similares emergen en contra de los «oportunistas» [*carpetbaggers*][4] en las legislaturas de nivel estatal. La Constitución de los Estados Unidos requiere que el presidente haya nacido en los Estados Unidos. Se asume

---

3. Birch (1993, pág. 72; véase también 1964, pág. 16). El término «representación descriptiva» fue acuñado por Griffiths y Wollheim (1960, 188) y adoptado por Pitkin ([1967] 1972). Utilizo este término en lugar del más simple representación «reflejo» debido a una confusión potencial: mucha gente espera que los representantes de todo tipo «reflejen» los *puntos de vista* de sus votantes. En los dos mejores y recientes tratamientos del tema, Phillips (1995) usa el término «política de la presencia» y Williams (1998) el término «autorrepresentación».

4. N. del T.: los *carpetbaggers* son aquellos candidatos que flotan por el mapa político sin arraigo alguno a la población o al territorio por el cual se presentan a votación. El caso más reciente es el de Mehmet Oz, quien cambió de domicilio de New Jersey a Pennsylvania para intentar ganar el escaño del Senado por este último Estado.

que el «ser uno de nosotros» promueve la lealtad hacia «nuestros» intereses.

Argumentos en contra de la representación descriptiva

La representación descriptiva no es popular entre los teóricos normativos. De hecho, la mayor parte de los teóricos democráticos normativos ha rechazado la representación descriptiva de manera sumaria, a menudo con alguna versión del mordaz comentario de Pennock: «Nadie argumentaría que los cretinos deberían ser representados por cretinos» (Pennock, 1979, pág. 314, basado en Griffiths y Wollheim 1960, pág. 190; véase también Grofman 1982, 98; Pitkin [1967] 1972, cap. 4). Incluso, dentro de los defensores explícitos de la representación grupal, el ideal de la representación descriptiva encuentra poco apoyo. Will Kymlicka escribe que «la idea general de la representación como reflejo [descriptiva] es insostenible» (Kymlicka, 1996, pág. 200), e Iris Marion Young concuerda: «El tener tal relación de identidad o similitud con los electores no dice nada acerca de lo que el representante hace» (1997, pág. 354).

Los politólogos empíricos que han estudiado a las legisladoras mujeres y a los legisladores negros han ofrecido evaluaciones negativas parecidas. Irene Diamond, la primera politóloga empírica que investigó en profundidad las acciones de las mujeres legisladoras informó que, por ejemplo, en New Hampshire, el Estado con el más alto porcentaje (y el mayor número absoluto) de mujeres legisladoras, muchas de ellas no se veían a sí mismas «actuando por» las mujeres —de acuerdo con la expresión de Pitkin—. Más bien, el bajo salario de New Hampshire (200 dólares estadounidenses por año en 1972) y una proporción alta representante/elector (con la consecuente baja competitividad) llevó al parlamento a una alta proporción de amas de casa de más edad. Con poca confianza en sí mismas y poco deseo de hacer carrera en la política, no se veían a ellas mismas como representantes de los intereses de las mujeres (Diamond, 1977). Sobre la base de esta clase de evidencia, las mujeres politólogas a menudo concluyeron que el género descriptivo femenino no tenía relación predecible con el apoyo a los intereses sustantivos de las mujeres (p. ej.: Schlozman y Mansbridge, 1979).[5] Carol Swain, la primera politóloga empírica que investigó en profundidad las acciones de los miembros negros del Congreso, concluyó de manera similar que en el Congreso de los Estados Unidos «más rostros negros en los cargos políticos (esto es, más representación descriptiva para los afroamericanos) no necesariamente conducirá a una mayor representación de los intereses tangibles de los negros» (1993, pág. 5).

Estas teóricas normativas e investigadoras empíricas plantean un punto importante e incontrovertible. La función primaria de la democracia representativa es representar los intereses sustantivos de los representados a través tanto de la deliberación como de la agregación. La representación descriptiva debe ser juzgada, fundamentalmente, con este criterio. Cuando los representantes no descriptivos tienen, por distintas razones, una mayor habilidad para representar los intereses sustantivos de sus electores, este es un argumento significativo en contra de la representación descriptiva.

Los costes del sorteo: menos talento

La crítica más frecuente a la representación descriptiva asevera que los representantes serán menos capaces que otros de ejecutar la ta-

---

5. Sapiro, sin embargo, arguye que en el caso de las mujeres la representación descriptiva era «una condición necesaria, pero no suficiente» (1981, pág. 712). Su argumento en favor de la necesidad estaba basado en que (1) tener mujeres en lugar de hombres en el cargo hace que de forma demostrable el Gobierno sea más receptivo a los intereses de las mujeres; (2) la participación en el Gobierno es intrínsecamente valiosa; y (3) la creciente representación de las mujeres debilitará la percepción de que la política es un dominio masculino. Reproduciré aquí la mayor parte de estos argumentos, si bien desplazándolos del dominio de la necesidad al de la contingencia, y aceptando que las circunstancias contingentes que hacen beneficiosa parte de la representación descriptiva para las mujeres existen ahora.

rea de la representación sustantiva de intereses: (el «nadie argumentaría que los cretinos deberían ser representados por imbéciles», que mencionamos antes). Frecuentemente, esta crítica yace en confundir dos formas de representación descriptiva, la «microcósmica» y la «selectiva».[6] En la representación «microcósmica», la totalidad de la asamblea está diseñada para formar un microcosmos, o muestra representativa, del electorado. La representación microcósmica fue el ideal de John Adams, James Wilson, Mirabeau, y otros teóricos del siglo XVIII (Pitkin, [1967] 1972), incluyendo particularmente a los Norteamericanos Antifederalistas (Manin, [1995] 1997, págs. 109-14). Casi todo el argumento de Hanna Pitkin en contra de la representación descriptiva, que a menudo ha sido tomado como definitorio, está dirigido, implícita o explícitamente, en contra de esta modalidad (Pitkin [1967] 1972, cap. 4).

Si la representación microcósmica, alcanzable solo a través de un sorteo u otra forma de selección representativa, fuera a reemplazar a las asambleas representativas electas, uno de los costes de hecho radica en la fuerte probabilidad de que escoger a los miembros de una asamblea de gobierno al azar produciría legisladores con menos habilidad, pericia y, posiblemente, menos compromiso con el bien público que si se los escogiera a través de una elección. En los sistemas electorales vigentes, muchos de los que se postulan a elecciones han elegido la elaboración de leyes como su vocación. Han pasado buena parte de sus vidas adultas adquiriendo las destrezas necesarias para ese trabajo. Los votantes, entonces, eligen entre esos individuos, guiados en parte por la habilidad y entrenamiento de los candidatos en el campo elegido. Podría decirse que los representantes así seleccionados tienen mayores habilidades y entrenamiento en este campo que los individuos seleccionados a través de la muestra represen-

---

6. El término «microcósmica» proviene de Birch (1993, pág. 72); el término «selectiva» es mío.

tativa.[7] Los representantes que han elegido la política como vocación y que han sido seleccionados en elecciones competitivas pueden también tener un mayor compromiso con el bien público que los individuos elegidos a través de una muestra representativa (véase Madison [1788] 1987), si bien algunos incentivos para elecciones y reelecciones funcionan en la dirección opuesta.[8]

Mi propia experiencia con la democracia vecinal directa (Mansbridge [1980] 1983) me lleva a concluir que la habilidad, pericia y compromiso con el bien público de ciudadanos de a pie son suficientes para hacer del sorteo relativamente aleatorio, una asamblea representativa plausible —aunque en modo alguno ideal—. En contraste con Pitkin, que argumentaba que, en un concepto descriptivo de representación, simplemente «no hay espacio» para «el liderazgo, la iniciativa o la acción creativa» ([1967] 1972, pág. 90), no veo difícil imaginar una muestra representativa de la población estadounidense que produzca el tipo de liderazgo, iniciativa y acción creativa de la que es capaz una asamblea vecinal promedio en Nueva Inglaterra. Las capacidades de tales líderes, creadores y

---

7. Las sugerencias de Burnheim (1985) acerca de la representación microcósmica reducen los costes potenciales de tener menos talento con un proceso basada en una mezcla de nominación y sorteo. Manin ([1995] 1997) rastrea los diferentes usos del sorteo en los sistemas políticos de la antigua Grecia, Roma, y las repúblicas italianas del Renacimiento, especificando en cada caso los mecanismos que aumentaron la probabilidad de una acción competente y responsable de parte del servidor público elegido por sorteo. De manera plausible atribuye la desaparición súbita del interés político en el sorteo en el siglo XVIII tanto a la preocupación respecto de que el *consentimiento* ciudadano fuera expresado en la participación electoral y —entre muchos escritores en Inglaterra, Francia y los federalistas en Estados Unidos— al deseo de que los representantes tuvieran un mayor rango que la mayoría de sus electores en talento, virtud y riqueza. Manin argumenta que la representación a través de ciertas formas de sorteo era practicable incluso en regímenes políticos tan grandes como la Inglaterra del siglo XVIII (82). Para una discusión general de los usos de la selección aleatoria, véase Elster 1999. N. del E.: precisamente, uno de los temas actuales de Mansbridge y que ayuda a mostrar su evolución es el sorteo.

8. N. del E.: acerca de las consideraciones de Mansbridge sobre el tema de los incentivos, puede consultarse su artículo «El modelo de selección», consignado en el primer volumen de esta edición.

pioneros indudablemente no alcanzarían el nivel de aquellos que hoy guían a los Estados Unidos, pero no estoy segura de que fueran peores —hasta el punto de lo incapacitante—.

Aun así, ya que elaborar leyes al nivel estatal y nacional usualmente requiere un considerable talento y unas habilidades adquiridas, los costes de reemplazar las asambleas electas vigentes solo con la selección aleatoria sobrepasan los beneficios actuales. Muy pocos teóricos de la democracia defienden la sustitución de la representación electoral por la representación microcósmica. Incluso el australiano John Burnheim, quien defiende la representación microcósmica basada en un sorteo modificado, no espera que su sugerencia sea puesta en práctica durante nuestra expectativa de vida en alguna de las democracias actuales del mundo. Las sugerencias con mayor probabilidad de ser adoptadas agregan a los sistemas electorales existentes algunos componentes de la representación microcósmica.[9]

En la mucho más frecuente forma «selectiva» de la representación descriptiva, el diseño institucional les otorga a grupos seleccionados una mayor representación descriptiva de la que hubieran

---

9. Mueller, Tollison, y Willett (1972), Barber (1984, págs. 290-93), y Callenbach y Phillips (1985) han propuesto la elección de servidores públicos por sorteo, mas no con la expectativa de que sus sugerencias sean ampliamente adoptadas. Dahl (1970, pág. 149; 1977, pág. 17; 1985, págs. 86-89; 1992, págs. 54-57) ha sugerido agregar una tercera asamblea, escogida por sorteo de la población nacional, para aconsejar al Senado y la Cámara de los Estados Unidos. Más recientemente, Dahl ha sugerido la creación de cuerpos deliberativos más pequeños, seleccionados por sorteo de la población nacional para considerar asuntos específicos, como la salud, en los cuales los incentivos para la reelección de los políticos y el deseo de la población de beneficiarse sin pagar costes se combinan para delimitar una deliberación apropiada (Dahl, 1997). Estos cuerpos son similares a las «asambleas deliberativas por sorteo» (DARB, por sus siglas en inglés) de Nagel (1992), las «encuestas deliberativas» de Fishkin (1991, 1995, 1996) y los «jurados ciudadanos», de carácter más local, de Crosby (1995, 1996) —los dos últimos ya han desarrollado un notable historial en la práctica—. Sin embargo, ninguno de estos teóricos que defienden formas de representación microcósmica han usado los términos representación «descriptiva» o «reflejo», o valorado sus propuestas microcósmicas como respuesta explícita a la literatura crítica de la representación descriptiva.

alcanzado en los sistemas electorales existentes, con el fin de acercar la proporción de esos grupos en los cuerpos legislativos a su proporción en la población. Las formas selectivas de la representación descriptiva son necesarias solo cuando alguna forma adversa de selección opera al interior de un sistema existente para reducir las proporciones de ciertos grupos por debajo de lo que hubieran logrado por azar. De otro modo, uno esperaría que todas las características de la población más o menos se duplicaran en la asamblea legislativa en proporción a su ocurrencia en la población. Así, la representación selectiva debe ser concebida como una compensación ante los efectos de otros procesos que interfieren con una proporcionalidad esperable.

Una versión de la forma selectiva de la representación traza límites de distritos geográficos para fomentar la elección de representantes de grupos proporcionalmente subrepresentados. En otras versiones, los parlamentos y partidos reservan un número de escaños para miembros de grupos descriptivos específicos, como los hablantes de lengua francesa, los católicos, los «descastados» o «intocables»[10] o las mujeres. Otras versiones podrían tratar de identificar y mitigar —o eliminar—, sobre una base universalista, obstáculos que hoy explican parte de la subrepresentación de ciertos grupos.

Los representantes con características descriptivas selectivas no tienen que ser significativamente menos hábiles o dedicados al bien público que los representantes escogidos por razones que no incluyen las características descriptivas. Es verdad que añadir algún cri-

---

10. N. del T.: «Los términos con los que en la actualidad se denominan a las castas desfavorecidas dentro del marco jurídico y político actual son: *Scheduled Castes* (SC), *Scheduled Tribes* (ST) y *Other Backward Classes* (OBC). Son SC los intocables, los "descastados", los sectores históricamente excluidos del orden social por considerarlos impuros a todos los niveles. Los intocables, por oficio, aquellos que manejan los desechos humanos: limpiadores de letrinas, matronas de parturientas, incineradores de muertos. Tareas escatológicas altamente "contaminantes" que les obligaban a vivir en guetos a las afueras de las ciudades y pueblos, anunciándose en voz alta cada vez que salían de estos» (Eva Borreguero, «Las castas desde 1947»).

terio (p. ej., que un representante haya vivido en una circunscripción por cinco o más años, o que sea de un género o etnicidad dados) a una combinación de criterios siempre diluirá, hasta cierto punto al menos, el impacto de los otros criterios de selección. La pregunta clave es, sin embargo, si las razones para la más baja proporción de una característica dada están relacionadas funcionalmente con la reducida habilidad para desarrollar la tarea de la representación. Esa reducida habilidad podría ser la razón por la cual en los sistemas existentes esas características no han sido seleccionadas (como en el caso de los «cretinos»). Pero si las razones para proporciones más bajas de esa característica no están funcionalmente relacionas con la tarea, y si la característica descriptiva que se selecciona es ampliamente compartida, uno esperaría que cualquier disminución en el talento tras agregar un criterio descriptivo en la combinación de criterios fuera casi infinitesimalmente pequeña.[11]

Las herramientas institucionales que han sido usadas recientemente para promover una representación descriptiva relevante (p. ej., el rediseño de distritos electorales en los Estados Unidos o la cambiante composición de las listas de partidos en Europa) no parecen haber dado como resultado el tener representantes con unas habilidades o un compromiso con el bien público notablemente menores. Aunque en la representación microcósmica los costes en talento pueden ser considerables, en la representación selectiva esos costes parecen ser insignificantes.

---

11. Si agregar criterios descriptivos de hecho hiciera que un proceso de selección descendiera significativamente en el grupo de posibles representantes, las comunidades políticas podrían compensar cualquier disminución descriptiva esperable reduciendo el impacto negativo de los otros factores en la selección (p. ej., estableciendo financiación pública para las campañas o incrementando el salario de los legisladores). El número de individuos dedicados y talentosos que en la actualidad se alejan de la política electoral estatal y federal por los bajos salarios y las actividades de financiamiento que generan compromisos políticos es indudablemente mucho más alto que la cantidad que se pasaría por alto si, digamos, la etnicidad y el género jugaran un papel mayor en el proceso de selección.

Los costes de la selección: ¿cuáles grupos, por qué y cuántos de cada uno?

Si la representación microcósmica conlleva el coste de cierta posibilidad de menor talento, al menos no acarrea los derivados del tener que escoger unos grupos en lugar de otros para obtener representación descriptiva. La representación selectiva ofrece exactamente el patrón contrario. Los costes en menor talento son relativamente bajos, pero se incrementan en el proceso de la selección del grupo. Incluso aquí, sin embargo, los costes son mucho más bajos de lo que usualmente se cree.

En 1981, James Morone y Theodore Marmor criticaron la legislación del Congreso que requería que los ciudadanos de los concejos fueran «ampliamente representativos de las poblaciones socioeconómicas, lingüísticas y raciales del área» (1981, pág. 431).[12] Preguntaron, de forma retórica, cuáles características demográficas deben ser representadas:

> El sentido común se rebela en contra de representar a los zurdos o pelirrojos. ¿Y qué tal los lituanos? ¿Y los italianos? ¿Los judíos? ¿Los que no tienen educación? Los planteamientos del tipo reflejo proveen pocas pautas para seleccionar cuáles características sociales merecen representación (1981, pág. 437).

De manera similar, otros comentaristas han asumido que no se pueden enunciar pautas directrices para sugerir cuáles grupos deberían ser representados, o cuándo.[13] Tantas veces se ha pensado que esta crítica es simplemente incontestable que su mera afirma-

---

12. Morone y Marmor citan el *National Health Planning and Resources Development Act of 1974*, que exigía que los usuarios de salud tuvieran un puesto en más de las doscientas Agencias de Sistemas de Salud.

13. Grofman escribe, por ejemplo: «Una de las dificultades con la perspectiva del reflejo es que no es claro qué características del electorado tienen que ser reflejadas para asegurar una muestra justa» (1982, pág. 98). Véase asimismo Pitkin ([1967] 1972, págs. 87-88); Voet (1992, pág. 395); Gutmann y Thompson (1996, pág. 154).

ción se ha tomado como definitoria. Sin embargo, podemos responder a ella con bastante facilidad al examinar tanto las funciones deliberativas como agregativas de la democracia.

La función *deliberativa* de la democracia representativa se dirige a comprender qué políticas son buenas para la comunidad política como un todo, cuáles son buenas para los electores de los representantes, y cuándo entran en conflicto los intereses de varios grupos al interior de la comunidad política y los votantes. También apunta a transformar los intereses y crear comunalidad cuando esta puede ser genuinamente buena para todos. En su función deliberativa, un cuerpo representativo debería incluir idealmente al menos un representante que pueda hablar por todo grupo capaz de proveer nueva información, perspectivas o percepciones relevantes para la comprensión que conduce a la decisión. No debe, sin embargo, simplemente reproducir todos los puntos de vista de la comunidad política. El proceso de escoger representantes debe hasta cierto punto elegir en contra de aquellas visiones que son inútiles o dañinas para la comunidad política como un todo (Mansbridge, 1998).

La función *agregativa* de la democracia busca producir algún tipo de decisión relativamente legítima en contextos de conflictos entre intereses fundamentales. En esta función agregativa, la asamblea representativa debe, en momento de conflicto, idealmente representar los intereses de cada grupo cuyos intereses entren en conflicto con los de otros grupos, en proporción al porcentaje de ese grupo en la población. La proporcionalidad con votos que valen lo mismo en el parlamento es el equivalente representativo del ideal agregativo de «una persona, un voto» en la democracia directa. La representación proporcional de intereses no puede crear por sí sola legitimidad democrática, pero en combinación sea con intereses transversales o con un poder compartido, y con protecciones fuertes para los derechos de las minorías, se acerca lo suficiente.[14]

---

14. Las preguntas acerca de qué perspectivas contribuirán al entendimiento y cuáles intereses entran en conflicto serán controvertidas, así como la pregunta de

Este análisis nos permite concluir que las perspectivas e intereses de los zurdos deben ser representados en la deliberación cuando sus perspectivas son relevantes para la decisión (p. ej., decisiones con respecto al diseño de instrumentos quirúrgicos) y en la agregación cuando sus intereses entran en conflicto con los de otros. Lo mismo sucede con los pelirrojos, lituanos, italianos, judíos, los no educados y todos los demás grupos.

En la agregación, los intereses se representan con relativa facilidad mediante representantes no descriptivos. Si un representante diestro va a sufrir lo suficiente en la próxima elección por no votar por los intereses de los zurdos, ese incentivo es, por definición, suficiente para que el representante emita el voto normativamente apropiado. Es cierto que el hecho de ser zurdo ayuda a producir un compromiso interno con la lucha, así que cuando el asunto requiere algo más que simplemente emitir un voto (p. ej., cuando requiere preparar, proponer y reunir apoyo para la legislación), los representantes zurdos suelen ser más propensos a lanzarse a la lucha. Pero en asuntos de agregación pura, los incentivos de reelección y otras formas de *accountability*[15] pueden hacer innecesaria la representación descriptiva. Para el caso de la agregación, la teoría democrática normativa solo exige que el poder se ejerza en nombre de los portadores de intereses particulares en proporción

---

cuán cerca, en un caso dado, un asunto se convierte en interés común o conflictivo. Más aún, los ideales de alcanzar la comprensión y dirimir legítimamente el conflicto son siempre «regulativos», esto es, ideales a lo que uno debe aspirar, pero no espera alcanzar plenamente (véase Mansbridge 1996 sobre comunidades políticas concretas que nunca alcanzan una total legitimidad democrática). Darle poder de veto a algún grupo en torno a asuntos profundamente importantes para este puede ser útil para llegar a un acuerdo instituyendo alguna forma de autogobierno cooperativo cuando la cooperación no tendría lugar de otro modo. Pero un veto así favorece el *statu quo* en formas no igualitarias. Restringir esos vetos a grupos desfavorecidos (Young 1990) plantea la espinosa cuestión de cómo definir cuáles grupos merecen tal veto (Kymlicka, 1996, págs. 155, 177; Phillips, 1992, pág. 89; Williams, 1998, pág. 198).

15. N. del T.: recuérdese que en este caso el significado del concepto de *accountability* involucra tanto el «control democrático» como la «rendición de cuentas».

a su número en la población, no que este poder se ejerza mediante un mecanismo concreto.

En la deliberación, las perspectivas son menos fáciles de representar por parte de los representantes no descriptivos. A través de la lectura, la conversación y la convivencia con los zurdos, los diestros pueden aprender muchas de las perspectivas de ese grupo que podrían ser relevantes para la deliberación. Sin embargo, como veremos, en contextos de desconfianza comunicativa e intereses que no están cristalizados esta representación vicaria de la experiencia de otros —por aquellos que no han tenido esas experiencias— a menudo no es suficiente para promover una deliberación efectiva —ya sea vertical, entre electores y sus representantes, u horizontal, entre los representantes—. Si bien el representante no necesita haber compartido personalmente las experiencias de los representados para facilitar la comunicación y aportar matices a la deliberación, el carácter abierto y sin fin de la deliberación le proporciona ventajas comunicativas e informacionales a los representantes que son existencialmente cercanos a estos asuntos.[16]

¿Requieren las deliberaciones la participación de representantes de perspectivas relevantes en proporción a la incidencia de dichas perspectivas en la población? En teoría, la deliberación parece requerir solamente un único representante, o una presencia de «umbral», para contribuir a una comprensión más amplia (Kymlicka, 1993, págs. 77-78; 1995, págs. 146-47; Mansbridge, 1981; Phillips, 1995, págs. 47, 67 y sigs.; Pitkin [1967], 1972, pág. 84). Introducir los hechos, perspectivas y aportes en la deliberación debe ser lo que cuenta, no cuántas personas; no el número de personas que presenten esos hechos, percepciones y perspectivas. En la práctica,

---

16. La crítica de Pitkin ([1967] 1972) a la representación descriptiva reconocía sus usos en la deliberación, pero establecía lo que creo es una falsa dicotomía entre «hablar» y «gobernar activamente» (págs. 63, 84). Asimismo, a veces pareciera restringir la función deliberativa simplemente a «dar información» (págs. 63, 81, 83, 84, 88, 90).

sin embargo, los grupos desfavorecidos a menudo necesitan de la representación plena que permite la proporcionalidad con el fin de alcanzar distintas metas: sinergia deliberativa, masa crítica, dispersión de la influencia y variedad de opiniones al interior del grupo.

En primer lugar, la deliberación es a menudo sinérgica. Un mayor número de representantes usualmente producen más (y a veces mejor) información y percepciones, en particular cuando requieran explorar nuevas ideas que se contraponen a la sabiduría prevaleciente. Por tanto, los grupos cuyos miembros se verán afectados por una decisión pueden exigir legítimamente, incluso con criterios de deliberación, tantos representantes como sea necesario para que reflejen su número en la población.

En segundo lugar, los representantes de grupos desfavorecidos pueden necesitar una masa crítica para que sus propios miembros estén dispuestos a plantear posiciones minoritarias. También pueden necesitar una masa crítica para convencer a otros —particularmente a miembros de los grupos dominantes— de que las perspectivas o percepciones que defienden son ampliamente compartidas, genuinamente sentidas y profundamente arraigadas al interior de su grupo.

En tercer lugar, los órganos de gobierno suelen incluir una variedad de comités y subcomités en cuyos espacios deliberativos usualmente se negocian las características más importantes de las políticas. El tener un número suficiente de representantes para diseminar en las áreas relevantes de las políticas les permite a los miembros de los grupos desaventajados el influir en decisiones —allí donde estas decisiones se vuelven mejores al incluir las perspectivas de esos miembros—.

Finalmente, y más importante aún, ya que el contenido y alcance de cualquier deliberación a menudo es impredecible, usualmente se requiere una variedad de representantes para representar las diversas y heterogéneas inflexiones y oposiciones internas que, en conjunto, constituyen las complejas perspectivas, opiniones e intereses en disputa característicos de cualquier grupo. Este abanico de puntos de vista no es fácilmente representable por pocos individuos.

Este análisis sugiere que los afroamericanos en los Estados Unidos están mucho más abundantemente representados deliberativamente por un Congreso que incluya a William Gray III (un miembro negro del Congreso que no apoyó el presupuesto alternativo del Congressional Black Caucus porque era el director del Comité de Presupuesto de la Cámara de Representantes) y George Crockett (un miembro negro del Congreso que condenó al Departamento de Estado por negarse a conceder a Yasir Arafat una visa de entrada a Estados Unidos) que por un Congreso que incluya solo a uno de los dos.[17] Por muy puramente deliberativa que sea la asamblea, razones de sinergia, masa crítica, dispersión útil y diversidad interna aseguran que, en la práctica, cada grupo querrá normalmente reclamar tantos representantes en ese órgano como lo justifique la proporcionalidad.

La exigencia de proporcionalidad se ve acentuada por el hecho de que, en la práctica, casi todas las asambleas democráticas son agregativas además de deliberativas, y lograr la plena legitimidad normativa de la función agregativa requiere que los miembros del órgano representativo voten por cada interés conflictivo afectado en proporción al número de portadores de tales intereses en la población (para una exposición más completa de estas ideas, véase Mansbridge 1981, 1996, 1998).

---

17. Véase Swain (1993, págs. 41, 49-71) acerca de Gray y Crockett y, en otros apartados, sobre la diversidad de opiniones y estilos dentro del espectro de la representación afroamericana en el Congreso en la década de 1980 e inicios de la década de 1990. Véase Young (1997) para el concepto de diversidad de opinión dentro de una misma «perspectiva». Tanto a efectos deliberativos como agregativos, lo ideal sería que toda la diversidad dentro de cualquier perspectiva o interés más amplio estuviera representada en proporción a los números de la población, sujeta a las limitaciones deliberativas críticas de (1) la representación de umbral —cuando de otro modo una perspectiva útil no estaría representada en absoluto en una distribución proporcional (Kymlicka, 1995, pág. 147)— y (2) la depuración y reducción de la relevancia de las ideas relativamente perjudiciales e inútiles.

«Esencialismo» como un coste de selección

El coste más alto en la representación descriptiva selectiva es el de reforzar tendencias hacia el «esencialismo», esto es, asumir que los miembros de ciertos grupos poseen una identidad esencial que todos los miembros de ese grupo comparten y de la cual nadie más puede formar parte. Insistir en que las mujeres representan a las mujeres y los negros a los negros, por ejemplo, presupone una cualidad de feminidad o negritud que todos los miembros de ese grupo comparten. Insistir en que los demás no pueden representar adecuadamente a los miembros de un grupo descriptivo implica también que los miembros de ese grupo no pueden representar adecuadamente a los demás (Kymlicka, 1993, 1995; Phillips, 1992, 1995; Swain, 1993; Young, 1997).

Este problema del esencialismo acecha a todo grupo que espera organizarse políticamente en torno a alguna faceta de la identidad, incluyendo características descriptivas como el lugar de nacimiento, el género y la raza. El esencialismo implica asumir un rasgo único o esencial que liga a cada miembro del grupo descriptivo, otorgándoles intereses comunes que, en las versiones más extremas de la idea, trascienden los intereses que los dividen. Tal presupuesto conduce no solo a rehusarse a reconocer las principales líneas de división en un grupo, sino a asimilar los intereses subordinados o minoritarios con aquellos del grupo dominante sin siquiera reconocer su existencia (Fuss, 1989; Spelman, 1988; véase Young [1994, 1997] acerca de las maneras de concebir la existencia de un grupo con un mínimo de pensamiento esencialista). El problema se agrava cuando las facetas de identidad que se supone ligan al grupo tienen marcadores biológicos, como los órganos sexuales o el color de la piel, ya que tales marcadores alientan a observar los elementos comunes que se suponen centrales al grupo como biológicos y no históricos.

Por supuesto, en su forma más básica el proceso mismo de pensamiento codifica una forma de esencialismo. La mayoría de nosotros no podemos pensar en la palabra «mesa» sin evocar de manera inconsciente un mueble de cuatro patas, marginando así de nuestras consideraciones mesas con más o menos patas y colores diferentes. El problema de la categorización simple deviene mucho peor cuando, como suele ocurrir con los asuntos humanos, un grupo es socialmente dominante y se convierte en la norma, instaurando expectativas y estructurando instituciones de modo que aquellos que no se ajustan a la norma son percibidos como desviados o inferiores, se perciben a ellos mismos como desviados, y no pueden operar bien al interior de las estructuras diseñadas por los miembros del grupo dominante.

Incluso los grupos políticos basados en identidades descriptivas que disputan la hegemonía del grupo dominante no pueden escapar a esta dinámica interna. Las organizaciones feministas que recurren a la «sororidad» la han retratado primariamente en términos que reflejan las preocupaciones de los grupos (blancos de clase media) dominantes en el movimiento (véase, p. ej., Harris, 1990; Spelman, 1988). Las escritoras feministas negras que han desafiado esa dominancia al interior del feminismo se han retratado a sí mismas como mujeres negras con un singular «punto de vista afrocéntrico» (p. ej. Collins, 1990). Aunque los procesos cognitivos humanos nos previenen de eliminar esta tendencia de asumir la homogeneidad al interior de un grupo, podemos luchar contra ella cultivando vías de disenso, oposición y diferencia en nuestras organizaciones, batallando para valorar contradicciones al interior de un punto de vista perceptivo más amplio, y utilizando plurales en lugar de singulares en nuestra escritura.

La defensa de la representación descriptiva puede acentuar los peores rasgos del esencialismo. Cuando una descriptivista extrema escribe que «es imposible para los hombres representar a las mujeres» (Boyle, 1983, pág. 797),[18] este enunciado implica el corolario de que es

---

18. Véase también Phillips (1995, pág. 52) citando a un grupo de mujeres francesas en 1789 («No importa qué tan honesto pueda ser, un hombre no puede represen-

imposible para las mujeres representar a los hombres. También implica que cualquier representante mujer representa a todas las mujeres (y a todas las mujeres por igual), independientemente de las creencias políticas de esas mujeres, su raza, etnia o cualquier otra diferencia. Las características esencialistas de la representación descriptiva pueden ser mitigadas al hacer énfasis en las razones contingentes y no esencialistas para seleccionar ciertos grupos para la representación descriptiva. Todo el argumento de este artículo es un argumento desde la contingencia. Partiendo de un argumento más general en favor de la representación proporcional de los intereses, destaca los contextos históricos en los cuales es más probable que la representación descriptiva promueva la representación sustantiva de intereses. Esa representación descriptiva se aproxima más a los ideales normativos cuando refleja la diversidad interna de cualquier grupo denominado descriptivamente.

Uno también podría aproximarse a la contingencia desde otro ángulo, preguntándose en primer lugar por qué características del proceso electoral actual han dado como resultado porcentajes bajos para ciertos grupos descriptivos más a nivel de la legislatura que de la población —un resultado que no se esperaría por azar, y que sugiere la posibilidad de que «ciertas voces están siendo silenciadas o suprimidas» (Phillips, 1992, pág. 88; también 1995, págs. 53, 63)—. La siguiente pregunta de selección debería ser si los miembros de ese grupo se consideran capaces de representarse adecuadamente a ellos mismos. Si la respuesta es afirmativa, la tercera pregunta, que conlleva la responsabilidad normativa, podría ser si hay alguna evidencia de que, intencionalmente, los grupos dominantes de la sociedad alguna vez han hecho difícil o ilegal para los miembros de ese grupo el representarse a sí mismos. Una historia de fuertes prejuicios proporcionaría una evidencia tal. Si la respuesta a esta tercera pregunta es también afirmativa, el grupo parece ser un buen can-

---

tar a una mujer»), y Williams (1998, pág. 133), citando al reverendo Antoinette L. Brown en 1852 («Los hombres no pueden representar a las mujeres»).

didato para la representación selectiva afirmativa. Para tomar un ejemplo extremo: si en el pasado un grupo ha sido excluido del voto por ley, parece probable que los procesos sociales, políticos y económicos que en el pasado le permitieron a un grupo prohibir por ley la participación política de otro grupo puedan tener su secuela en el presente, operando a través de estructuras sociales, políticas y económicas informales en lugar de hacerlo a través de la ley.[19]

Una formulación así apunta hacia atrás, hacia procesos históricos contingentes, en lugar de hacia adentro, hacia una naturaleza esencial. Implica también que cuando las barreras sistémicas a la participación han sido eliminadas a través de la reforma y la evolución social, la necesidad de pasos afirmativos para asegurar la representación descriptiva desaparecerá. La institución de la representación descriptiva deviene ella misma contingente.

Otros costes de la representación descriptiva

Otro coste potencial de la representación descriptiva, relacionado con el del esencialismo, implica que desarrollar instituciones que motiven a sus ciudadanos a verse a sí mismos como miembros de un subgrupo puede erosionar los lazos de unidad de una nación,

---

19. La intención de este argumento no es restringir los grupos designados para la representación selectiva a aquellos que han sido legalmente privados del voto u otros derechos ciudadanos, sino llamar la atención normativa de esta característica sobre la base de la responsabilidad de la sociedad en el pasado. Dicha responsabilidad también está implicada cuando una forma de discriminación, como aquella ejercida en contra de gais y lesbianas, ha sido tan profunda que no ha sido necesario prohibir por ley su participación política. La discriminación histórica también suele ser responsable de una comunicación deteriorada por la desconfianza, un significado social de ciudadanía menor y una legitimidad *de facto* deteriorada, tres de los cuatro contextos que en el argumento central del texto exigen una especial preocupación para la representación descriptiva. Véase Phillips (1992, 1995); Kymlicka (1993, 1995), y Williams (1998) sobre desventajas históricas y sistémicas. Guinier (1994, pág. 140) señala que, sin embargo, su argumento no descansa primariamente en el contexto histórico de la privación de derechos de los grupos. La marginalización política, nuestra preocupación aquí, no requiere inferioridad económica (Aminzade, s.f.).

un partido político o un movimiento social (véase, p. ej., Phillips, 1995, págs. 22 y sigs.). Este coste crítico tiene más o menos peso dependiendo de los arreglos institucionales precisos. En algunos contextos, las instituciones que auspician subgrupos desgarran de manera profunda el tejido social y conectivo del conjunto. En otros, los subgrupos se convierten en los anclajes experienciales de la participación que ligan al individuo con el todo.[20] A medida que avancen los trabajos sobre la «sociedad civil», los estudiosos podrán distinguir mejor que hasta ahora las características y los contextos que inclinan a algunas instituciones hacia la función desintegradora y, a otras, hacia la integradora.

Un coste más de la representación descriptiva selectiva se aplica específicamente a un método particular para lograr este resultado: el trazado de límites electorales para crear distritos relativamente homogéneos. El coste es la pérdida potencial de influencia en otros distritos. Si, por ejemplo, los demócratas blancos representan muchos intereses sustantivos de los votantes negros mucho mejor que los republicanos blancos, y si concentrar a los votantes negros en distritos negros produce unos pocos representantes negros más a costa de muchos más republicanos elegidos en otros distritos, entonces, en algunas circunstancias históricas (como cuando los porcentajes en una legislatura gobernada por mayorías están casi empatados entre republicanos y demócratas), el impacto sustantivo de perder a esos legisladores demócratas será alto y probablemente no valga la pena pagar el coste (véase, p. ej., Swain, 1993, págs. 7-19; Lublin, 1997).

---

20. Para poner un ejemplo del nivel organizativo, la American Psychological Association parece haber derivado en una serie de subasociaciones separadas después de que sus capítulos adquirieron mayor poder, mientras la American Political Science Association parece haber cobrado mayor vitalidad desde que sus secciones organizativas adquirieron mayor injerencia en su gobierno. Los argumentos a favor y en contra de una gobernanza estatal y local fuertes también han abordado estas cuestiones, pero no conozco ningún estudio comparativo que explore en qué contextos gobiernos fuertes subordinados debilitan al gobierno superordinado y en cuáles otros fortalecen ese gobierno superordinado.

Un coste final de la representación descriptiva selectiva yace en la posibilidad de una *accountability* reducida. Las características descriptivas de un representante pueden inducir a los votantes a pensar que sus intereses sustantivos están siendo representados incluso cuando ese no es el caso. Tal como un representante negro del Congreso norteamericano le dijo a Carol Swain: «Una de las ventajas, y desventajas, de representar a los negros es su desvergonzada lealtad hacia sus representantes. Casi puedes casi salirte con la tuya si violas bebés y ser perdonado. No tienes vigilancia alguna acerca de tu desempeño».[21] Uno esperaría que el peligro de esta clase de lealtad ciega fuera acotado en tanto más representantes descriptivos compitieran e ingresaran a la asamblea representativa, permitiendo a los electores comparar más fácilmente las virtudes de un representante descriptivo frente a otro. La designación de Clarence Thomas en la Corte Suprema de Justicia de los Estados Unidos ha servido como hito en la evolución de este proceso en la comunidad negra, ya que algunas organizaciones afroamericanas (p. ej., el Congressional Black Caucus y la NAACP [National Association for the Advancement of Colored People]) se opusieron a la nominación de Thomas a pesar de sus características descriptivas (véase Swain, 1992; también Crenshaw, 1992; West, 1992). La decisión de muchos grupos de mujeres de no apoyar a todas las candidatas mujeres representó un hito similar entre las feministas norteamericanas (Mezey, 1994, pág. 261).

---

21. La falta de vigilancia sobre los representantes deriva en parte del hecho de que «los representantes negros de distritos históricamente negros tienen en esencia garantizada la reelección si sobreviven a las primarias» (Swain, 1993, pág. 220), una condición que a su vez deriva parcialmente del compromiso casi uniforme de los votantes negros «hacia el partido, facción o candidato individual que más apoye la reforma racial» (Pinderhughes, 1987, pág. 113). Véase Guinier (1994, págs. 35, 58-60, 82), y de la Garza y DeSipio (1993) sobre la importancia de diseñar sistemas representativos que incrementen la participación política y el interés entre el electorado, y los problemas de los distritos de mayorías-minorías a este respecto.

En contra de estos costes, uno debe sopesar los beneficios para la representación sustantiva de una deliberación ampliada a través de la representación descriptiva. Argumento que esos beneficios son mayores en contextos de desconfianza comunicativa e intereses no cristalizados.

Contextos de desconfianza: los beneficios de la comunicación ampliada

La calidad de la comunicación mutua entre representante y elector varía de grupo en grupo y de época en época. Las circunstancias históricas pueden interferir en la adecuada comunicación entre miembros de uno y otro grupo, particularmente si uno de los grupos es históricamente dominante y el otro históricamente subordinado. Una historia de dominancia y subordinación suele generar desatención, incluso arrogancia, de parte del grupo dominante, y desconfianza de parte del grupo subordinado.

En condiciones de comunicación deteriorada, incluyendo el deterioro causado por la desatención y la desconfianza, la experiencia compartida capturada imperfectamente por la representación descriptiva facilita la comunicación vertical entre representantes y electores. Aquellos representantes y votantes que comparten cierta versión de un conjunto común de experiencias, y los signos exteriores de haber vivido esas experiencias, a menudo pueden leer las señales del otro con relativa facilidad e involucrarse en formas precisas de comunicación directa. Los representantes y votantes que comparten pertenencia en un grupo subordinado pueden también forjar lazos de confianza basados específicamente en la experiencia compartida de la subordinación.

Los datos de Claudine Gay, por ejemplo, indican que los electores afroamericanos de distritos representados por un legislador afroamericano son más propensos a contactar a su representante que aquellos electores afroamericanos de distritos representados por un legislador blanco (Gay, 1996). Como le comentaba Donald

Payne, un miembro negro del Congreso, a Carol Swain: «Los electores negros se sienten cómodos conmigo, y ven que me siento cómodo con ellos» (Swain, 1993, pág. 219). Los grupos que son desfavorecidos en el proceso electoral difieren, sin embargo, en esta dimensión. Replicando el estudio de Gay, pero centrándose en mujeres representantes, Elizabeth Haynes ha mostrado que las mujeres de distritos representados por una mujer *no* son más dadas a contactar a su representante que aquellas de distritos representados por un hombre (Haynes, 1997). No cabe duda de que existen problemas de comunicación entre hombres y mujeres, pero el tamaño de las brechas en la comunicación entre hombres y mujeres puede ser menor que el tamaño de las brechas en la comunicación creadas por la raza, la etnicidad, la nacionalidad o la clase.[22]

En los Estados Unidos los votantes tienen muchos de sus más vitales intereses representados a través de la representación subrogada de legisladores elegidos en otros distritos. Defensores de posturas políticas particulares que pierden en un distrito pueden, por ejemplo, esperar ser representados por defensores de esas posturas en otro.[23] Los representantes subrogados no tienen que ser repre-

---

22. Véase Williams (1998) acerca de la «confianza» y la historia de la justificada desconfianza de los negros hacia los blancos en los Estados Unidos. Véase Tannen (1994, págs. 73, 188), sobre comparaciones implícitas de las diferencias de género y etnia. Solo después del llamamiento de Hyde (1990) a prestar atención a la existencia de la diferencia y su tamaño, los psicólogos han comenzado a incluir rutinariamente medidas del tamaño de la diferencia en sus estudios, particularmente la diferencia de género. Muchos lingüistas aún no han adoptado esta estrategia. En ningún campo es estándar comparar el tamaño de las diferencias de género con el de otras diferencias comunes —una omisión que contribuye a la usual magnificación de las diferencias de género (Mansbridge, 1993)—. No conozco estudios sobre diferencias de clase en la comunicación con los representantes (para datos sugerentes, véanse Heilig y Mundt 1984, págs. 85-91). Nótese que este análisis se enfoca en la desconfianza *comunicativa* en tanto obstruye la deliberación fructífera. De las encuestas realizadas en Estados Unidos, las mujeres no reportan tener una desconfianza generalizada en «el Gobierno» mayor que los hombres, ni los negros mayor desconfianza que los blancos (véase Orren, 1997, pág. 86).

23. La representación subrogada es en muchas maneras similar a lo que Burke llamó «representación virtual» ([1792], 1871, pág. 293). Difiere en que se aplica tanto a la función agregativa como a la deliberativa de la democracia, a la voluntad como a

sentantes descriptivos. Pero es en este proceso subrogado que a menudo la representación descriptiva juega su papel más útil, permitiendo a los representantes que son miembros de un grupo subordinado sortear las fuertes barreras de comunicación existentes entre grupos dominantes y subordinados. Por ejemplo, es probable que los representantes negros sean contactados por negros «de toda la región» y no solo de sus propios distritos. El coordinador de distrito electoral del fallecido Mickey Leland, un demócrata negro texano, le contaba a Carol Swain: «Lo que la gente no entiende es que Mickey Leland tiene que ser el congresista [negro] de todo el suroeste» (Swain, 1993, 218).

Un ejemplo ilustrará las ventajas comunicativas de la representación descriptiva, incluso para las mujeres, cuyas barreras de comunicación con los hombres probablemente no son tan altas como aquellas entre negros y blancos. En 1970, antes del ligero aumento actual del número de mujeres representantes en el Senado de Estados Unidos, podría decirse que Birch Bayh era el senador progresista que más simpatizaba con la Enmienda para la Igualdad de Derechos (ERA). Uno de sus roles fue, por tanto, actuar como un representante subrogado de las mujeres proponentes de la ERA. Bayh les sirvió a las activistas de la ERA, quienes lo consultaron en tanto mentor, a través de su compromiso con las causas progresistas, y en tanto guardián, por su papel como director del Comité Judicial.

Al principio del proceso de enmienda constitucional, el senador Bayh le sugirió a las proponentes una redacción alternativa de

---

la sabiduría, a las preferencias cambiantes como a los intereses relativamente fijos y objetivos, a las negociaciones entre grupos interesados, así como al bien de la nación como un todo (Pitkin [1967], 1972, págs. 169-75); véase Williams (1998, pág. 33 y sigs.), para una discusión matizada del concepto de Burke de una «descripción» de un pueblo). Por lo tanto, Burke no agregó cuestiones de proporcionalidad, como sí lo hace mi concepto de representación subrogada, el concepto similar de Weissberg (1978) de «representación colectiva», y la representación «institucional» de Jackson y King (1989). Para un análisis completo de la representación subrogada, véase Mansbridge (1998).

la ERA, basada en las palabras de la ya existente Enmienda Catorce de la Constitución, que garantizaban la igualdad de derechos fundada en la raza. Las proponentes de la ERA rechazaron la redacción propuesta por Bayh porque «debilitaba» la fuerza de la Enmienda para la Igualdad de Derechos. Sin embargo, en retrospectiva no es claro que la redacción alternativa hubiera debilitado la enmienda. Y la redacción sugerida por Bayh indudablemente hubiera clarificado en gran medida la incertidumbre que, eventualmente, llegó a ser una de las causas principales del fracaso de la ratificación de la Era por parte de los Estados.[24]

La historia de la interacción entre Birch Bayh y las proponentes de la ERA revela una considerable desconfianza entre las proponentes hacia Bayh —desconfianza que se incrementó enormemente debido al joven asesor asignado al proyecto, proveniente de la Ivy League, quien, según se dice, describía a las proponentes de la ERA como mujeres «histéricas»—. Si en ese momento el Senado tuviera una legisladora poderosa como Patricia Schroeder, las proponentes de la ERA la hubieran elegido sin dudar como su mentora. Una legisladora mujer, a su vez, casi con toda seguridad no hubiera asignado un miembro tan insensible al proyecto. Una legisladora mujer hubiera podido incluso convencer a las partidarias de la ERA de adoptar la redacción alternativa de la Enmienda Catorce, lo cual a su vez hubiera resultado muy probablemente en la ratificación de la ERA por parte de los Estados. Esta ratificación hubiera inducido a los miembros de la Corte Suprema a hacer del género una «categoría sospechosa» en sus análisis —algo que no es ahora—. Como alternativa, la legisladora y las activistas podrían haber decidido, en un proceso deliberativo más exhaustivo, mantener la redacción original aún con el riesgo del fracaso en la ratificación.

El fracaso de Birch Bayh al comunicarse con las proponentes de la ERA en una atmósfera de confianza mutua ejemplifica la impor-

---

24. N. del E.: el segundo libro de Mansbridge fue una detallada crónica de este proceso. Uno de los capítulos de este trabajo se encuentra en este volumen.

tancia de la representación descriptiva en el sistema más amplio de la representación subrogada. Sugiere la siguiente regla: cuanto más profundo sea el abismo entre un grupo dominante y uno subordinado, más representación descriptiva va a ser necesaria para salvar ese abismo.

Contextos de intereses no cristalizados: beneficios de la deliberación experiencial

En ciertos momentos históricos, los intereses de los ciudadanos sobre un conjunto dado de asuntos se encuentran relativamente sin cristalizar. Los asuntos no han estado lo suficiente en la agenda política, los candidatos no han tomado una postura pública en torno a ellos, y los partidos políticos no están organizados alrededor de ellos. Después de la caída del comunismo, por ejemplo, en Europa Central y del Este muchos intereses políticos estaban relativamente sin cristalizar en tanto cientos de partidos políticos nuevos luchaban por posicionarse en el mapa de esos asuntos (un partido polaco se llamaba a sí mismo el «Partido X», utilizando de forma consciente un significante sin contenido; otro se definió a sí mismo, usando igualmente poco contenido, como «ligeramente al oeste del centro»).

Cuando los intereses no están bien definidos, la mejor manera de tener representados los intereses sustantivos propios es a menudo escoger un representante cuyas características descriptivas coincidan con las propias en los asuntos que se espera que emerjan. Uno puede querer elegir un representante de su propio territorio geográfico, clase o etnia. Luego, a medida que aparecen asuntos impredecibles, el votante puede esperar que el representante reaccione más o menos de la misma forma que lo haría él, sobre la base de una similitud descriptiva. Sin lugar a dudas, la representación original de los votantes en Estados Unidos tenía la intención de (en parte) capturar esta forma de representación descriptiva.

En sistemas políticos en los que una variedad de asuntos, como aquellos que involucran la clase, están relativamente cristalizados, otros, como aquellos que involucran el género, están saliendo a la superficie y evolucionando rápidamente en la agenda política. Cuando este es el caso, los individuos para quienes estos intereses no cristalizados son extremadamente importantes pueden obtener su mejor representación sustantiva de una representación descriptiva.[25] Aquí la comunicación importante no es vertical, entre el representante y el elector, sino horizontal, entre los legisladores deliberantes. En esta comunicación horizontal, un representante descriptivo puede hacer uso de elementos de experiencias compartidas por los electores para examinar ramificaciones inexploradas de cuestiones recién presentadas y, también, hablar acerca de esos asuntos con una voz que porte la autoridad de la experiencia.

En los Estados Unidos, donde la disciplina de partido es débil y los representantes consecuentemente gozan de una autonomía considerable, los legisladores a menudo votan siguiendo la «representación introspectiva», actuando sobre la base de lo que ellos concluyen es la política correcta para sus electores y la nación. Cuando este es el caso, los votantes no ejercen poder cambiando el comportamiento de sus representantes, como es sugerido en los mecanismos tradicionales de control democrático, sino por la selección electoral (Mansbridge, 1998).[26] En este proceso, los votan-

---

25. Dos de los cuatro «argumentos centrales» de Anne Phillips a favor de una representación descriptiva giran en torno a esta cuestión. Uno es la «necesidad de encarar aquellas exclusiones que son inherentes en la envoltura de partido de las ideas políticas» y el otro «la importancia de una política de transformación en abrir el rango de opciones de políticas en su totalidad» (1995, pág. 25; véase igualmente págs. 43-45, 50, 70, 151 y sigs.). Su análisis, en particular el de la política transformativa, va mucho más allá de lo que tengo oportunidad de comentar aquí. Manteniendo iguales otras características de la representación sustantiva, cabría esperar que en un campo de intereses no cristalizados los representantes descriptivos fueran más eficaces cuando los grupos dominantes hayan dejado asuntos claves fuera de la agenda (véase Bachrach y Baratz, 1963).

26. Otros han llamado a este proceso representación por «reclutamiento» (Kingdon, 1981, pág. 45), «selección inicial» (Bernstein, 1989) o «reemplazo electoral» (Stimson, MacKuen, y Erikson, 1995). N. del E.: la consolidación de este modelo, que, después de la publicación de este artículo, Mansbridge llamó «representación

tes a menudo usan características descriptivas, así como la identificación partidista y los indicadores de carácter, como pistas con las cuales predecir si un candidato particular, en caso de ser elegido, representará sus intereses —tanto los cristalizados como los no cristalizados—.

En 1981, por ejemplo, cuando la legislatura de Illinois estaba por votar la Enmienda para la Igualdad de Derechos, le pregunté a diferentes legisladores cómo determinaban lo que sus electores pensaban acerca de la enmienda. Un legislador del área rural me explicó que sabía lo que sentían sus electores porque ellos sentían de la misma forma que él: «Vengo de mi distrito, y ellos fueron criados de la misma manera que yo soy, o fui, y trabajan de la misma forma en que siempre lo he hecho» (Mansbridge, 1986, pág. 152).[27] En tanto representante descriptivo de sus electores, creía que podía conocer sus reacciones a la ERA sin que la ERA hubiera estado en la agenda política cuando él fue elegido (y sin consultarlos posteriormente). Se concebía a sí mismo como «uno de ellos», y es de suponer que así era concebido por la mayoría de sus electores, en virtud de un cúmulo de características descriptivas —no solo una—.

En el Congreso de los Estados Unidos, un republicano del Medio Oeste esgrimió un argumento descriptivo similar, asumiendo una homogeneidad similar frente a otro miembro de su distrito:

---

giroscópica», puede verse en su artículo «Repensando la representación», incluido en el primer volumen de esta reunión de trabajos.

27. Tal como le dijo un miembro del Congreso a John Kingdon: «Crecí con esta gente y creo que reflejo su modo de pensar» (1981, pág. 45). Los miembros del Congreso dirán y creerán que, dada esta cuasicompleta identidad actitudinal con la mayoría de sus electores, se «verá que la mayoría de veces los congresistas querrán votar de acuerdo con sus obligaciones y principios tal y como ellos los conciben. Las consideraciones políticas son menos importantes» (*ibid.*, 46). O como un periodista resumió esa relación: «Ellos [los miembros del Congreso] simplemente reflejan el lugar de donde vienen» (*ibid.*, 47). Enunciados así reflejan suposiciones acerca de una relativa homogeneidad de intereses y perspectivas al interior de la mayoría que eligió al representante (Bianco, 1994).

Podría llevarlo al final del corredor y presentarle a un miembro que simplemente destila su distrito, desde sus zapatos hasta su sombrero de paja. No tiene que ir a su distrito para saber cómo es, solo tiene que mirarlo... el Congreso representa a sus distritos porque cada miembro proviene de su distrito, más que porque él trate de adaptar su filosofía personal [a lo que sus electores quieren] (Bianco, 1994, pág. 39).

Centrándose en lo que, a primera vista, parece más una única característica descriptiva, un legislador negro le decía a Richard Fenno: «Cuando voto a conciencia como hombre negro, necesariamente represento a la comunidad negra. No tengo problema alguno en saber qué es lo que quiere o piensa la comunidad» (Fenno, 1978, pág. 115). Sin embargo, esta postura de representación introspectiva del legislador deriva de algo que va mucho más allá del color de su piel. «Su identificación con la comunidad negra», comentaba Fenno, «es obvia y total. Cada expresión que emite y gesticula transmite la idea de "soy uno de ustedes"» (*ibid.*). El representante asumía que él y sus electores compartían un conjunto de experiencias que generaban perspectivas e intereses específicos que requerían representación en la legislatura. A su vez, sus electores usaban no solo la característica visible del color de piel sino su lenguaje corporal, la selección de palabras, el acento y otros signos externos para predecir la probabilidad de la existencia de un amplio cuerpo de experiencias compartidas con él y otros afroamericanos.[28]

Cuando no es posible seleccionar un representante con características descriptivas confiables, los votantes a menudo optan por lo que denomino una «pseudodescripción», imitando el comportamiento descriptivo. Samuel Popkin relata las aventuras de campaña del presidente Gerald Ford, en la que intentó sin éxito comerse un

---

28. A la inversa, tanto el origen antillano del General Colin Powell como otros signos presentes en su lenguaje, conducta e identificación política, llevaron a algunos afroamericanos a no verlo como un representante descriptivo de quien esperarían que actuara «como ellos» en la legislatura. Véase Williams (1998) acerca de la centralidad de una experiencia compartida en la representación descriptiva.

tamal para demostrar a los votantes mexicano-estadounidenses que era «como ellos» —hasta el punto de que apreciaba su comida—. Popkin comenta que la familiaridad con la comida de un grupo es «una prueba obvia y fácil para relacionarse con los problemas y sensibilidad de un grupo étnico, así como de entenderlo y preocuparse por él» (1994, pág. 3). Más adelante, Popkin confirma que

> los datos [d]emográficos proporcionan un atajo para estimar las preferencias del candidato a nivel de las políticas públicas... Características como la raza, etnia, religión, género y vínculos locales del candidato... son pistas importantes, ya que el votante capta la relación entre estos rasgos y el comportamiento en la vida real como parte de su experiencia diaria. Cuando estas características están estrechamente alineadas con los intereses del votante, proveen una base razonable, accesible y económica para una estimación del comportamiento del candidato (1994, págs. 63-65).

La precisión de estas pistas, y el grado en que ellas predicen la «identificación» (Fenno, 1978, págs. 58-59) o los «intereses comunes» (Bianco, 1994), depende del grado en que las características descriptivas están de hecho alineadas con los intereses de la mayoría de votantes en sus distritos, de modo tal que los representantes que ejercen una representación introspectiva reflejarán las políticas que elegirían sus electores si tuvieran más conocimientos y tiempo para reflexionar.

En la representación introspectiva, tanto la comunicación postelectoral como la *accountability* tradicional entre representante y elector puede ser inexistente, y aun así la relación puede cumplir con las normas democráticas. Ya que esta no es una relación tradicional principal-agente, sino una relación únicamente de selección, las normas democráticas requieren que en el proceso de selección la comunicación sea abierta, precisa, y conducente a que los participantes alcancen una mejor comprensión de sus intereses. Podemos también juzgar la relación en términos normativos haciendo una estimación en tercera persona de los intereses de los electores y el grado en que el representante realmente promueve esos intereses de manera efectiva en la asamblea (Mansbridge, 1998).

Cuando los legisladores se comprometen principalmente con la representación introspectiva, la representación descriptiva ensanchará esa representación sobre todo cuando los intereses están relativamente no cristalizados —esto es, cuando la identificación de partido y los enunciados de campaña proveen indicios pobres acerca de las acciones futuras del representante. En lo referente a los diversos asuntos relativos al género, por ejemplo, donde las posturas están cambiando y las políticas desarrollándose en una forma relativamente *ad hoc* para hacer frente a una situación que evoluciona rápidamente, y si todo lo demás se mantiene igual, probablemente las representantes descriptivas actuarán —más que las no descriptivas— tal como sus electores descriptivos quisieran que actuaran.

Los asuntos raciales, que de alguna manera están más cristalizados en los Estados Unidos que los de género, producen también situaciones en las que un representante descriptivo actúa en un contexto de intereses relativamente no cristalizados. En 1993, cuando Carol Moseley-Braun era la única congresista negra del Senado de los Estados Unidos, se sintió llamada a actuar cuando el senador Jesse Helms adicionó en un apartado de la legislación una enmienda no relacionada que renovaba el diseño de la United Daughters of the Confederacy —un diseño de patente en el que figuraba la bandera de la Confederación—. Moseley-Braun se opuso con vehemencia a que el Senado legitimara la bandera mediante la concesión de esta patente, y consiguió convencer a suficientes senadores para que dieran marcha atrás y liquidaran la medida.[29]

Sin duda alguna era más probable que Moseley-Braun, en tanto afroamericana, se percatara y creyera importante condenar el uso de la bandera confederada en el diseño de patente de la United Daughters of the Confederacy más que el representante blanco

---

29. Adam Clymer, «Daughter of Slavery Hushes Senate», *New York Times*, 23 de julio, 1993. Véase asimismo Gutmann y Thompson (1996, págs. 135-36).

más progresista. El asunto de la bandera no había aparecido previamente en la agenda política de la nación o del Estado de Illinois, base del electorado de Moseley-Braun. Moseley-Braun nunca mencionó el asunto en su campaña. Tampoco habría podido temer sanciones de reelección en ese momento, ya que sin su intervención la enmienda hubiera pasado desapercibida. Usó el asunto para consolidar su posición entre su electorado demócrata en la siguiente elección, pero podríamos imaginar un asunto menos dramático en el cual el resultado no hubiera sido este. La razón más importante de su acción parece haber sido la sensibilidad particular, creada por la experiencia, que la condujo a reparar en la bandera de la Confederación y a sentirse ofendida por ello. Sus características descriptivas —que iban más allá de su color de piel e incluían su uso del lenguaje y sus vínculos con su Iglesia— le habían mostrado tempranamente a sus electores negros esa sensibilidad. Las características visibles fueron los signos externos de la experiencia compartida que le permitieron, en tanto representante, reaccionar como la mayoría de sus electores descriptivos hubieran querido.[30]

Con respecto al género, muchos asuntos relacionados con el acoso sexual y la violencia contra las mujeres tienen relevancia política, pero no se han cristalizado lo suficiente como para que los dos partidos principales en los Estados Unidos hayan desarrollado posiciones distintas y opuestas sobre estos, o para que los candidatos mencionen con frecuencia sus posiciones sobre dichos asuntos en campaña. No es sorpresivo, entonces, que hayan sido las mujeres legisladoras las que usualmente lleven dichos asuntos al escenario legislativo. En Illinois, por ejemplo, la Comisión para el Estatus de la Mujer, un grupo legislativo bipartidista que incluye algunos no legisladores como la antifeminista Phyllis Schlafly, sugirió a la legislatura una ley que, entre otras cosas, instituía el crimen de vio-

---

30. Su experiencia como afroamericana también le ayudó a Moseley-Braun a encontrar las palabras para describir el asunto de forma tal que convencería a los demás senadores a cambiar de opinión. Véase Williams (1998) sobre la «voz».

lación dentro del matrimonio. Este patrón de atención distintiva se ha repetido legislatura tras legislatura. Tener más mujeres en cargos de gobierno sin duda alguna hace que las políticas gubernamentales respondan mejor a los intereses de la mayoría de mujeres.[31]

La representación descriptiva proporcional sin duda reflejaría un abanico más amplio de puntos de vista entre las mujeres, produciendo una sensibilidad más matizada frente a las diferencias al interior del grupo. Reflejar las diferencias internas del grupo es una característica particularmente importante en la deliberación cuando los asuntos están sin cristalizar y pueden estar tomando su forma primera (y posiblemente definitoria).

Los grupos desfavorecidos también pueden necesitar la representación descriptiva con el fin de lograr que sus intereses sustantivos no cristalizados sean representados con suficiente vigor (véase Phillips, 1995, 69 y *passim*, sobre el «grado de defensa vigorosa que la gente ejerce cuando se trata de sus propias preocupaciones»). Como observó Pamela Conover en un contexto diferente,

---

31. Thomas (1994) resume la literatura existente sobre las diferencias de género entre los legisladores y aporta datos propios importantes. Tanto ella como Mezey (1994) señalan que, si bien la afiliación partidista predice la posición feminista mejor que el género femenino en diversos asuntos feministas, el género tiene su propio efecto independiente. Véase también Berkman y O´Connor (1993); Skjeie (1991); Jonasdottir (1988); Strauss (1998). La diversidad representativa (y la masa crítica de importantes subgrupos al interior de esa diversidad) en cualquier grupo descriptivo incrementa enormemente las posibilidades de que perspectivas diversas sean representadas en la deliberación. Por ejemplo, aunque había una mujer negra entre los 16 miembros de la Comisión para el Estatus de la Mujer cuando esta debatió el Acto contra el Abuso Sexual (que también cambió la carga de la prueba en la violación, requiriendo al presunto violador en lugar de a la víctima mostrar que esta última había dado su consentimiento), no resulta claro con qué profundidad, si es que acaso la hubo, la comisión discutió las preocupaciones distintivas de las mujeres negras en torno a este asunto. El diferencial en las tasas de encarcelamiento entre hombres negros y afroamericanos, el legado histórico de linchamientos, y el racismo vigente de la mayoría de las actuales fuerzas policiales complicaban la aprobación por parte de las mujeres negras de una ley así, que traslada la carga de la prueba de consentimiento en la violación desde la víctima hacia el supuesto violador (véase Crenshaw [1991]; Gilmore [1996, cap. 3]; Richie [1996]; Walker [1981]).

[l]a manera en que concebimos los grupos sociales depende enormemente de si hacemos parte del grupo en cuestión. Por mucho que lo intentemos, la simpatía política que sentimos por otros grupos nunca es siquiera parecida a la que sienten los grupos por ellos mismos o a la que nosotros sentimos por nosotros mismos (Conover, 1988, pág. 75).

En el caso de Anita Hill contra Clarence Thomas, por ejemplo, emergió un asunto que involucraba el acoso sexual en las audiencias del Senado para la nominación de Thomas a la Corte Suprema (algo que no podía haber estado en la agenda de los miembros de la Cámara de Representantes cuando se presentaron a elecciones). Fueron las mujeres en la Cámara de Representantes, donde su número había alcanzado una masa crítica, quienes tomaron una acción decisiva. La famosa fotografía de cinco mujeres legisladoras de la Cámara de Representantes ascendiendo por las escaleras del Senado exigiendo el aplazamiento de la nominación de Thomas capturó para muchas mujeres votantes la necesidad de tener representantes de su propio género en el órgano legislativo.

En especial en asuntos que no están cristalizados o que muchos legisladores no han pensado a fondo, la cualidad personal de ser uno mismo parte de un grupo afectado le brinda al legislador cierta fuerza moral al momento de argumentar o pedir un voto favorable sobre alguna cuestión importante para el grupo.[32]

Más allá de la representación sustantiva

Existen dos beneficios más de la representación descriptiva que no amplían la representación sustantiva pero que, no obstante, merecen ser tomados en consideración en cualquier discusión sobre los costes y beneficios de la representación descriptiva. Esos benefi-

---

32. Tomo este punto del representante Barney Frank (comunicación personal, junio de 1998) quien, en tanto legislador abiertamente gay en el Congreso estadounidense, opera como un representante descriptivo subrogado en muchos asuntos referentes a los gais y las lesbianas.

cios se derivan del papel de la asamblea representativa en la construcción del significado social y la legitimidad *de facto*.

La construcción del significado social

En ciertas condiciones históricas, aquello que significa ser miembro de un grupo social en particular incluye algún tipo de «ciudadanía de segunda clase». En términos operativos, esto ocurre casi siempre cuando en algún momento de la historia de la comunidad política el grupo ha sido excluido legalmente del voto. En estas condiciones, el carácter adscriptivo de la pertenencia al grupo conlleva el sentido históricamente arraigado de que «las personas con esas características no gobiernan», con la posible implicación de que «las personas con esas características no son capaces de (aptas para) gobernar».[33]

Cuando esto ocurre, la presencia o ausencia de un número proporcional de individuos en la asamblea legislativa (y en otros órganos de gobierno, como el ejecutivo o el judicial) portadores de las características adscriptivas del grupo moldea el significado social de esas características, de manera que afecta a la mayoría de portadores de esas características en la comunidad política.

Un paralelismo por fuera de la comunidad política puede clarificar el proceso de construcción de significado. Antes de la segunda ola del movimiento de mujeres en los Estados Unidos y de la revolución en los deportes de mujeres que esto trajo consigo, parte de la definición de lo «femenino» era no ser atlética. La definición no era omnicomprensiva: algunas mujeres encontraban formas de ser femeninas y atléticas. Pero de la mayoría de mujeres se esperaba —y ellas mismas lo esperaban— que fueran atletas deficientes. Hoy las jóvenes y mujeres que participan en deportes en las escuelas y universidades han empezado a ser patrocinadas, si bien no a

---

33. El concepto tiene una palabra en alemán: *Regierungsfahig*, «apto para gobernar».

niveles comparables con los de los jóvenes y hombres. Las mujeres atletas están en las noticias —aunque, de nuevo, no en el mismo grado que los hombres—. Estos hechos sociales cambiaron la definición de lo que es ser femenina en relación con lo atlético de tal forma que afecta a cada mujer independientemente de su orientación y sus acciones.

Del mismo modo, cuando las características descriptivas apuntan a diferencias mayores de estatus relacionadas con la ciudadanía, un bajo porcentaje de un grupo descriptivo dado en el órgano representativo produce significados sociales ligados a esas características que afectan a todos los portadores de las mismas. Porcentajes bajos de representantes negros o mujeres, por ejemplo, producen el sentido de que los negros y las mujeres no pueden gobernar, o que no son aptos para hacerlo.

En 1981, Virginia Shapiro argumentaba que un aumento en la representación descriptiva de las mujeres en las legislaturas socavaría la percepción respecto a que la política es un «dominio masculino» (1981, pág. 712; véase igualmente Phillips, 1995, págs. 39, 79 y sigs.). En 1976, Mack Jones informaba que el creciente número de servidores negros elegidos en el sur había cambiado la cultura política de la región: «La idea de que los negros son participantes políticos en lugar de súbditos se ha convertido en la norma» (1976, pág. 406). En 1989, un miembro negro de la Cámara de Representantes de Arkansas decía que trabajaba ayudando a que los negros fueran elegidos a nivel local porque quería disipar «el mito que tienen ciertos chicos blancos respecto a que los negros no pueden ser servidores públicos o no deberían servir en los tribunales» (citado en Guinier, 1994, pág. 54; véanse igualmente págs. 34, 36). Sin embargo, si las mujeres representantes son casi todas blancas y los representantes negros son casi todos hombres, el mensaje implícito es que las mujeres negras no pueden o no deben gobernar. Un mensaje similar es válido para los hombres gais y las mujeres lesbianas.

Esta es una dinámica históricamente específica y contextual. En términos normativos, reclamar una representación descriptiva por estos motivos exige fundamentar históricamente la afirmación fáctica de que el significado social de la pertenencia a un determinado grupo descriptivo incorpora un legado de ciudadanía de segunda clase. Tal reivindicación podría apuntar, como confirmación, a una historia de privación legal del voto.

Un coste mayor de esta demanda, adicional al problema del esencialismo discutido anteriormente, es que el proceso mismo de efectuar una demanda sobre una incapacidad histórica hasta cierto punto debilita otras demandas realizadas en otras áreas por miembros del grupo que, en la actualidad, han alcanzado el estatus de ciudadanos de primera categoría. Como sucede con cualquier demanda de justicia que apela a desventajas, señalar públicamente esa desventaja erosiona la visibilización pública del grupo como plenamente igualitario frente a los demás. Este coste tiene que balancearse frente al beneficio de crear nuevos significados sociales que incluyan a miembros del grupo como verdaderamente «capaces de gobernar».

Demandas así, en parte basadas en el concepto de reparación, en teoría no entrañan el coste de retratar al grupo como desfavorecido, ya que —tal como fue el caso de restitución de la propiedad en los países del antiguo bloque soviético— las demandas de reparación pueden ser y son hechas por sus iguales (o superiores) políticos, económicos y sociales. No obstante, las demandas de reparación requieren establecer una historia intencional de injusticia, así como argumentar de forma convincente que una determinada forma de reparación (en este caso estableciendo alguna forma de representación descriptiva selectiva) es la mejor manera de reparar esa injusticia.[34]

---

34. Al distinguir entre «nacionalidades» minoritarias y «grupos étnicos» minoritarios dentro del Estado-nación, Kymlicka (1995) ofrece un argumento convincente sobre la base de reparaciones para las nacionalidades a través de formas de representación separadas de las de la mayoría de la población. Aunque Kymlicka no apoya la representación descriptiva para los grupos étnicos minoritarios o las mujeres, un caso histórico similar puede plantearse para formas temporales de representación descrip-

El punto aquí en favor de la creación de significado social es un argumento no en favor de un derecho sino de un bien social. El argumento es, simplemente, que, si los costes no son demasiado altos, cualquier medida es buena si incrementa el grado en que la sociedad en su conjunto concibe a todos (o casi todos) los grupos descriptivos como igualmente capaces de gobernar.

Legitimidad de facto

Un segundo beneficio de la representación descriptiva proviene de la creciente legitimidad empírica (o sociológica, o *de facto*) de la comunidad política. Atestiguar números proporcionales de miembros de su grupo ejerciendo la responsabilidad de gobernar en la legislatura con un estatus pleno puede ensanchar la legitimidad *de facto* al hacer que los ciudadanos y, particularmente, los miembros de grupos históricamente subrepresentados, sientan como si ellos mismos estuvieran presentes en las deliberaciones (Gosnell, 1948, pág. 131, citado en Pitkin, [1967] 1972, pág. 78; también Guinier, 1994, págs. 35, 39; Kymlicka, 1993, pág. 83; Minow, 1991, págs. 286 n. 69, 291; Phillips, 1995). Observar a mujeres de la Cámara de Representantes tomar las escaleras del Senado, por ejemplo, hizo que algunas mujeres se sintieran activamente representadas de una forma tal que una fotografía de legisladores hombres nunca hubiera conseguido.

En gran medida este beneficio es consecuencia de los anteriores. La facilidad de comunicación con quien nos representa, el saber que nuestros intereses están siendo representados con sensibilidad y que ciertas características de nuestra identidad no nos

---

tiva selectiva. Véase Williams (1998) acerca de la «memoria», quien sugiere una representación descriptiva selectiva desde dos únicos criterios, la inequidad contemporánea y una historia de discriminación. El uso exclusivo de estos criterios generaría como candidatos a la representación descriptiva selectiva a los asiáticos, los latinos, los jóvenes de 18 a 21 años y los desprovistos de propiedad, entre otros grupos.

marcan como menos capaces de gobernar, son cosas que contribuyen a hacernos sentir más incluidos en la comunidad política. A su vez, este sentimiento de inclusión hace a la comunidad política más legítimamente democrática a nuestros ojos. El haber tenido voz en la confección de una política particular, aun si esa voz se dio a través de un representante y nuestra posición no prevaleció, también hace más legítima esa política a nuestros ojos.[35]

Estos sentimientos están profundamente entrelazados con aquello que a menudo ha sido visto como los beneficios «psicológicos» de la representación descriptiva subrogada para aquellos votantes que, dado el sesgo selectivo en contra de sus características, están menos que proporcionalmente representados en la legislatura. La necesidad de modelos de conducta, para identificarse y para lo que Charles Taylor (1992) ha llamado «dignidad igualitaria» y «políticas del reconocimiento», puede asimilarse bajo este modelo. En diversos momentos históricos, esos factores pueden ser de gran importancia para un electorado particular.

Enfatizo la creación de significado social y la legitimidad *de facto* en lugar de, digamos, la necesidad de modelos de conducta del lado de los individuos del grupo descriptivamente subrepresentado, precisamente porque argumentos como este han sido usualmente presentados como cuestiones de psicología indivi-

---

35. Heilig y Mundt (1984) encontraron que si bien el cambio de sistemas de distritos congresionales *at-large** a unos de un solo miembro en la década de 1970 incrementaron el número de miembros negros y mexicanos- estadounidenses en los concejos de las ciudades, las restricciones fiscales de las ciudades eran tan grandes que, aun alcanzando una mayoría del grupo en el concejo, se produjeron pocos resultados que afectaran en gran medida a los ciudadanos (véase igualmente Karnig y Welch, 1980). Al mismo tiempo, sin embargo, hallaron que miembros del concejo de distritos con bajos ingresos eran mucho más propensos que los representantes generales a adoptar un papel de «defensor del pueblo», ayudando a los electores con problemas personales y servicios gubernamentales. *N. del T.: Los distritos *at-large* se refieren a «toda la membresía o la población (particularmente una ciudad, condado, Estado, provincia, nación, club o asociación), en lugar de un subconjunto de la membresía o población». Tomado de: https://www.eac.gov/sites/default/files/glossary_files/Glossary_Spanish.pdf

dual.[36] Quiero señalar en cambio que el sentido social existe fuera de las cabezas de los miembros del grupo descriptivo, y que la legitimidad *de facto* tiene consecuencias sustantivas.

Concuerdo en que las relaciones sociales al interior de y entre grupos pueden tener efectos importantes sobre la identidad individual. Es importante que los miembros de un grupo desaventajado no se den, en palabras de Taylor, «una imagen despectiva de sí mismos» (1992, pág. 44). Desde esta perspectiva, si los costes no son demasiados, debemos promover la diversidad en todas las posiciones de autoridad y excelencia. La gente joven en particular necesita ese tipo de modelos de conducta. No tengo nada que objetar sobre esto. Pero considero de (aún) mayor importancia los efectos del significado social en las percepciones y acciones de los miembros de los grupos más aventajados. A veces son más numerosos, y más poderosos. Mi objetivo, para resumir, es cambiar más la psicología de los que «tienen» y menos la psicología de quienes «no tienen».

Por razones similares no hago el contraste entre representación «simbólica» y «sustantiva». En los contextos políticos la palabra «símbolo» a menudo arrastra el modificador implícito de «mero». Más aún, los símbolos son con frecuencia percibidos como algo que «solo» está en la cabeza de las personas en lugar de ser «reales». Las necesidades psicológicas son intangibles, y fácilmente nos podemos equivocar al contraponer lo «intangible» con lo «real» (como señala Swain, 1993, pág. 211). En la mayoría de escritos sobre este tema, se ha restado importancia a las consecuencias estructurales de la representación descriptiva en favor de las psicológicas, de formas tales que no considero reflejen su relativa y real influencia en la vida política contemporánea.

---

36. Sobre modelos de conducta, véase, por ejemplo, la entrevista con el representante Craig Washington en Swain (1993, pág. 193). Preston (1978, pág. 198) y particularmente Cole (1976, págs. 221-23) enfatizan lo que denomino significado social.

Institucionalizando formas fluidas de representación descriptiva

Debido a que privilegiar una característica —por encima de otras— que amplíe la representación sustantiva precisa conlleva siempre un coste, tanto los votantes como los encargados del diseño institucional tienen que sopesar esos beneficios en contra de los costes. Y ya que he argumentado que los beneficios de la representación descriptiva varían ampliamente de acuerdo al contexto, resulta prudente, al construir una representación descriptiva en cualquier diseño democrático institucional, hacer que su rol sea fluido, dinámico y fácilmente modificable.

Este análisis sugiere que los votantes y los diseñadores de instituciones representativas deben aceptar algunos de los costes de la representación descriptiva en determinadas circunstancias históricas cuando (1) la comunicación está deteriorada, a menudo por la desconfianza; (2) los intereses se encuentran relativamente sin cristalizar; (3) un grupo ha sido alguna vez considerado como no apto para gobernar y (4) la legitimidad *de facto* es baja dentro del grupo. El carácter contextual de este análisis sugiere con claridad que es mejor mantener fluida cualquier institucionalización de la representación descriptiva. Es mejor que las formas microcósmicas de representación descriptiva sigan siendo consultivas y experimentales durante un tiempo, tal como lo son en la actualidad. Es mejor también mantener las formas selectivas en su forma experimental. Las cuotas permanentes son relativamente indeseables porque son tanto estáticas como altamente esencializadoras. Suponen, por ejemplo, que cualquier mujer puede representar a todas las mujeres; cualquier negro a todos los negros. No responden bien a los intereses polifacéticos y transversales de los electores.

Trazar fronteras políticas para producir distritos homogéneos es asimismo relativamente estático y esencializador. La votación acumulada en los distritos *at-large* (Guinier, 1994) es mucho más fluida, ya que permite a los individuos escoger si quieren emitir todos sus votos en favor de un representante descriptivo o dividirlos entre representantes diferentes, cada uno de los cuales puede representar diferentes facetas de los intereses de los votantes. Tales sistemas, sin embargo, tienen sus propios costes de colusión entre partidos para producir candidatos no competitivos y la consecuente desmovilización del votante.[37] Los sistemas de representación proporcional con listas de partido tienen costes bien conocidos, pero aun así son una manera relativamente flexible de introducir la representación descriptiva selectiva, pues esas listas pueden cambiar fácilmente en cada elección.[38] Del mismo modo, las decisiones experimentales de los partidos políticos con respecto a que cierto porcentaje de candidatos sean representativos descriptivamente de un grupo subrepresentado son preferibles a las cuotas fijadas por ley o por las constituciones. Esos arreglos *ad hoc* pueden ser flexibles a lo largo del tiempo.

Menos notorios, aunque sin duda también menos eficaces en lo inmediato, son otros «dispositivos facilitadores» como las escuelas para potenciales candidatos (Phillips, 1995, pág. 57), y las reformas dirigidas a reducir las barreras de la representación, como aquellas estudiadas por la Comisión Real sobre Reforma Electoral de Canadá: «Topes en los gastos de campaña para nominar candidatos; financiación pública de gastos para nominar candidatos [...] establecimiento de comités formales de selección dentro de cada partido para ayudar a identificar y nominar candidatos potenciales de grupos desfavorecidos, y así sucesivamente»

---

37. El Estado de Illinois utilizó la votación acumulativa hasta que el proceso fue eliminado en 1982 en un esfuerzo por disminuir costes que redujo el tamaño de la asamblea. El sistema de votación acumulativa produjo una gran representación proporcional de demócratas y republicanos en el parlamento estatal, mas no una gran variedad de opciones para el elector, debido a que por razones estratégicas los dos partidos presentaban en conjunto solo tres candidatos para los tres puestos disponibles en cada distrito (Sawyer y MacRae, 1962; Adams, 1996).

38. Véase Zimmerman (1992, 1994) acerca de las características positivas y negativas de la votación acumulativa y las diferentes formas de representación proporcional.

(Kymlicka, 1993, pág. 62). Bonos para cuidado de la primera infancia o jardines infantiles de alta calidad en el espacio de trabajo de los oficiales electos reducirían las barreras de entrada para padres y madres de niños pequeños. Las becas para escuelas de derecho para miembros de grupos históricamente desfavorecidos y subrepresentados proporcionalmente reducirían otra importante barrera de entrada.[39] En términos más generales, este enfoque busca identificar y, entonces, reducir las barreras estructurales específicas para la actividad política formal que sirven para reducir los porcentajes de grupos desfavorecidos particulares en cargos públicos (véase Tabla 1).

TABLA 1. Institucionalizando formas fluidas de representación descriptiva

MENOS FLUIDAS

1. Cuotas en las constituciones.
2. Cuotas en la ley.
3. Cuotas en los cargos de los partidos.
4. Distritos homogéneos.
5. Cuotas en las decisiones de partidos.
6. Representación proporcional y/o votación acumulativa.
7. «Dispositivos facilitadores»:
   a. Escuelas y financiamiento para potenciales candidatos.
   b. Topes en los gastos de campaña para nominar candidatos.
   c. Financiación pública de gastos para nominar candidatos.
   d. Establecimiento de comités formales de selección dentro de cada partido para ayudar a identificar y nominar candidatos potenciales de grupos desventajados.
   e. Jardines infantiles de alta calidad en el espacio de trabajo de los oficiales electos.
   f. Becas para escuelas de derecho para miembros de grupos históricamente desfavorecidos y subrepresentados proporcionalmente.

MÁS FLUIDAS

Este artículo persigue ir más allá de un enfoque dicotómico en relación con la representación descriptiva. Argumenta que la representación descriptiva no siempre es necesaria, sino que, antes bien,

---

39. Al dirigir la atención al grupo de elegibles, Darcy, Welch, y Clark (1987, pág. 101) indican que el porcentaje de mujeres en el parlamento estatal se elevó entre 1970 y 1984 a la par que el porcentaje de mujeres en las escuelas de derecho.

el enfoque más adecuado de la representación descriptiva es contextual, y se pregunta cuándo los beneficios de una representación tal probablemente excederían sus costes. La representación es en parte un proceso deliberativo. Reconocer esta función deliberativa nos debe alertar acerca de contextos de comunicación deteriorada por la desconfianza y de contextos con intereses relativamente no cristalizados. En ambos, la representación descriptiva usualmente promueve la representación sustantiva de intereses al mejorar la calidad de la deliberación. Los sistemas de representación también cuentan con externalidades, más allá del proceso de deliberación como tal, en la creación de significado político y legitimidad. Reconocer esas externalidades debe alertarnos sobre esos contextos anteriores donde se cuestionó la posibilidad de un grupo para gobernar, así como sobre los contextos de baja legitimidad. En ambos contextos, la representación descriptiva usualmente produce beneficios que se extienden a lo largo de todo el sistema político.

Bibliografía

Adams, Greg D. (1996). «Legislative Effects of Single-Member Vs. Multi-Member Districts», *American Journal of Political Science*, 40(1): 1, 29-44.

Aminzade, R. (s.f.). «Racial Formation, Citizenship, and Africanization», *Social Science History* (en prensa).

Bachrach, P.; Baratz, M. (1963). «Decisions and Non-Decisions: An Analytical Framework», *American Political Science Review*, 57(3): 632-42.

Barber, B. R. (1984). *Strong Democracy: Participatory Politics for a New Age*, University of California Press, Berkeley.

Berkman, M. B.; O'Connor, R. E. (1993). «Do Women Legislators Matter?», *American Politics Quarterly*, 21(1): 102-24.

Bernstein, R. A. (1989). *Elections, Representation, and Congressional Voting Behavior*, Prentice Hall, Englewood Cliffs, NJ.

Bianco, W. T. (1994). *Trust: Representatives and Constituents*, University of Michigan Press, Ann Arbor.

Birch, A. H. (1964). *Representative and Responsible Government*, Allen and Unwin, Londres.

— (1993). *The Concepts and Theories of Modern Democracy*, Routledge, Londres.

Boyle, C. (1983). «Home Rule for Women: Power Sharing between Men and Women», *Dalhousie Law Journal*, 7(3): 790-809.

Burke, E. [1792] (1871). «Letter to Sir Hercules Langriche», en *The Works of the Right Honorable Edmund Burke*, vol. 4, Little, Brown, Boston.

Burnheim, J. (1985). *Is Democracy Possible?*, University of California Press, Berkeley.

Callenbach, E.; Phillips, M. (1985). *A Citizen Legislature*, University of California Press, Berkeley.

Cole, L. A. (1976). *Blacks in Power: A Comparative Study of Black and White Officials*, Princeton University Press, Princeton.

Collins, P. Hill (1990). *Black Feminist Thought*, Allen and Unwin, Londres.

Conover, P. Johnston (1988). «The Role of Social Groups in Political Thinking», *British Journal of Political Science*, 18(1): 5 1-76.

Crenshaw, K. (1991). «"Mapping the Margins": Intersectionality, Identity Politics, and Violence against Women», *Stanford Law Review*, 43(6): 1241-99.

— (1992). «Whose Story Is It Anyway? Feminist and Antiracist Appropriations of Anita Hill», en *Race-ing Justice, En-Gendering Power: Essays on Anita Hill, Clarence Thomas, and the Construction of Social Reality*, Toni Morrison, Pantheon, Nueva York.

Crosby, N. (1995). «Citizen Juries: One Solution for Difficult Environmental Problems», en *Fairness and Competence in Citizen Participation*, Ortwin Renn *et al.* (eds.), Kluwer Academic Publishers. Nonuell, MA.

— (1996). «Creating an Authentic Voice of the People», ponencia presentada en el Annual meeting of the Midwest Political Science Association, Chicago.

Dahl, R. A. (1957). «The Concept of Power», *Behavioral Science*, 2: 201-15.

__ (1977). «On Removing Certain Impediments to Democracy in the United States», *Political Science Quarterly*, 92(1): 1-20.

__ (1985). *Controlling Nuclear Weapons*, Syracuse University Press, Syracuse.

__ (1992). «The Problem of Civic Competence», *Journal of Democracy*, 3(4): 45-59.

__ 1997. «On Deliberative Democracy». *Dissent*, 44(3): 54-58.

Darcy, R.; Welch, S.; Clark, J. (1987). *Women, Elections, and Representation*. Longman, Nueva York.Longman.

de la Garza, R. O.; DeSipio, L. (1993). «Save the Baby, Change the Bathwater, and Scrub the Tub: Latino Electoral Participation after Seventeen Years of Voting Rights Coverage», *Texas Law Review*, 71(7): 1479-1539.

Diamond, I. (1977). *Sex Roles in the State House*, Yale University Press, New Haven.

Elster, Jon (1999). «La domesticación del azar: la selección aleatoria en las decisiones individuales y sociales», en *Juicios salomónicos: las limitaciones de la racionalidad como principio de decisión*, Gedisa, Barcelona.

Fenno, R. F., Jr. (1978). *Home Style: House Members in Their Districts*, Little, Brown, Boston.

Fishkin, J. (1991). *Democracy and Deliberation*, Yale University Press, New Haven.

— (1995). *The Voice of the People*, Yale University Press, New Haven.

— (1996). *The Dialogue of Justice*, Yale University Press, New Haven.

Fuss, D. (1989). *Essentially Speaking: Feminism, Nature, and Difference*, Routledge, Nueva York.

Gay, C. (1996). «The Impact of Black Congressional Representation on the Behavior of Constituents», ponencia presentada en el encuentro anual de la Midwest Political Science Association, Chicago.

Gilmore, G. E. (1996). *Gender and Jim Crow*, University of North Carolina Press, Chapel Hill.

Gosnell, H. Foote (1948). *Democracy: The Threshold of Freedom*, Ronald Press, Nueva York.

Griffiths, A. Phillips; Wollheim, R. (1960). «How Can One Person Represent Another?», *Aristotelian Society*, vol. suplementario, 34: 182-208.

Grofman, B. (1982). «Should Representatives Be Typical of Their Constituents?», en *Representation and Redistricting Issues*, Bernard Grofman *et al.* (eds.), D. C. Heath, Lexington, MA.

Guinier, L. (1994). *The Tyranny of the Majority: Fundamental Fairness in Representative Democracy*, Free Press.

Gutmann, A.; Thompson, D. (1996). *Democracy and Disagreement*. Harvard University Press, Cambridge.

Harris, A. (1990). «Race and Essentialism in Legal Theory», *Stanford Law Review*, 42(3): 581-616.

Haynes, E. (1997). «Women and Legislative Communication» (manuscrito), Harvard University.

Heilig, P.; Mundt, R. J. (1984). *Your Voice at City Hall: The Politics. Procedures, and Policies of District Representation*, State University of New York Press, Albany.

Hyde, J. Shibley (1990). «Meta-Analysis and the Psychology of Gender Differences», *Signs* 16(1): 5-73.

Jackson, J. E.; King, D. C. (1989). «Public Goods, Private Interests, and Representation», *American Political Science Review*, 83(4): 1143-64.

Jonasdottir, A. G. (1988). «On the Concept of Interest: Women's Interests and the Limitations of Interest Theory», en *Tile Political Interests of Gender*, K. B. Jones y A. G. Jonasdottir (eds.), Sage, Beverly Hills.

Jones, Mack H. (1976). «Black Office-Holding and Political Development in the Rural South», *Review of Black Political Economy* 6(4): 375-407.

Karnig, A. K.; Welch, S. (1980). *Black Representation and Urban Policy*, University of Chicago Press, Chicago.

Kingdon, J. W. (1981). *Congressmen's Voting Decisions*, Harper and Row, Nueva York.

Kymlicka, W. (1993). «Group Representation in Canadian Politics», en *Equity and Community: The Charter; Interest Advocacy and Representation*, F. L. Siedle (ed.), Institute for Research on Public Policy, Montreal.

— (1996). *Ciudadanía multicultural. Una teoría liberal de los derechos de las minorías*, Paidós, Barcelona.

Lublin, D. (1997). *The paradox of Representation: Racial Gerrymandering and Minority Interests in Congress*, Princeton University Press, Princeton.

Madison, J. [1788] (1987). «Federalist Ten», en *The Federalist Papers*, Isaac Kramnick (ed.), Penguin, Nueva York.

Manin, B. [1995] (1997). *The Principles of Representative Government*, Cambridge University Press, Cambridge.

Mansbridge, J. [1980] (1983). *Beyond Adversary Democracy*, University of Chicago Press.

— (1981). «Living with Conflict: Representation in the Theory of Adversary Democracy», *Ethics* 91(1): 466-76.

— (1986). *Why We Lost the ERA*, University of Chicago Press, Chicago.

— (1993). «Feminism and Democratic Community», en *Democratic Community: NOMOSXXXVI*, John W. Chapman e Ian Shapiro (eds.), New York University Press, Nueva York.

— (1996). «Using Power/Fighting Power: The Polity», en *Democracy and Difference: Contesting the Boundaries of the Political*, Seyla Benhabib (ed.), Princeton University Press, Princeton.

— (1998). «The Many Faces of Representation» (borrador), John F. Kennedy School of Government, Harvard University.

Mezey, S. Gluck (1994). «Increasing the Number of Women in Office: Does It Matter?», en *The Year of the Woman: Myths and Realities*, Elizabeth Adell Cook, Sue Thomas y Clyde Wilcox (eds.), Westview Press, Boulder.

Minow, M. L. (1991). «From Class Actions to Miss Saigon», *Cleveland State Law Review*, 39 (3): 269-300.

Morone, J. A.; Marmor, T. R. (1981). «Representing Consumer Institutions: The Case of American Health Planning», *Ethics* 91: 431-50.

Mueller, D. C.; Tollison, R. D.; Willett, T. D. (1972). «Representative Democracy via Random Selection», *Public Choice*, 12: 57-68.

Nagel, J. H. (1992). «Combining Deliberation and Fair Representation in Community Health Decisions», *University of Pennsylvania Law Review*, 140(5): 2101-21.

Orren, G. (1997). «Fall from Grace: The Public's Loss of Faith in Government», en *Why People Don't Trust Government*, Joseph S. Nye Jr., Philip D. Zelikow y David C. King (eds.), Harvard University Press, Cambridge.

Pennock, J. R. (1979). *Democratic Political Theory*, Princeton University Press, Princeton.

Phillips, A. (1992). «Democracy and Difference», *Political Quarterly*, 63(1): 79-90.

— (1995). *The Politics of presence*, Oxford University Press, Oxford.

Pinderhughes, D. (1987). *Race and Ethnicity in Chicago Politics*, University of Illinois Press, Urbana.

Pitkin, H. Fenichel [1967] (1972). *The Concept of Representation*, University of California Press, Berkeley.

Popkin, S. L. (1994). *The Reasoning Voter*, University of Chicago Press, Chicago.

Preston, M. (1978). «Black Elected Officials and Public Policy: Symbolic and Substantive Representation», *Policy Studies Journal*, 7(2): 196-201.

Richie, B. (1996). *Compelled to Crime: The Gender Entrapment of Battered Black Women*, York: Routledge, Nueva York.

Sapiro, V. (1981). «When Are Interests Interesting?», *American Political Science Review*, 75(3): 701-16.

Sawyer, J.; MacRae, D. (1962). «Game Theory and Cumulative Voting in Illinois: 1902-1954», *American Political Science Review*, 56: 936-46.

Schlozman, K.; Mansbridge, J. (1979). Reseña de *Sex Roles in the State House* de Irene Diamond, *Harvard Educational Review*, 49: 554-56.

Skjeie, H. (1991). «The Rhetoric of Difference: On Womens Inclusion into Political Elites», *Politics and Society*, 19(2): 233-63.

Spelman, E. (1988). *Inessential Woman: Problems of Exclusion in Feminist Thought*, Beacon Press, Boston.

Stimson, J. A.; Mackuen, M. B.; Erikson, R. S. (1995). «Dynamic Representation», *American Political Science Review*, 89(3): 543-65.

Strauss, J. E. (1998). «Women in Congress: The Difference They Make» (tesis doctoral), Northwestern University.

Swain, C. M. (1992). «Double Standard Double Bind: African-American Leadership after the Thomas Debacle», en *Race-ing Justice, En-Gendering Power: Essays on Anita Hill, Clarence Thomas, and the Construction of Social Reality*, Toni Morrison (ed.), Pantheon, Nueva York.

Swain, C. M. (1993). *Black Faces, Black Interests: The Representation of African Americans in Congress*, Harvard University Press, Cambridge.

Tannen, D. (1994). *Gender and Discourse*, Oxford University Press, Nueva York.

Taylor, C. (1992). *Multiculturalism and the Politics of Recognition*, Princeton University Press, Princeton.

Thomas, S. (1994). *How Women Legislate*, Oxford University Press, Nueva York.

Voet, R. (1992). «Gender Representation and Quotas», *Acta Politica*, 4: 389-403.

Walker, A. (1981). «Advancing Luna-and Ida B. Wells», en *You Can't Keep a Good Woman Down*, New York: Harcourt Brace Jovanovich, Nueva York.

Weissberg, R. (1978). «Collective vs. Dyadic Representation in Congress», *American Political Science review*, 72(2): 535-47.

West, C. (1992). «Black Leadership and the Pitfalls of Racial Reasoning», en *Race-ing Justice, En-Gendering Power: Essays on Anita Hill, Clarence Thomas, and the Construction of Social Reality*, Toni Morrison (ed.), Pantheon, Nueva York.

Williams, M. S. (1998). *Voice, Trust, and Memory: Marginalized Groups and the Failings of liberal Representation*, Princeton University Press, Princeton.

Young, I. M. (1990). *Justice and the Politics of Difference*, Princeton University Press, Princeton.

— (1994). «Gender as Seriality: Thinking about Women as a Social Collective», *Signs*, 19(3): 713-38.

— (1997). «Deferring Group Representation», en *Ethnicity and Group Rights: NOMOSXXYIX*, Ian Shapiro y Will Kymlicka (eds.), New York University Press, Nueva York.

Zimmerman, J. F. (1992). «Fair Representation for Women and Minorities», en *United States Electoral Systems: Their Impact on Women and Minorities*, Wilma Rule y Joseph F. Zimmerman (eds.), Greenwood Press, Westport, CT.

— (1994). «Alternative Voting Systems for Representative Democracy», *PS.: Political Science and Politics*, 27(4): 674-77.

5
Susan Moller Okin[1]

Brooke Ackerly, Jane Mansbridge,
Nancy Rosenblum, Molly Shanley,
J. Ann Tickner, Iris Marion Young

La entrada sobre «justicia» en *A Certain World: Commonplace Book* de W. H. Auden, escrita por J. G. Seume, advierte: «Quienquiera que sufra de la enfermedad de no poder soportar injusticia alguna, no debe nunca mirar afuera de la ventana sino permanecer en su habitación con la puerta cerrada. También le iría bien si, quizás, se deshace de su espejo» (Auden, 1970, pág. 207). Susan Moller Okin sufrió de esta enfermedad, pero rechazó el consejo del poeta. Abrió la puerta y miró en el espejo; sus escritos reflejaron sensibilidad hacia la injusticia y una aguda conciencia respecto a que su posición de privilegio y su buena fortuna hicieron de su trabajo un imperativo moral. El talante de su trabajo quedó establecido por su sensibilidad política frente a las consecuencias de la

---

1. Publicado originalmente en inglés en: Ackerly, B., Mansbridge, J., Rosenblum, N., Shanley, M., Tickner, J. A., & Young, I. M. (2004). Susan Moller Okin. *PS: Political Science and Politics, 37*(4), 891-893.

fortaleza y la debilidad y la infatigable atención a los aconteci-mientos de nuestro mundo.

Okin fue una liberal —o, como ella decía a veces, una «humanista»-feminista—. Su trabajo estuvo basado en la preocu-pación de la teoría liberal por la libertad individual y el bienestar y en el marco político de derechos y protecciones constitucionales en contra del abuso de poder. En una ponencia presentada en el Taller en Género y Filosofía del área de Boston en 2004, insistía en que «el liberalismo, debidamente entendido, con su rechazo radi-cal a aceptar la jerarquía y su foco en la libertad e igualdad de los individuos, es crucial para el feminismo». Cuando no tomamos al individuo lo suficientemente en serio, tanto las mujeres al interior de las familias como las mujeres al interior de comunidades mino-ritarias experimentan la injusticia.

En su primer libro, *Women in Western Political Thought* [Las mujeres en el pensamiento político occidental] (Okin, 1979), Okin utilizó los trabajos de Platón, Aristóteles, Rousseau y Mill para preguntar «si las tradiciones existentes de la filosofía política pue-den soportar la inclusión de las mujeres en su objeto de estudio». Su respuesta fue que no podían, ya que la mayoría de filósofos asumieron una división tajante entre el campo de la acción pública y el de la vida familiar. Sus visiones de las mujeres y la familia a menudo situaron a esos autores en tensión con ellos mismos. In-cluso Mill, quien como Platón objetó la atribución de roles social-mente prescritos a la así llamada naturaleza de las mujeres, fracasó en reconocer la tensión de abogar por la apertura de todas las ocu-paciones a la mujer mientras asumía que la mayoría de mujeres debían casarse y ser amas de casa por elección.

El *tour de force* de *Justice, Gender and the Family* [Justicia, gé-nero y familia] (Okin, 1989) fue haber tomado a cuatro filósofos y teóricos políticos del momento (MacIntyre, Nozick, Rawls y Walzer) y mostrar que haber tenido en cuenta a las mujeres hubie-ra devastado o alterado radicalmente los puntos centrales de cada uno de sus argumentos. El argumento por el cual Okin es más conocida es su desafío a *Teoría de la Justicia* de Rawls. En la «posición original», bajo el «velo de ignorancia», el experimento de pensamiento que identifica los principios de justicia para una democracia constitucional, Rawls falló en incluir el reconocimiento del propio sexo dentro de las características acerca de las cuales una persona permanecería ignorante al acordar su ingreso en una sociedad hipotética. Si terminas siendo una mujer, señaló Okin, querrás más reformas políticas y sociales que aquellas sugeridas por Rawls; en particular, querrás asegurar justicia *al interior* de la familia. Fue una crítica devastadora, que se hizo necesaria por la decepcionante continuidad de los filósofos contemporáneos en un patrón de negligencia frente a las mujeres y el género en la historia del pensamiento político. Uno de sus últimos textos, «"Cuarenta hectáreas y una mula" para las mujeres. Rawls y el feminismo» (que apareció en *Politics, Philosophy and Economics*) (Okin, 2005), fue una sombría evaluación de los muy limitados cambios que Rawls hizo en respuesta a esa crítica. Rawls concedió que la familia era parte de la estructura básica, con un poderoso efecto en la distribución de deberes y derechos fundamentales, mas no aplicó los principios de justicia a la vida interna de la familia.

Una opinión común y simplista es que cualquier desafío a la división público/privado es un desafío al liberalismo. Okin mostró qué hay de equivocado en ese lugar común. La interacción entre la vida pública y la privada produce jerarquías de género en ambas. Padres, madres y profesores de niñas criadas bajo el supuesto de que su destino es llegar a ser amas de casa y madres, no invertirán ni atención ni dinero en su educación para que lleguen a realizar otras tareas. Por tanto, las opciones para las mujeres jóvenes de obtener un buen salario en un trabajo que las satisfaga fuera de la casa son limitadas. Una mujer estará mejor si se une con un hombre, quien es más probable que pueda obtener un ingreso mensual o salario. El salario relativamente bajo que las mujeres obtienen en el mercado laboral remunerado refuerza la asignación del trabajo doméstico a la mujer, y hace que muchas mujeres dependan del salario masculino con la esperanza de obtener una vida de clase media. La inequidad en la división doméstica del trabajo fomenta un ambiente de trabajo sexista que contribuye a un campo de juego desigual. En lo que ha venido en llamarse el ciclo de la vulnerabilidad, Okin explica cómo esta dinámica hace vulnerable a las mujeres tanto dentro del matrimonio como fuera de este.

> [L]as inequidades entre los sexos en el espacio de trabajo y la casa se refuerzan y exacerban entre sí. No es necesario elegir entre dos explicaciones alternativas que compiten entre sí acerca de las inequidades entre hombres y mujeres en el espacio de trabajo —el enfoque del «capital humano», que argumenta que debido a las expectativas acerca de su vida familiar, las mujeres *escogen* ingresar en trabajos más específicos, mal remunerados y sin futuro, y la explicación sobre la discriminación en el espacio laboral, que sitúa la culpa en factores que escapan al control de las empleadas mujeres—. Cuando se reconoce la crucial importancia de la estructura de género del matrimonio y las expectativas que se derivan de esto, estas explicaciones pueden verse, en cambio, como razones complementarias de la inequidad de género. *Un ciclo de relaciones y decisiones de poder permean tanto la familia como el espacio de trabajo, y las inequidades presentes en una refuerzan aquellas ya presentes en la otra* (Okin, 1989, pág. 146).

La división del trabajo en la familia, estructurada a partir del género, condiciona la vida de las mujeres solteras, especialmente aquellas con hijos, así como las de las mujeres que sostienen relaciones con hombres. El matrimonio y la familia son «los pivotes de un sistema social de género que convierte a las mujeres en vulnerables a la dependencia, la explotación y el abuso».

El liberalismo de Okin emergió como un feroz credo de lucha en *¿Es el multiculturalismo malo para las mujeres?* (Okin, 1999). Su posición era clásicamente liberal: escéptica de la autoridad y vigilante frente a abusos del poder sin control alguno, incluyendo las a menudo pretendidas autoridades de grupos religiosos o culturales y el poder ejercido sobre los vulnerables. Okin mostró un gran coraje en este trabajo, provocando el rechazo tanto de la derecha como de la izquierda. Argumentó en contra de aceptar las inequidades de género enraizadas en las comunidades culturales y religiosas y señaló que la disposición liberal para otorgar exenciones a las garantías constitucionales para los pueblos indígenas y las minorías culturales iliberales a veces ponía a las mujeres de esos grupos en riesgo. En tanto liberal *feminista*, no compartía el punto de vista de otros liberales de que la tolerancia frente a la injusticia dentro de comunidades no liberales era una apología apropiada en favor del colonialismo. En tanto *liberal* feminista, confiaba en que una democracia liberal justa debe promover libertad e igualdad para todos, incluyendo a las mujeres de comunidades minoritarias cultural y religiosamente conservadoras. Las convicciones liberales de Okin, su impasible aserto respecto a que las mujeres son «seres humanos plenos para quienes la teoría de la justicia debe ser aplicable», y su insistencia en que los «antiesencialistas» hicieron la vista gorda con los constreñimientos y vulnerabilidades que enfrentan las mujeres en general: esas cosas distinguieron su teoría, las prescripciones morales y políticas que derivó de ella, y la corriente de críticas que su trabajo provocó.

Las cuestiones acerca de la justicia que preocuparon a Okin no estaban limitadas a aquellas experimentadas por mujeres. Le inquietaban profundamente la inequidad global y las maneras en las cuales funcionaban las jerarquías dentro de la vida nacional y global a nivel legal, económico y social. Esta preocupación subyacía no solo a sus críticas a sus colegas en teoría política cuando pensaba que retrocedían frente a los imperativos de justicia, sino a su temprana crítica de los obispos católicos en Estados Unidos y su más reciente crítica de las instituciones financieras globales y otras instituciones globales.

En «Tomarse en serio a los obispos» (Okin, 1984), Okin se posicionó con vehemencia en favor de la justicia y la paz en los asuntos internacionales al analizar la Pastoral sobre la Guerra y la Paz de 1983 de los obispos católicos estadounidenses. La Pastoral fue recibida positivamente por los liberales en ese momento como una importante declaración antibélica de cara a la escalada armamentista de Ronald Reagan y al debate en torno al desarrollo del misil MX que, se decía, comprometería de forma severa la estabilidad de la carrera armamentista. Los obispos fueron duramente criticados por los líderes conservadores tanto dentro del Gobierno como fuera de este. Por su parte, Okin reprendió a los obispos por las inconsistencias en su argumento y por su apoyo condicional a la disuasión, ya que estos dudaban de la efectividad de una estrategia asentada solamente en el contraataque. Usando los mismos términos de la guerra justa que invocaban los obispos, Okin insistió en que ellos no habían ido lo suficientemente lejos en su condena de las armas nucleares y de la guerra como un instrumento de la política internacional. En particular argumentó que la afirmación de los obispos respecto a que los católicos estadounidenses podían unirse al ejército y trabajar en las industrias de defensa sin violar la enseñanza moral católica contradecía los propios principios de estos.

En «Pobreza, bienestar y género: ¿qué cuenta?, ¿quién es escuchado?» (Okin, 2003), Okin arguyó que las condiciones de inequidad y pobreza globales, y la inequidad al interior de las naciones, constituían una crisis moral y política. En ese ensayo de *Philosophy and Public Affairs* y en otro trabajo publicado después de su muerte, Okin centró su atención en asuntos de privación material y vulnerabilidad en todo el mundo.

Para Okin la justicia y el género no eran solo cuestiones de importancia filosófica, sino asuntos sobre los que se ocupó con pasión práctica. Apoyó la organización y agencia de algunas de las mujeres más pobres del mundo a través de su trabajo con el *Global Fund for Women*. En la tradición de los grandes liberales, Okin nos ofreció una teoría política como forma de abogar, y un liberalismo como pensamiento político radical. Desafortunadamente, nuestra conversación en torno a qué puede ofrecer el pensamiento político liberal al abordar los problemas más urgentes de la inequidad y pobreza globales se interrumpió debido a su prematura muerte.

Susan Okin nos inspira en la búsqueda de la justicia no solo por la fuerza de su agudo intelecto, sino por la manera en que vivió y trabajó: cuidando y alentando a sus estudiantes; ayudando a sus amigos y colegas a ordenar y desarrollar sus ideas; rehusándose a divagar o a titubear; disfrutando de cocinar, nadar y compartir con amigos, y demostrando un orgullo y una atención incesantes por sus hijos. Honramos lo mejor de ella cuando emulamos su dedicación al pensamiento lúcido, a su honestidad y coraje, a su compromiso con otros, y a su pasión por la justicia.

Bibliografía

Auden, W. H. (1970). *A Certain World: Commonplace*, The Viking Press, Nueva York.

Okin, S. M. (1979). *Women in Western Political Thought*, Princeton University Press, Princeton.

— (1984). «Taking the Bishops Seriously», *World Politics, 36*(4): 527-554.

— (1989). *Justice, Gender, and the Family*, Basic Books, Nueva York.

— (1999). *Is Multiculturalism Bad for Women?*, Princeton University Press, Princeton.

— (2003). «Poverty, Well-Being, and Gender: What Counts, Who's Heard?», *Philosophy & Public Affairs, 31*(3): 280-316.

— (2005). «"Forty acres and a mule" for women: Rawls and feminism», *Politics, Philosophy & Economics, 4*(2): 233-248.

6
Iris Marion Young: legados para la teoría feminista[1]

Jane Mansbridge

Iris Marion Young fue una luchadora contra la opresión y a favor de la justicia. Un compromiso enérgico, que estuvo ahí desde que la conocimos, alimentó su escritura y su activismo. Su feminismo fue parte de ese compromiso con la justicia. Su sensibilidad y capacidad perceptiva frente a la opresión de otros estaban informadas por un ojo aguzado acerca de las maneras en que ella misma —y todas las mujeres— tenían que enfrentar amenazas de explotación económica, marginación social, hegemonía cultural, desempoderamiento y violencia sistemática.

En su temprano ensayo «Lanzando como una niña», Young usó su propia experiencia como un apoyo para proyectar una reflexión sobre las inhibiciones que internalizan las mujeres. La totalidad de su corpus brotaba de la interacción sinérgica entre la aprehensión de su propia experiencia y la de otros, su bagaje y comprensión fi-

---

1. Publicado originalmente en inglés en: Mansbridge, J. (2008). Iris Marion Young: Legacies for Feminist Theory. *Politics and Gender*, 4(2), 309-311. https://doi.org/10.1017/S1743923X08000202

losófica y su aguda perspicacia analítica. En su reciente trabajo, «Meditaciones menstruales» (2005), retornó a la poderosa técnica cargada de imágenes de «Lanzando como una niña», tanto para señalar las implicaciones de ocultar el período menstrual como para forjar ideales alternos acerca de nuestro cuerpo en el mundo.

A menudo la perspectiva y perspicacia de Young cambiaron los paradigmas. En su trabajo inicial, por ejemplo, criticó la «teoría de sistemas duales» (en la cual dos sistemas, el patriarcado y el capitalismo, oprimen a las mujeres) sobre el supuesto de que su paralelismo permite que la teoría marxista permanezca incólume. En ese momento, esa teoría había más o menos fundamentado mi propio pensamiento, así como el de muchos otros. Su ensayo produjo el tipo de sacudida conceptual que cambia para siempre nuestro pensamiento.

Su trabajo en torno a la justicia siempre tuvo en cuenta la opresión de las personas de carne y hueso. Formuló preguntas abstractas sobre la justicia forjando herramientas intelectuales que ayudaron a aquellos oprimidos o marginalizados a captar su propia posición subordinada y a encontrar salidas frente a ella. Preguntas que también forzaron a los más poderosos a reconocer y explicitar cómo oprimían a otros.

Al tiempo que escribía sobre la justicia, Young hizo una serie de contribuciones perdurables a la comprensión de la democracia deliberativa. Junto con Lynn Sanders argumentó que, por ejemplo, las formas tradicionales de comprender la deliberación excluían o marginaban las formas de interacción que los menos poderosos usan con más frecuencia, como el saludo, la retórica y la narración de historias. En uno de sus muchos y memorables aportes, criticó las visiones prevalecientes acerca de qué tipo de empatía se requiere en la deliberación, señalando que cuando se nos pide ponernos en la posición de, por ejemplo, una persona en silla de ruedas, en verdad no podemos imaginar el punto de vista del otro, sino que tendemos a proyectar en ese otro nuestros propios miedos y fantasías. Así que tenemos que hallar la manera de empoderar al otro para que hable o, al menos, reconocer las limitaciones de nuestras proyecciones.

En ambos casos, y en muchos otros, mi propio pensamiento cambió radicalmente después de leer lo que Young había escrito.

Muchas teóricas feministas contaban con este tipo de contribuciones penetrantes y directas de parte de Young. Pero estas no se podían predecir de antemano. En los años transcurridos después de su muerte muchas veces pienso, cuando escribo algo: «¿qué hubiera dicho Iris?». Y no he tenido ni idea. Ella escogía una temática, le daba la vuelta, la examinaba, la fijaba con su mirada aguda y decía algo que no habías anticipado pero que pensabas que, simplemente, era acertado. O que era equivocado —pero la forma en que decidías que estaba errado te hacía pensar de manera más incisiva sobre el asunto en su totalidad—.

Su muerte fue una gran pérdida para el mundo, para el feminismo y para la teoría feminista en particular. Vivía sus preguntas. Veía su propio yo, su cuerpo y conciencia, como algo inmerso en los asuntos que todos vivimos a diario. Y cuando empleaba esa conciencia sobre su propia conciencia como lentes para ver el mundo, nos enseñaba a todos.

El Caucus de Mujeres en Ciencia Política, la Sección de Mujeres y Política de la Asociación de Ciencia Política Estadounidense, y el grupo de Fundamentos de Teoría Política de la Asociación de Ciencia Política Estadounidense han establecido conjuntamente el premio Susan Moller Okin-Iris Marion Young para el mejor artículo del año en teoría política feminista. Pero ningún premio podría ser rememoración suficiente para las contribuciones de Iris.

Bibliografía

Young, I. M. (1980). «Throwing Like a Girl: A Phenomenology of Feminine Body Comportment, Motility and Spatiality», *Human Studies* 3.1: 137-56.

— (2005). «Menstrual Meditations», en *On Female Body Experience: «Throwing Like a Girl» and Other Essays* (págs. 97-122). Oxford University Press, Oxford.

7
Sobre la importancia de lograr las cosas[1,2]

Jane Mansbridge

Una tendencia sumada a una inacción resulta en una deriva. Cuando una tendencia tiene causas externas y nadie puede actuar para intervenir, la inacción conduce a la deriva —a la trayectoria del cambio sin impedimentos—. La deriva en los Estados Unidos produce la dominación de la democracia estadounidense por parte de los intereses empresariales. La deriva en las decisiones internacionales produce el calentamiento global. Diseños institucionales específicos para el gobierno, como la separación de poderes en Estados Unidos, pueden causar la inacción que facilita la deriva. De

---

1. Publicado originalmente en inglés en: Mansbridge, J. (2012). «On the Importance of Getting Things Done». *PS: Political Science & Politics*, 45(1).

2. Quisiera agradecer a los muchos y muchas colegas que consulté durante y después del proceso de escritura de esta conferencia, incluyendo a Albena Azmanova, Fred Block, Dario Castiglione, Roxanne Euben, Kristin Goss, Paul Gutierrez, Jeffrey Isaac, Ira Katznelson, Robert Kuttner, George Marcus, Quinton Mayne, Kirstie McClure, John McCormick, Benjamin Page, Pippa Norris, Ben Reilly, Bo Rothstein, Graham Smith, Cass Sunstein y Mark Warren.

forma más fundamental, patrones arraigados de pensamiento pueden causar inacción. Argumento aquí que la extensa y multifacética *tradición de resistencia* en Occidente contribuye a la inacción al enfocarse en detener, más que en usar, la coerción.

En contraste, una teoría política de la *acción democrática* reconoce explícitamente que resolver problemas de acción colectiva requiere legislar, y que legislar requiere coerción —lograr que la gente haga aquello que no harían a no ser por medio de la amenaza de la sanción y el uso de la fuerza—. La labor de la democracia es hacer de la coerción algo más legítimo. Por consiguiente, si bien una teoría de la acción democrática debe incorporar la resistencia, no debería —y no puede— estar direccionada por ella.

Hoy en los Estados Unidos y en el mundo enfrentamos problemas mucho más vastos que aquellos concebidos por James Madison, que implican la interdependencia a una escala global y una catástrofe potencial para las generaciones que aún no han nacido. Los intentos serios para lidiar con esos problemas continúan siendo obstaculizados, en parte por una visión de la democracia que, en muchas de sus variantes, es una teoría de la resistencia individual y colectiva, y no una teoría de la acción colectiva.

Los dos impedimentos para la democracia de Robert Dahl: el vínculo causal no examinado

Con ocasión del primer premio Madison,[3] su ganador, Robert Dahl, dio una conferencia —hoy inencontrable—, lo cual me llevó a empezar con otra conferencia que ofreció dos años después: «Sobre la eliminación de ciertos impedimentos de la democracia en los Estados Unidos». En ella, Dahl identificó dos impedimentos sig-

---

3. N. del T.: la James Madison Lecture es una distinción que honra, cada tres años, a un politólogo o politóloga estadounidense que haya hecho una contribución académica distinguida a la ciencia política. Es conferida por la American Political Science Association (APSA). El galardón fue recibido tanto por Dahl (1978) como por Mansbridge (2011).

nificativos para la democracia: primero, «el compromiso del país con solo una modesta interferencia por parte del Gobierno en la conducta del capitalismo corporativo» (Dahl, 1977, pág. 3). Segundo, «la creación deliberada por parte de los fundadores de un "esquema de gobierno que fue cuidadosamente diseñado para impedir e incluso prevenir el funcionamiento de la regla de las mayorías"» (pág. 5).

A pesar de identificar esos dos impedimentos, Dahl no señaló que estuvieran relacionados causalmente. Si, por las razones que sea, el poder del capitalismo corporativo se está incrementando, una estructura de gobierno diseñada para «impedir o prevenir» una acción que podría detener o revertir ese cambio se convierte en una *causa* coadyuvante de la continuación de esa tendencia. Adicionalmente, lo que ni Dahl ni su audiencia sabían cuando ofreció ese diagnóstico era que ambos problemas estaban poniéndose *peor* —muchísimo peor—. Esta intensificación de los dos impedimentos para la democracia que Dahl identificó comenzó a mediados de la década de 1970, cuando dio su conferencia y recibió el premio Madison, y desde entonces ha continuado.

Consideremos el primer impedimento que Dahl señala para la democracia, «el compromiso del país con solo una modesta interferencia por parte del Gobierno en la conducta del capitalismo corporativo». Este compromiso tenía, en su opinión, la consecuencia «particularmente adversa para la democracia» de que el orden económico resultante generaba mayores diferencias «en recursos políticos, habilidades e incentivos en el interior del *demos* mismo» (pág. 8). Argumentaba que un «país comprometido con la democracia procedimental tiene que, o bien poner límites efectivos al grado en que los recursos económicos pueden ser *convertidos* en recursos políticos, o bien asegurar que los recursos económicos estén mucho más *distribuidos equitativamente* de lo que están en Estados Unidos en el presente» (pág. 16, énfasis mío). Dahl pensó que los esfuerzos para evitar que los recursos económicos fueran convertidos en recursos políticos habían «fracasado ampliamente». Por ende, estaba convencido de que «es hora —más que hora— de considerar el otro enfoque» para distribuir los recursos económicos más equitativamente. «La cuestión de la distribución de la riqueza y los ingresos», concluía, debería estar «en los primeros lugares de la agenda de la política nacional» (pág. 16).

Pero incluso en el momento en que Dahl hablaba, las condiciones a su alrededor que habrían podido llevar a una distribución de la riqueza y los ingresos más equitativa estaban cambiando. Muchos de esos desarrollos tuvieron un punto de inflexión en la década de 1970, como Jacob Hacker y Paul Pierson muestran en su libro *La política de quien gana se lleva todo* (*Winner-Take-All Politics*). En 1976, cuando Dahl dio su conferencia, el 1 % más rico de las familias de Estados Unidos recibió el 9 % del total de los ingresos del país (antes de la retención de impuestos). Esta fue la desigualdad que Dahl creyó debía ser corregida. Para 2007, el 1 % más rico estaba recibiendo no el 9 % sino el 24 % del total de ingresos de la nación (antes de la retención de impuestos). El 0,1 % más rico estaba recibiendo más del 12 % del total del ingreso (Atkinson, Piketty y Saez, 2011, págs. 6, 8).[4] La capacidad de los ricos para *convertir* su dinero en influencia política se ha incrementado enormemente desde la década de 1970, debido a que el sistema político necesita más dinero —y a que puede obtenerlo—. Después de mediados de la década de 1970, las campañas electorales necesitaron más dinero porque la publicidad televisiva llegó a ser más necesaria, los anuncios de alta calidad en televisión se volvieron más costosos, las encuestas se hicieron más frecuentes, y la consultoría se convirtió en un campo de tecnología punta. Más importante aún, el éxito electoral es posicional. Lo que cuenta no es cuánto puedes gastar sino cuánto puedes gastar en relación con tu oponente. Las campañas son como una carrera armamentística. En

---

4. Para la definición de poder, incluyendo definiciones de fuerza e interés, y una discusión sobre «poder para», «poder con», poder igualitario, y la relación entre poder y persuasión, véase la versión íntegra del texto, con notas a pie de página.

los diez años transcurridos entre 1974 y 1984, los gastos reales de las campañas de los candidatos demócratas y republicanos para la Cámara de Representantes se duplicaron. Entre 1974 y 2010, se quintuplicaron.[5]

La actividad de los *lobbies* ha experimentado una carrera armamentística paralela desde mediados de la década de 1970. Si yo tengo dos lobistas habilidosos y mi competidor contrata tres, necesito al menos tres, si no cuatro o seis, para mantener mi ventaja (Reich, 2007). La cantidad de dinero gastada en *lobbies* casi se ha duplicado solo en la última década (Hacker y Pierson 2010, pág. 114). Parte de ese dinero incrementa únicamente la ventaja posicional de una corporación frente a otra, pero otra parte incrementa la ventaja posicional del capital corporativo frente a otros grupos de interés, como los consumidores y los trabajadores.

En la década siguiente a la conferencia de Dahl, el «capital corporativo» creció muchísimo más en términos organizacionales. Entre 1974 y 1980, la Cámara de Comercio[6] dobló su número de miembros y triplicó su presupuesto. El número de empresas con lobistas registrados en Washington se multiplicó por catorce. El número de PAC (Comités de Acción Política)[7] se cuadruplicó. Los gastos de los PAC corporativos en las elecciones al Congreso se multiplicaron casi por cinco entre finales de la década de 1970 y finales de la década de 1980.[8] En términos generales, el número de

---

5. Calculado a partir de las cifras del *Campaign Finance Institute*, http://www.cfinst.org/pdf/vital/VitalStats_t2.pdf; véase Hacker y Pierson (2010, pág. 171).

6. N. del T.: la Cámara de Comercio es la organización nacional que apoya el libre mercado en defensa de los intereses de las empresas y profesiones. Es una federación de más de 4.000 cámaras locales de comercio que representan aproximadamente a unos 200.000 negocios.

7. N. del T.: los PAC son grupos de interés que canalizan recursos para financiar candidatos y partidos políticos. Fueron autorizados por el Federal Election Campaign Action de 1974 para, junto a las corporaciones y sindicatos, canalizar fondos de sus miembros para ser transferidos a campañas y partidos.

8. Véase el capítulo 12.4 de Schlozman, Verba, y Brady (2013), quienes usan las organizaciones listadas en el directorio de *Washington Representatives*, sea que tu-

organizaciones activas en el sistema de presión de Washington dio un salto significativo en la década de 1990, creciendo en un 47 % desde 1991 a 2001, y en un 19 % adicional en los cinco años del período de 2001 a 2006.

Este dinero tuvo efectos. Larry Bartels, autor del libro —de elocuente título— *Democracia desigual*, ha calculado que la ventaja republicana al financiar campañas presidenciales agregó más de un 3 % al voto presidencial republicano en las elecciones de 1972 y 1976, y casi un 7 % en las siguientes tres elecciones (Bartels, 2008, tabla 4.11). En 1976, cuando Dahl dio su conferencia, los tres principales grupos del Partido Republicano gastaron más que sus pares demócratas en una proporción de 3 a 1. Diez años después, gastaban más que estos últimos en una proporción de 5 a 1. Cuando los demócratas se pusieron al día, lo hicieron en parte apelando a un sector particular del capital corporativo —el sector financiero—. Hacker y Pierson señalan que en el ciclo de elecciones de 2007-2008, el Comité de Campaña Senatorial Democrático (*Democratic Senatorial Campaign Committee*) «recaudó *cuatro veces* más en Wall Street que su contraparte republicana» (Hacker y Pierson, 2010, pág. 227). La creciente dependencia financiera hacia Wall Street desde la década de 1970 ha empujado a los demócratas a apoyar el rechazo de regulaciones para la industria financiera, a proteger las ganancias de los administradores de fondos de cobertura, inversión libre o alto riesgo (*hedge-funds*) y a revertir las reformas para la compra de acciones por parte de empleados (*stock option reform*) (Hacker y Pierson, 2010, págs. 174, 227, 246-7).[9] La

---

vieran representación asentada en Washington o que contrataran firmas externas para manejar las relaciones con el Gobierno. Los autores aconsejan cautela a la hora de interpretar las cifras de mitad de la década de 1990, ya que los requisitos más estrictos a la hora de reportar la actividad de *lobby* produjeron un incremento del 12 % de 1995 a 1996. No obstante, basado en información que incluye entrevistas con lobistas, Drutman (2010) informa que tanto en la década de 1970 como la de 1990 se observa un notorio incremento en el *lobby* (véase especialmente pág. 133).

9. Para la cita, véase la pág. 227 (énfasis en el original).

decisión del Tribunal Supremo en el caso de *Citizens United*[10] en 2010 ha hecho que el poder de las corporaciones sea aún mayor.

Desde la década de 1970, los avances tecnológicos como la estandarización en el transporte de contenedores, el transporte aéreo más económico, los cables de fibra óptica e internet también han reducido los costes de hacer negocios en el exterior e importar productos del extranjero (Reich, 2007). En la medida en que llegó a ser más fácil para las empresas el amenazar a los sindicatos y a los Gobiernos con irse del país, el poder corporativo se incrementó. Los sindicatos estadounidenses sufrieron una derrota que significó un punto de inflexión en 1978, a pocos meses de que Dahl recibiese el premio Madison. A pesar de contar con un presidente demócrata y una mayoría demócrata en ambas cámaras del Congreso, los sindicatos perdieron su último gran intento para reformar la ley laboral —en gran medida debido a los dos impedimentos que señala Dahl sobre la acción democrática—. Las empresas triplicaron en gasto a los trabajadores en una proporción de 3 a 1, y una táctica obstruccionista (*filibuster*) impidió actuar en el Senado. Desde entonces, las sanciones contra negocios que intenten evitar la sindicalización se han debilitado dramáticamente. En la medida en que el poder corporativo se ha incrementado, el poder de su mayor opositor organizado ha

---

10. N. del T.: *Citizens United versus Federal Election Commision* es un caso decisivo con veredicto por parte del Tribunal Supremo de Justicia en 2010. *Citizens United* es una organización conservadora que intentaba retransmitir un documental (*Hillary*) criticando a la entonces candidata por el Partido Demócrata, Hillary Clinton. El antecedente legal es la sección 203 de la Ley Bipartidista de Reforma de Campañas (*Bipartisan Campaign Reform Act*, BCRA) de 2002. La ley federal prohibía «a las corporaciones y los sindicatos utilizar sus fondos generales de tesorería para financiar gastos independientes destinados a expresiones que constituyan "comunicaciones electoralistas" o manifestaciones que promuevan expresamente la elección o derrota de un candidato». En una votación 5-4 en favor de *Citizens United*, el Tribunal argumentó que la cláusula de libertad de expresión de la Primera Enmienda prohíbe al Gobierno limitar dichas contribuciones por parte de las corporaciones o sindicatos. Véase https://www.law.cornell.edu/wex/citizens_united_v._federal_election_commission_%282010%29

declinado (Vogel, 1989, capítulo 8; Hacker y Pierson 2010, págs. 128-131).

Finalmente, en las décadas que vinieron después de 1975, cuando el sector financiero tuvo éxito en desmontar las regulaciones adoptadas en la década de 1930, los grandes bancos crecieron y llegaron a ser «demasiado grandes como para que lleguen a fallar».[11] Desde la mitad de la década de 1970, esas fuerzas han producido efectos de retroalimentación acumulados. Las victorias políticas del capital corporativo generan mayores inequidades en recursos, lo que a su vez conduce a victorias políticas futuras. Los efectos de estas tendencias se han extendido mucho más allá de lo que Dahl imaginó cuando advirtió acerca del primer impedimento para la democracia de los Estados Unidos, «el compromiso del país con solo una modesta interferencia por parte del Gobierno en la conducta del capitalismo corporativo» (Dahl, 1977, pág. 3).[12]

El segundo impedimento que Dahl identificó para la democracia —el sistema del callejón sin salida incrustado en la Constitución de Estados Unidos— también ha empeorado desde que pronunció esa conferencia. La estructura y costumbres del Senado han evolucionado desde mediados de la década de 1970 desde unas interacciones más «relacionales» (Wawro y Schickler 2010, pág. 299) a unas más «individualistas» (Sinclair, 2002, pág. 244). Al mismo tiempo, los partidos políticos se han polarizado cada vez más. Como resultado, el número y las formas de obstrucción, incluyendo las tácticas obstruccionistas (o la amenaza de usarlas) se han dis-

---

11. N. del T.: *Too big to fail* es una expresión del sector financiero que se refiere a que determinadas corporaciones, particularmente corporaciones financieras, son tan grandes y están tan interconectadas que su colapso tendría consecuencias desastrosas para el sistema económico —por lo cual deben ser respaldadas por el Gobierno en caso de un fallo potencial—.

12. En «La democracia estadounidense en una era de creciente desigualdad» (*American Democracy in an Age of Rising Inequality*), el Grupo de Trabajo sobre Desigualdad de la APSA de 2004 informa sobre esas desigualdades y sus efectos políticos: http://www.apsanet.org/imgtext/taskforcereport.pdf.

parado.[13] A menudo Dahl argumentó en contra de los diferentes puntos de veto del sistema constitucional de los Estados Unidos, con más fuerza quizás en su *Un prefacio a la teoría democrática* de 1967 (c1956), un trabajo inspirado en el libro *Deadlock of Democracy* de James McGregor Burns de 1963. Pero cuando habló no era consciente ni de cuánto iba a empeorar el sistema ni de cuán estrechamente interrelacionados estaban sus dos impedimentos.

El bloqueo, señaló McGregor Burns, produce una «deriva» —la trayectoria sin obstáculos de cualquier fenómeno causado de forma externa—. Hacker y Pierson hicieron de este punto algo central en el análisis de *La política de quien gana se lleva todo*. Cuando las condiciones externas —en este caso la combinación de la globalización, crecientes organizaciones empresariales y creciente capacidad de hacer *lobby*, junto con el declive de la sindicalización— producen una serie de tendencias —en este caso dirigidas hacia el incremento de la desigualdad económica y política— el bloqueo político no preserva el *statu quo*. En cambio, preserva el impulso del cambio exógeno. El segundo impedimento de Dahl conduce directamente al primero.

El estancamiento político tiene el mismo resultado en una escala global. Cuando las condiciones externas producen tendencias como el calentamiento global o la proliferación nuclear, dicho estancamiento no preserva el *statu quo*. En su lugar, permite que las fuerzas que crearon el problema lo empeoren.

Muchos politólogos estadounidenses han sugerido remedios posibles ante la creciente desigualdad política en los Estados Unidos y el creciente estancamiento en Washington. Esas propuestas

---

13. Sinclair (2002, pág. 243) informa que el número de tácticas obstruccionistas hechas en contra de proyectos grandes del Senado creció desde 4,6 por legislación del Congreso en 1961-1970 a 29 en 1997-1998. Con respecto a todos los proyectos, véase Koger (2010, Figura 6.3, «Senate Filibusters per Congress 1901-2004»), quien reporta 18 tácticas obstruccionistas en 1973 y 34 en 2004. Dichas tácticas obstruccionistas (*filibusters*) son solo una forma de obstrucción. Casi todas las otras también se han incrementado, a veces dramáticamente, desde 1975.

incluyen mayores impuestos para los más ricos, reformas en la financiación de las campañas electorales, terminar la carrera armamentista de la televisión por medio de la regulación, delegar el rediseño de distritos electorales a comisiones independientes, y cambiar las tácticas obstruccionistas. Aunque estas propuestas, y los cambios sociopolíticos que podrían efectuar, son evidentemente importantes, no las voy a comentar aquí. En cambio, me quiero centrar en los impedimentos que observo en las *ideas* occidentales —particularmente estadounidenses— acerca de la democracia y, con relación a ellas, los impedimentos de nuestra *teoría política*. En algunas vetas importantes de la teoría política contemporánea, un énfasis en la resistencia juega un papel en la dinámica del estancamiento en el Gobierno y, así —irónicamente, dados los objetivos de los teóricos— facilita la deriva hacia una mayor concentración del poder corporativo y financiero.

La tradición de la resistencia

Lo que denomino la *tradición de la resistencia* es algo que está muy arraigado en el pensamiento político occidental. La separación de la Iglesia y el Estado en el cristianismo, atribuida a Jesús en los *Hechos de los Apóstoles* y cimentada luego por San Agustín, ubicó a estos dos poderes en una oposición potencial. Cuando la Querella de las Investiduras de los siglos XI y XII dispuso los intereses materiales de la Iglesia en contra de los del emperador, los eclesiásticos —quienes eran los intelectuales de la Europa de entonces— desarrollaron una teoría del contrato social a partir de los supuestos implícitos en prácticas diversas de la Europa del momento. La enmarcaron como una teoría de resistencia frente al emperador.

La versión más temprana y bien enunciada de la teoría del contrato social viene del monje Manegold de Lautenbach en 1085, hacia el inicio de la Querella. Este escribió acerca de un rey o emperador que el pueblo no lo exalta por encima de sí mismo con el fin de concederle una oportunidad libre de ejercer la tiranía contra él. [...] [C]uando el que ha sido elegido para la coacción de los malvados y la defensa de los rectos ha comenzado a fomentar el mal [y] a destruir el bien [...] merecidamente cae de la dignidad que se le ha confiado. [...] [E]l pueblo queda libre de su señorío y sujeción, cuando él ha sido evidentemente el primero en romper el pacto por el cual fue nombrado.

Manegold también argumentó, tal vez con algo de júbilo sarcástico, que si el dueño de una piara de cerdos

debiera confiar sus puercos [...] a alguien por un salario adecuado, y después se enterara de que este no los pastoreaba, sino que los robaba, los sacrificaba y los dejaba perder, ¿no lo apartaría con reproches del cuidado de los cerdos, reteniendo a su vez el salario prometido? [...] [A]sí que, ciertamente, por una buena razón, si [los reyes] irrumpen en el ejercicio de la tiranía, [...] no se les debe rendir fidelidad ni reverencia ([1085] 1954, pág. 165).

La formulación de Manegold pone a la gente en el rol de un principal, quien contrata a un agente —el porquero o el rey— para hacer un trabajo y puede despedirlo si lo hace mal. También ubica a la gente en un rol de vigilancia, pendiente de si el agente contratado hace un buen trabajo —y sospechando que podría no hacerlo—.

La teoría del contrato social no tenía por qué desempeñar un papel de resistencia. Cuando los peregrinos del Mayflower arribaron a Plymouth Rock y firmaron un documento donde «pactamos y nos constituimos en un cuerpo político civil»,[14] lo hicieron para

---

14. N. del T.: pacto celebrado por los peregrinos embarcados en el Mayflower en 1620, por el que acuerdan constituirse en sociedad y regirse por normas acordadas entre ellos. «Por el presente instrumento, solemne y mutuamente, en presencia de Dios y ante nosotros mismos, pactamos y nos constituimos en un cuerpo político civil para nuestra mejor organización y preservación, y prosperidad de los fines anteriormente mencionados. En virtud del mismo, para dictar, constituir y establecer, de tiempo en tiempo, todas aquellas justas y equitativas leyes, ordenanzas, actas, constituciones y dignidades que se consideren más adecuadas para el bien de la colonia. A

conseguir fines colectivos. Sin embargo, en la teoría política occidental el contrato social llegó a ser de forma preeminente la pieza central de una tradición de la resistencia que florecerá en el siglo XVI entre los escritores protestantes y se convertirá en la piedra angular de la democracia liberal. La resistencia frente al Estado llegó a ser un componente profundo del ADN de Europa. Y jugó un papel fundamental en la naciente comprensión de la democracia en los Estados Unidos.

La teoría de la separación de poderes —parte integral del segundo impedimento de Dahl— ilustra esta metamorfosis. Aristóteles había enunciado la idea que para gobernar bien una comunidad política se requerían las contribuciones de diferentes clases de gobierno —la de los mejores, la de los pocos y la de los muchos—, en una comunidad política mixta equilibrada entre sus partes. Sin embargo, para el siglo XVI esta formulación había evolucionado hacia la teoría de Maquiavelo de la separación de poderes basada en la sospecha, en la cual el papel de cada uno era «vigilar al otro». Cuando Montesquieu elaboró esta teoría, desarrolló aún más el aspecto de resistencia (en lugar del de equilibrio), argumentando que las funciones de vigilancia y control protegían la libertad individual. Para cuando Madison y los otros fundadores absorbieron la teoría, la idea aristotélica de un gobierno mixto, en la que un poco de esto y aquello generaba el balance correcto para gobernar, había evolucionado hacia una idea de resistencia —basada en la protección de cada individuo frente a la opresión estatal—.

El tema de la resistencia frente al Gobierno resuena a lo largo de la teoría política norteamericana, desde Madison hasta hoy a través de Thoreau y Emerson. George Kateb nos recuerda, por ejem-

---

las cuales prometemos toda la debida sumisión y obediencia. En testimonio de lo cual firmamos este documento en el Cabo Cod el once de noviembre, en el reinado de nuestro rey Jacobo de Inglaterra, Francia e Irlanda, y quincuagésimo cuarto de Escocia. Año del Señor mil seiscientos veinte». https://dpej.rae.es/lema/pacto-del-mayflower

plo, que Emerson veía la democracia como «un dispositivo para limitar el Gobierno, para neutralizar la Administración, [...] para escarmentar a la Administración» (Kateb, 1995, pág. 190).

En los últimos treinta años, algunos de las y los teóricos políticos más interesantes y atractivos a ambos lados del Atlántico han sacado provecho de esta vertiente del pensamiento político occidental. En el pensamiento político estadounidense, Benjamin Barber escribió, en *Democracia fuerte*, el que considero el llamamiento a la acción más convincente de nuestra generación. No obstante, Barber argumentó que la representación política —que yace en la base de todas las democracias capaces de acciones de largo alcance— es «incompatible con la libertad» (Barber, 1984, pág. 146). Sheldon Wolin, un teórico de gran talla, elogió los «momentos de comunalidad» en los cuales los individuos «conciertan sus poderes» y «el poder colectivo se usa para promover o proteger el bienestar de la colectividad» (Wolin, 1994, págs. 24, 11). Sin embargo, Wolin concluyó que momentos así siempre serán «episódicos, raros» (pág. 11). De acuerdo con él, «la institucionalización marca la atenuación de la democracia», de modo que la democracia solo puede ser un «momento de rebelión» (págs. 19, 23).

Más recientemente, Philip Pettit, quien está profundamente comprometido con la acción en común, fundamenta no obstante su republicanismo cívico en la «no-dominación»: «constreñir [por medios institucionales] la voluntad de quienes se hallan en el poder», tanto en el ámbito privado a través de leyes y normas, como en el público, a través de la separación de poderes y otras formas para que «la ley [sea] relativamente resistente a la voluntad de la mayoría» (Pettit, 1997, pág. 228). La dispersión formal del poder, con la variedad de canales que les ofrece a los ciudadanos para impugnar las decisiones, es el fundamento institucional para realizar políticamente la no-dominación.

Las evocaciones de Michel Foucault acerca de la resistencia han inspirado a diferentes autores, de James Scott a Judith Butler, así como el movimiento más amplio representado por Chantal Mouffe, el trabajo temprano de William Connelly y Bonnie Honig, y otros quienes ven la esencia de la política como agonismo, o lucha —la antítesis de una decisión consensuada—. Incluso Jürgen Habermas, cuyas teorías basadas en la deliberación han atraído agudas críticas de parte de los agonistas, concibió originalmente la «esfera pública» como una esfera de resistencia a la dominación estatal en su seminal *Historia y crítica de la opinión pública*.

La escritura de la resistencia subraya con acierto la importancia de la vigilancia en contra del poder arrogante. Sin embargo, la tendencia acumulativa de estas constantes advertencias apunta a denigrar al Gobierno «suficientemente bueno»; a oponerse a la coerción en todas sus formas, y a enfatizar los rasgos ilegítimos de cualquier instancia real de coerción a expensas de rasgos potencialmente legítimos. Tales advertencias han jugado un papel particularmente notable en los Estados Unidos, desde la evaluación acrítica de la separación de poderes en los textos de educación cívica a la hostilidad generalizada frente a cualquier tipo de acción de gobierno.

Una teoría de la acción democrática

Permítanme sugerir otro enfoque, basado en dos premisas. Primero, necesitamos coerción para resolver los problemas de acción colectiva (que actualmente denomino problemas del *free-rider*).[15] Segundo, no puede haber una cosa tal como una coerción completamente legítima. Por consiguiente, necesitamos teorías que puedan guiar la acción pública y ayuden a mejorar la legitimidad de-

---

15. N. del T.: *Free-rider* es una expresión difícil de traducir al español. Las palabras que usualmente se usan («gorrón» o «colado») connotan de entrada un matiz negativo que no necesariamente se encuentra en la palabra en inglés —derivada de la lógica económica que opera cuando un individuo efectúa un cálculo coste/beneficio para saber si puede usufructuar un bien o beneficiarse de una situación sin tener necesidad de actuar—. Una traducción más adecuada sería «no cooperadores», tal como sugiere Jon Elster en *Tuercas y tornillos* (pág. 128).

mocrática de manera gradual. Podemos avanzar hacia el ideal de la legitimidad democrática sin desacreditar a cada Estado que no alcance dicha legitimidad. La resistencia tiene un lugar importante en cualquier democracia, y a veces el objetivo de los ciudadanos democráticos debería ser detener al Estado. Pero una teoría de la acción democrática también tiene que trabajar para que las instituciones sean más y más democráticamente legítimas, al tiempo que reconozca lo positivo que puede alcanzarse a través de la coerción democrática que es, a lo sumo, solo imperfectamente legítima.

Permítanme clarificar mi uso de los términos «legítimo», «poder» y «coerción».

Por «legítimo» y «legitimidad» entiendo legitimidad democrática *normativa*, esto es, la legitimidad de actuar correctamente de acuerdo con ideales democráticos. No me refiero a la legitimidad *sociológica*, o sea a la legitimidad a los ojos del público.

Entiendo por «poder», en términos generales, la relación *causal* real o potencial entre las preferencias o intereses de un actor o grupo de actores y la probabilidad de un resultado.[16] Esta relación causal puede operar a través de la simple capacidad para actuar (enciendo el interruptor, mis preferencias causan el resultado). Cuando el resultado requiere de otros seres humanos, la relación causal puede operar a través de una persuasión genuina basada en los méritos. Ninguno de estos es poder coercitivo.

Por «coerción» o «poder coercitivo» quiero decir la amenaza de la sanción o el uso de la fuerza. No veo las palabras «coerción» o «coercitivo» como inherentemente negativas. Es verdad que tanto la coerción como la amenaza de la sanción siempre van a tener una valencia negativa. El castigo no sería tal si aquellos castigados no quisieran evadirlo. Pero una relación, por ejemplo, entre dos personas, puede ser mejor cuando las partes tienen una igual capacidad para sancionar al otro que cuando ninguno tiene esa capaci-

---

16. Adaptado de Nagel (1975).

dad. Cuando alguien nos importa, le damos a esa persona la capacidad para sancionarnos y amenazarnos con sanciones. Creo que las relaciones sociales profundamente interdependientes están construidas en parte sobre la coerción mutua.

En síntesis, por poder coercitivo entiendo «poder sobre», no las formas más amables como «poder para» (esto es, en tanto capacidad) o «poder con» (poder cooperativo). Si bien Arendt (2006) describió el poder como la habilidad humana para actuar de forma concertada, no es esto lo que quiero decir. Esas formas de poder son admirables en su contexto. Pero para resolver problemas de acción colectiva/problemas del *free-rider* necesitamos también poder coercitivo, basado en la amenaza de sanción o el uso real de la fuerza.[17]

¿Por qué? La respuesta tiene que ver con la naturaleza de los bienes que son *no excluyentes* (que actualmente denomino bienes de «uso libre»). Su carácter es tal que cualquiera puede usarlos sin contribuir, en manera alguna, a proveerlos. Ejemplos de ello son la ley y el orden, la protección por parte de las Fuerzas Armadas, las carreteras sin peaje, una fuerza de trabajo educada, ríos limpios y aire respirable. Los problemas colectivos emergen cuando sea que queramos producir bienes así. Todas esas cosas, y miles de otros resultados colectivos deseables, son *no excluyentes*, o lo son en gran medida. Dada su naturaleza, bienes así no pueden repartirse solamente entre quienes trabajan o pagan para producirlos. Son bienes como estos —bienes no excluyentes— los que producen el problema de la acción colectiva, que es, en el fondo, un problema de no contribución.

La coerción no siempre es necesaria para resolver problemas de acción colectiva y lograr que la gente contribuya a producir un bien no excluyente. Algunas veces podemos producir bienes como estos a través de actos voluntarios de solidaridad. Todo el

---

17. Para una discusión extensa, véase Mansbridge (1996).

mundo puede contribuir voluntariamente para construir una carretera, defender el país, escolarizar a los pobres o abstenerse de pescar en exceso. Pero, en la mayoría de casos, también necesitamos un mínimo de coerción para brindar un incentivo externo para que contribuyan aquellos que se sienten tentados a actuar como *free-riders* y aprovecharse de las contribuciones de otros. A mi modo de ver, la necesidad de *coerción* para resolver problemas de acción colectiva es la razón primaria del gobierno. La coerción también ayuda a los seres humanos a alcanzar juntos la justicia a través del gobierno.

Mi segunda premisa es que ninguna instancia real de coerción puede cumplir a cabalidad el criterio de legitimidad democrática. A lo largo del tiempo, los teóricos de la democracia han diseñado criterios democráticos tanto para momentos de comunalidad genuina como de conflicto genuino. Los criterios para momentos de comunalidad especifican, entre otras cosas, que las deliberaciones que conducen a consensos deberían tener lugar idealmente en condiciones libres del poder coercitivo (libres, mejor dicho, de la amenaza de la sanción y del uso de la fuerza) (Dryzek, 2010; Habermas, 1999, pág. 33; Mansbridge *et al.*, 2010). En realidad, no obstante, las condiciones para la deliberación nunca están *completamente* libres del poder coercitivo. En cuanto al conflicto, los criterios democráticos para momentos conflictivos especifican, entre otras cosas, que, idealmente, las decisiones deben estar basadas en la igualdad de poder de cada participante (Dahl, 1992; Lively, 1975; Mansbridge, 1980; Pateman, 1970). En la realidad, sin embargo, el poder nunca es *completamente* paritario en la negociación democrática y ni siquiera bajo la regla de las mayorías, donde la agenda siempre deriva de un proceso desigual. De este modo, la coerción que las democracias realmente existentes despliegan para implementar sus decisiones nunca será completamente legítima.

En resumen, una teoría política de la acción democrática demanda una correspondiente teoría de la legitimidad imperfecta. La legitimidad no es una dicotomía —algo que se tiene o no se tiene—. Es un continuo que va de más a menos. Una teoría política de la acción democrática no debería descuidar los objetivos de la teoría de la resistencia. Toda vía de aproximación a la coerción relativamente legítima tiene su reverso. Cada ejercicio del poder coercitivo pone a aquellos situados en el punto de recepción de ese ejercicio en riesgo. No obstante, simplemente el bloquear el ejercicio del poder es a menudo una mala solución. Una versión de la teoría de la resistencia, atractiva para los artífices de la Constitución estadounidense —y para muchos desde entonces—, sostiene que, si usted pone los suficientes puntos institucionales de veto, lo poco que logra atravesarlos está ligado a promover el bien común (Goodin, 1996).[18] Este enfoque privilegia la detención de la labor del Gobierno. Podría haber sido pertinente en un mundo más simple, donde razonablemente podría decirse que se gobierna mejor si se gobierna menos, y en un mundo más descentralizado, donde el alcance de la acción gubernamental no tendría por qué ser extenso. Pero en un mundo más interdependiente, una democracia necesita más poder colectivo para resolver el creciente número de problemas de acción colectiva. Puede, en cambio, permitir de forma segura un mayor poder colectivo a través de la interconexión si reduce de otras maneras los peores efectos del mismo.

Comenzando con los objetivos del poder en cuanto tal, una democracia puede organizarse a sí misma para lograr que el poder que emerge a través del sistema tenga más probabilidades de promover el bien común —por ejemplo, reformando la financiación de campañas, reduciendo la corrupción, atrayendo al gobierno a más individuos orientados por el servicio público, y convocando a las partes interesadas a una negociación constructiva—. Las democracias también pueden concebir salvaguardias específicas para los más vulnerables —por ejemplo, a través de legislación como la Ley

---

18. Las convicciones que respaldan este planteamiento no son hoy tan fuertes en Europa como en Estados Unidos.

de Derechos Civiles [*Voting Rights Act*] de 1964—. Las democracias pueden promover tanto una organización crítica como constructiva en la sociedad civil —por ejemplo, facilitando la sindicalización, subsidiando el periodismo de investigación y protegiendo el acceso a internet— de manera que nuevas ideas alimenten al poder estatal y las personas se puedan organizar efectivamente cuando la resistencia sea necesaria.

De manera más general, cuando un bien tiene características mixtas, positivas y negativas —y considero a la coerción un bien mixto— uno no siempre debería bloquear o resistirse automáticamente a ese bien, sino más bien buscar prácticas e instituciones que reduzcan sus efectos indeseables, protejan a los vulnerables, compensen a los perdedores, y faciliten los cambios continuos para bien.

En la tensión entre resistencia y acción, el contexto es crítico. Los regímenes tiránicos exigen resistencia. Los regímenes profundamente corruptos no pueden reclamar legitimidad de manera justa. Pero cuando la amenaza de tiranía es relativamente débil y la corrupción relativamente limitada, la necesidad para actuar colectivamente suele ser mayor que la necesidad de resistencia. No pretendo ofrecer aquí una guía para los movimientos políticos cuando tengan que escoger sus tácticas, muchas de las cuales están acertadamente dirigidas a resistirse a injusticias particulares o a llamar la atención acerca de problemas irresueltos, como la creciente desigualdad o el calentamiento global, aun cuando los manifestantes no están de acuerdo en torno a un plan de acción (pensemos en *Occupy Wall Street*). Abogo en cambio por algo más profundo: un cambio en el énfasis al interior de la teoría democrática, desde la añeja promoción de la resistencia hacia una mayor aceptación de la coerción, si bien reconociendo que la coerción no puede ser más que parcialmente legítima.

Negociación y delegación

¿Adónde podría dirigir su mirada analítica una teoría democrática que reconozca el papel central de la acción coercitiva? Dos áreas inexploradas y prometedoras son la negociación y la delegación transparente (no corrupta), suplementadas por la deliberación ciudadana. Los teóricos que están intentando avances en estos problemas se podrían beneficiar trabajando de manera estrecha con estudiosos empíricos de la resolución de conflictos, los sistemas políticos comparados y, quizás, de otros campos.

Para explorar la complejidad normativa de las negociaciones podríamos empezar por Dinamarca. En 2002, dos economistas del desarrollo acuñaron la frase «lograr ser (como) "Dinamarca"» para describir el objetivo de ayudar a los países pobres a proveer servicios públicos clave (Pritchett y Woolcock, 2002, esp. pág. 23).[19] Francis Fukuyama adoptó la frase «lograr ser (como) "Dinamarca"» para describir las trayectorias históricas gracias a las cuales adquirir un funcionamiento efectivo del Estado de Derecho, sujeto a la rendición de cuentas (Fukuyama, 2016, pág. 14 y sigs.; pág. 226 y sigs.). Dinamarca es pequeña, homogénea, y está defendida primariamente por los ejércitos de otros países. Al igual que muchos países nórdicos, posee una cultura que puede no ser duplicable. Su modelo de Estado de bienestar tiene la inevitable imperfección de requerir barreras significativas para el ingreso. No obstante, Dinamarca podría servir como modelo para una exploración de la negociación —específicamente para la contribución de diferentes formas de negociación democrática a la coerción relativamente legítima—. Los resultados del proceso político danés se corresponden de forma relativamente cercana con aquello que sus ciudadanos quieren, y el proceso mismo, aunque no está basado en la ley de mayorías de alternancia de partidos, reivindica sólidas pretensiones de legitimidad democrática.

---

19. Fukuyama (2016, pág. 89, n. 31) relata que «lograr ser (como) "Dinamarca"» era el título original de su ponencia.

Con respecto a los resultados, Dinamarca tiene la distribución de ingresos más igualitaria de cualquier país industrializado. Robert Kuttner informaba que, en 2008, en Dinamarca «los mercados financieros son limpios y transparentes, las barreras para la importación son mínimas, los mercados de trabajo son los más flexibles de Europa, las corporaciones multinacionales son dinámicas y en gran medida no perturbadas por las políticas industriales, y la tasa de desempleo del 2,8 % es la segunda más baja de la OCDE» (Kuttner, 2008, pág. 78). En su Índice de Libertad Económica, la *Heritage Foundation* le otorga a Dinamarca un puntaje de 78,6 sobre 100, esto es, el octavo lugar en el mundo, mejor que los Estados Unidos —que ocupa el noveno lugar—. Dinamarca tiene cobertura universal de salud, buenas guarderías y una generosa compensación por desempleo. Tiene la segunda tasa de impuestos más alta del mundo y gasta el 50 % de su PIB en servicios públicos (Heritage Foundation, 2011; Kuttner, 2008, pág. 79).[20]

¿Cómo llegó a ser la democracia danesa tan eficaz? Primero, tras una serie de reformas a principios y mediados del siglo XIX, Dinamarca está ahora igualada con Nueva Zelanda y Singapur en la distinción de ser los países menos corruptos del globo de acuerdo con el Índice de Percepción de Corrupción de Transparencia Internacional.[21] Segundo, porque actualmente su sistema de listas de representación proporcional conduce a tener ocho partidos en el Parlamento — y ninguno de ellos ha tenido mayoría parlamentaria desde 1909—. La aprobación de las leyes requiere de negociación y compromisos entre los partidos. Este sistema genera una forma de negociación más cooperativa que la del Congreso de los Estados Uni-

---

20. Kuttner también señala que en el Índice de Competitividad Global del Foro Económico Mundial de 2008 Dinamarca ocupó el tercer lugar, tan solo detrás de Estados Unidos y Suiza.

21. Sobre estas reformas, véase Mungiu-Pippidi (2011). Véanse los resultados del Índice de Percepción de Corrupción de Transparencia Internacional de 2010. http://www.transparency.org/policy_research/surveys_indices/cpi/2010/results. l 18 de agostode

dos. Tercero, la democracia danesa tiene una baja separación de poderes a nivel nacional (aunque no podemos estar seguras de que esto está relacionado con su efectividad). Tiene un sistema parlamentario con un parlamento unicameral y revisión judicial por parte de los tribunales extremadamente limitada. Finalmente, Dinamarca ha desarrollado una forma de descentralización efectiva y de largo alcance en la cual los cuerpos locales electos operan como prestadores de servicios, mas no como poderosos puntos de veto.[22]

¿El resultado de este sistema no corrupto y negociado? Los ciudadanos daneses tienen, de acuerdo con el Eurobarómetro, el mayor nivel de confianza en su parlamento nacional y sus partidos nacionales que los ciudadanos de cualquier otro país de Europa. Están más «satisfechos con la forma en que la democracia funciona» en su país que los ciudadanos de cualquier otro país europeo. Un dato asombroso es que el 94 % de los ciudadanos daneses están al menos «más o menos satisfechos» con la forma en que la democracia funciona en su país.[23] A esta legitimidad sociológica hay que agregar algo de legitimidad normativa proveniente de dos características. Primero, los ciudadanos daneses están involucrados activamente en política. Sin que exista ningún tipo de obligatoriedad en el voto, la participación en las elecciones generales desde 1960 promedia un 85 %. En el Índice de la Democracia de *The Economist* de 2010, Dinamarca cuenta con la tercera puntuación más alta después de Noruega e Islandia.[24] Segundo, el proceso mismo de negociación añade valor democrático al hacer explí-

---

22. Véase Mayne (2010) sobre los posibles efectos de esta descentralización sobre la satisfacción política; en torno a Gobiernos que controlan el poder de puntos locales de veto al acceder a rutas alternativas de acción, véase Blom-Hansen (1999).

23. Datos del Eurobarometro para Dinamarca, 2007. Tomado de Norris (2011), tablas 4.2, 4.3, y 4.4 (págs. 24-6). http://ec.europa.eu/public_opinion/cf/showchart_column.cfm?keyID53&nationID52,&startdate52004.04&enddate52004.04. l 18 de agostode

24. ponstado el 18 de agosto de 2011. consulr htt//graphics.eiu.com/PDF/Democracy_Index_2010_web.pdfhttp:/stado el 11 de agosto de 2011consul

citas las razones y justificaciones esgrimidas por las diferentes partes/partidos.[25]

Los daneses también han mostrado su capacidad para la resistencia cuando ha sido necesario. En 1943, cuando el ejército alemán ocupó Dinamarca, la condena pública del plan alemán para deportar a los judíos involucró al rey, las universidades, los estudiantes, la Iglesia estatal danesa, el Tribunal Supremo, los sindicatos, la Confederación de empleadores, las organizaciones de agricultores, los ministros y todos los partidos políticos a excepción del pequeño pronazi Partido Nacional Socialista de los Trabajadores de Dinamarca (Kirchhoff, 1995). Las corporaciones danesas fueron de hecho el foco de la resistencia.

No estoy diciendo que los Estados Unidos puedan moldearse siguiendo el modelo danés. Eso sería absurdo. Tampoco estoy diciendo que Dinamarca sea una comunidad política perfecta. Las protecciones que ofrece a sus propios ciudadanos están relacionadas con su relativa homogeneidad y sus barreras a la inmigración. Finalmente, no tengo suficientes datos empíricos para juzgar los méritos relativos de los diferentes sistemas menos propensos al bloqueo, sean los sistemas Westminster de regla mayoritaria o los sistemas de negociación bien estructurados, o el papel de los diferentes tipos de puntos de veto, que en algunos contextos pueden promover, en vez de entorpecer, la acción democrática común (Birchfield y Crepaz, 1998). Lo que digo es que estas cuestiones requieren de una atención empírica y normativa entrelazadas. Espero que en el futuro los comparatistas lean más teoría democrática y los teóricos más estudios comparados, al punto de que unos y otros puedan, con la ayuda de sus colegas, contribuir productivamente al desarrollo de ambos campos. En particular, hago un llamamiento urgente a que los teóricos políticos se puedan aliar pro-

---

25. Acerca del valor democrático, véase Applbaum (1992); para la negociación bajo condiciones donde la justicia actúa como criterio restrictivo, véase Mansbridge *et al.* (2010).

vechosamente con los comparatistas y con otros científicos políticos de corte empírico para investigar las fuentes de legitimidad democrática en países diferentes a Estados Unidos y a Gran Bretaña. En Dinamarca, podríamos concentrarnos en las fortalezas y debilidades de sus formas de negociación. Estas formas, desarrolladas históricamente no solo en Dinamarca sino también en otros Estados europeos relativamente neocorporativos, han influenciado considerablemente los procesos relativamente exitosos de las burocracias de la Unión Europea —que, a diferencia de Dinamarca, cuentan con electorados altamente heterogéneos—.

Así como no hay un único modelo para el desarrollo económico de todos los países, tampoco lo hay en la construcción de la acción democrática legítima. El nuevo campo de la teoría política comparada está investigando, entre otras cosas, las fuentes de la acción democráticamente legítima en las culturas y filosofías de países no occidentales. Lo que defiendo es que en la medida en que este trabajo avanza, el foco debería situarse tanto en las fuentes de la acción inteligente y coordinada —y la coerción relativamente legítima— como en la resistencia.

Si pensamos en problemas a gran escala, como el cambio climático o las armas de destrucción masiva, el foco sobre la acción deviene aún más necesario. Las decisiones a nivel global no pueden ser tan legítimas democráticamente como aquellas que se adoptan a nivel nacional. En un futuro predecible, las decisiones a escala global tendrán aún menos probabilidades de ser discutidas —ni mucho menos resueltas— que las del nivel nacional, en una arena gobernada solamente por la «fuerza sin fuerza del mejor argumento». Tampoco serán decisiones tomadas de tal manera que se aproximen de manera igualitaria al poder de cada individuo o al poder proporcional de los afectados. Para lograr una acción capaz de dirigirse a problemas de acción colectiva a escala global, tendremos que aceptar una coerción continua que es mucho menos legítima en términos democráticos que la coerción que aceptamos al nivel del Estado nación. Pero tenemos que actuar, tanto como sea humanamente posible, por el bien de las generaciones venideras.

Las elecciones son solo el punto de partida de la democracia a nivel global. Estas producen representantes, quienes hacen nombramientos, y esos designados nombran a otros, y esos otros designan otros más. A medida en que se extienden las líneas de la delegación, se alejan cada vez más de su fuente de legitimidad asentada en la voluntad popular. Pero las líneas mismas pueden ser más o menos legítimas. Un requisito mayor para su legitimidad es ser relativamente transparentes —tan libres como sea posible tanto de corrupción ilegal como de corrupción legal e institucional—.[26] Tenemos además que reflexionar con más cuidado acerca de los criterios deliberativos de la legitimidad democrática cuando los delegados designados toman decisiones.

Si, como creo, la legitimidad democrática no es solo inherente a las formas agregativas (como las elecciones) sino a las formas deliberativas, una mayor legitimidad democrática podría derivar de estructuras que inserten a los delegados para la toma de decisiones en redes de pares y comunidades epistémicas con vocación de servicio público, en donde afloren criterios relevantes para la toma de decisiones y, así, se matice la consideración de las opciones disponibles. Una mayor legitimidad ciertamente será inherente a las estructuras que promuevan la deliberación en un contexto de respeto mutuo y atención al interés público, tal como relatan los observadores que parece ser el caso de —al menos— partes de la burocracia de la Unión Europea (Naurin, 2007). Cuando el tiempo lo permita, una mayor legitimidad deliberativa también podría derivar de suplementar líneas extensas de delega-

---

26. La «corrupción institucional» se refiere a «la influencia, financiera o de otro tipo, en el interior de una economía de influencia, que debilita la efectividad de una institución, especialmente al debilitar la confianza pública en esa institución» (Lessig, 2010, pág. 11). Kaufmann y Vicente (2011) denominan a este fenómeno «corrupción legal». Todos estos autores ofrecen como ejemplo la influencia corrupta —pero legal— del dinero privado en las políticas públicas de Estados Unidos.EEUU

ción con mecanismos que generen insumos ciudadanos para las decisiones a través de iniciativas deliberativas, grupos de partes interesadas, o grupos de selección aleatoria. Tales grupos tienen que ser consultivos, sin poder de decisión, hasta el momento en que los grupos con tal poder, elegidos mediante procesos normativamente legítimos de sorteo o elección, puedan tener legitimidad sociológica. Hoy por hoy, insertar grupos de ciudadanos con poder de decisión al final del proceso podría obstaculizar las líneas legítimas de delegación.

En esta visión dual de la legitimidad delegada, las líneas transparentes de delegación proveen la legitimidad formal, en tanto una variedad de otros mecanismos amplían la legitimidad que deriva de tener en cuenta los intereses de todos los afectados. Los juicios en torno a la legitimidad de las decisiones, que emergen de esas extensas líneas de delegación, no deberían estar basados solamente en la legitimidad formal de su mandato y de los foros específicos en los que las decisiones tuvieron lugar, sino también en los elementos legitimadores de los sistemas deliberativos y representativos que alimentan esos foros.[27]

A nivel global, incluso el compromiso con solo una modesta interferencia frente al capital también supone amenazas para la humanidad. Un mercado no regulado de capitalistas corporativos, buscando la mejor negociación y respondiendo a (o creando) la demanda, generará inevitablemente quiebras financieras globales, calentamiento global, escalada armamentista y proliferación nuclear. El mercado, con sus muchas virtudes, requiere regulación, al igual que requiere regulación el poder del capital para intervenir y sesgar ilegítimamente las decisiones políticas. En la actualidad estamos casi inimaginablemente lejos de lograr ser (como) Dinamarca a escala global. Pero si queremos acercarnos a esa meta, los Go-

---

27. En torno a sistemas deliberativos, véanse Dryzek (2010); Mansbridge (1999); Mansbridge *et al.* (en prensa); Neblo (en prensa). Sobre sistemas representativos, véanse Disch (2011); Mansbridge (2003, 2011).

biernos democráticos necesitan encontrar una manera de interferir más que modestamente con respecto al capital.

Una teoría para nuestro tiempo

Los dos impedimentos de la democracia en los Estados Unidos que señaló Dahl son, de este modo, impedimentos para progresar no solo a nivel nacional sino global. En ambos niveles tenemos que innovar tanto a nivel institucional como en el ámbito de la teoría democrática. Necesitamos teoría que se pueda enfocar tanto en la acción —y coerción— como en la resistencia; en la negociación como en la deliberación; en los sistemas así como en foros específicos; en el poder delegado al tiempo que en la democracia directa o las elecciones representativas; en nuevas formas representativas así como en las viejas, y en nuevas formas de involucrar a los ciudadanos para concebir y actuar por el bien de las generaciones por venir así como el de la nuestra.

En resumen, necesitamos una teoría democrática para nuestros tiempos, tanto a nivel estatal como global. La teoría de la democracia de Madison ya no funcionará. La plétora de puntos de veto que recomendaron los fundadores, y que los Congresos estatales acogieron, no permitirá el suficiente grado de acción positiva. A nivel global, necesitamos delegados de las naciones que puedan negociar y coordinar entre sí para generar acción. Esa acción va a requerir coerción, que deberá ser tan legítima como sea posible. Irónicamente, la acción colectiva a nivel global puede requerir parecerse más a las negociaciones tendentes a la acción colectiva en el diminuto Estado de Dinamarca que a las negociaciones entre dos inmensos partidos tendentes a la inacción colectiva en los Estados Unidos. Al tratar de acercar tanto las acciones de nuestra nación como las del planeta Tierra a los ideales de la democracia, asumo que los ideales regulativos permanecerán, en su base: la igualdad, la libertad, el bien común, la protección de intereses básicos —particularmente los de los más vulnerables—. Pero la forma en que interpretemos las implicaciones normativas e institucionales de esos ideales tendrá que evolucionar mientras nos esforzamos por pensar más acerca de nuestros ideales y aprendemos de la experiencia.

Bibliografía

Applbaum, A. I. (1992). «Democratic Legitimacy and Official Discretion», *Philosophy & Public Affairs*, 21 (3): 240-74.

Arendt, H. (2006). *Sobre la violencia*, Alianza Editorial, Madrid.

Atkinson, A. B.; Piketty, T.; Saez, E. (2011). «Top Incomes in the Long Run of History», *Journal of Economic Literature*, 49 (1): 3-71.

Barber, B. R. (1984). *Strong Democracy: Participatory Politics for a New Age*, University of California Press, Berkeley.

Bartels, L. (2008). *Unequal Democracy: The Political Economy of the New Gilded Age*, Princeton University Press, Princeton.

Birchfield, V.; Crepaz, M. M. L. (1998). «The Impact of Constitutional Structures and Collective and Competitive Veto Points on Income Inequality in Industrialized Democracies», *European Journal of Political Research*, 34 (2): 175-200.

Blom-Hansen, J. (1999). «Avoiding the "Joint-decision Trap": Lessons from Intergovernmental Relations in Scandinavia», *European Journal of Political Research*, 35 (1): 35-67.

Dahl, R. A. (1956). *A Preface to Democratic Theory*, University of Chicago Press, Chicago.

— (1977). «On Removing Certain Impediments to Democracy in the United States», *Political Science Quarterly*, 92 (1): 1-20.

— (1992). *La democracia y sus críticos*, Paidós, Barcelona.

Disch, L. (2011). «Toward a Mobilization Conception of Democratic Representation», *American Political Science Review*, 105 (1): 100-14.

Drutman, L. J. (2010). «The Business of America is Lobbying: The Expansion of Corporate Political Activity and the Future of

American Pluralism» (tesis doctoral), University of California, Berkeley.

Dryzek, J. (2010). *Foundations and Frontiers of Deliberative Governance*, Oxford University Press, Oxford.

Fukuyama, F. (2016). *Los orígenes del orden político. Desde la prehistoria hasta la Revolución francesa*, Deusto, Madrid.

Goodin, R. E. (1996). «Institutionalizing the Public Interest: The Defense of Deadlock and Beyond», *American Political Science Review*, 90 (2): 331-43.

Habermas, J. (1994). *Historia y crítica de la opinión pública. La transformación estructural de la vida pública*, Gustavo Gili, Barcelona.

— (1999). *Teoría de la acción comunicativa. 1: racionalidad de la acción y racionalización social*, Taurus, Madrid.

Hacker, J. S.; Pierson, P. (2010). *Winner-Take-All Politics*, Simon and Schuster, Nueva York.

Kateb, G. (1995). *Emerson and Self-Reliance*, Sage Publications, Thousand Oaks.

Kaufmann, D.; Vicente, P. C. (2011). «Legal Corruption», *Economics & Politics*, 23 (2): 195-219.

Kirchhoff, H. (1995). «Denmark: A Light in the Darkness of the Holocaust?», *Journal of Contemporary History*, 30 (3): 465-79.

Koger, G. (2010). *Filibustering: A Political History of Obstruction in the House and Senate*, University of Chicago Press, Chicago.

Kuttner, R. (2008). «The Copenhagen Consensus; Reading Adam Smith in Denmark», *Foreign Affairs*, 87 (2): 78-95.

Lautenbach, Manegold de [1085] 1954. *Ad Gebehardum Liber*, en *Medieval Political Ideas*, Ewart Lewis (ed.) (págs. 164-5), Routledge & Paul, Londres.

Lessig, L. (2010). «Democracy after Citizens United», *Boston Review*, 35 (5): 11-29.

Lively, J. (1975). *Democracy*, Blackwell, Oxford.

Mansbridge, J. (1980). *Beyond Adversary Democracy*, Basic Books, Nueva York.

— (1996). «Using Power/Fighting Power: The Polity», en *Democracy and Difference*, Seyla Benhabib (ed.) (págs. 46-56), Princeton University Press, Princeton.

— (1999). «Everyday Talk in the Deliberative System», en *Deliberative Politics*, Steven Macedo (ed.) (págs. 211-39), Oxford University Press, Oxford.

— (2003). «Rethinking Representation», *American Political Science Review*, 97 (4): 515-28.

— (2011). «Clarifying Representation», *American Political Science Review*, 105 (3): 621-30.

Mansbridge, J.; Bohman, J.; Chambers, S.; Estlund, D.; Follesdal, A.; Fung, A.; Lafont, C.; Manin, B.; Martí, J. L. (2010). «The Place of Self-Interest and the Role of Power in Deliberative Democracy», *Journal of Political Philosophy*, 18 (1): 64-100.

Mansbridge, J.; Bohman, J.; Chambers, S.; Christiano, T.; Fung, A.; Parkinson, J.; Thompson, D.; Warren, M. (en prensa). «A Systemic Approach to Deliberative Democracy», en *Deliberative Systems*, John Parkinson y Jane Mansbridge (eds.), Cambridge University Press, Cambridge.

Mayne, Q. (2010). «The Satisfied Citizen: Participation, Influence, and Public Perceptions of Democratic Performance» (tesis doctorial), Princeton University Press, Princeton.

Mungiu-Pippidi, A. (2011). «Becoming Denmark: Understanding Good Governance Historical Achievers», en *Contextual Choices in Fighting Corruption*, eAlina Mungiu-Pippidi *et al.* (eds.), Norwegian Agency for Development and Cooperation, Oslo (también disponible en www.againstcorruption.eu).

Nagel, J. (1975). *A Descriptive Analysis of Power*, Yale University Press, New Haven.

Naurin, D. (2007). *Deliberation behind Closed Doors: Transparency and Lobbying in the European Union*, ECPR Press, Colchester.

Neblo, M. (en prensa). *Common Voices: Between the Theory & Practice of Deliberative Democracy*, ms. en preparación.

Norris, P. (2011). *Democratic Deficit: Critical Citizens Revisited*, Cambridge University Press, Cambridge.

Pateman, C. (1970). *Participation and Democratic Theory*, Cambridge University Press, Cambridge.

Pettit, P. (1997). *Republicanismo. Una teoría sobre la libertad y el gobierno*, Paidós, Barcelona.

Pritchett, L.; Woolcock, M. (2002). «Solutions When the Solution Is the Problem: Arraying the Disarray in Development», Working Paper #10, Center for Global Development, Washington.

Reich, R. B. (2007). *Supercapitalism*, Knopf, Nueva York.

Schlozman, K. L.; Verba, S.; Brady, H. E. (2013). *The Unheavenly Chorus: Unequal Political Voice and the Broken Promise of American Democracy*, Princeton University Press, Princeton.

Sinclair, B. (2002). «The "60-vote Senate"», en *U.S. Senate Exceptionalism*, Bruce I. Oppenheimer (ed.) (págs. 241-61), Ohio State University Press, Columbus.

Vogel, D. (1989). *Fluctuating Fortunes: The Political Power of Business in America*, Basic Books, Nueva York.

Wawro, G, J.; Schickler, E. (2010). «Legislative Obstructionism», *Annual Review of Political Science*, 13: 297-319.

Wolin, S. S. (1994). «Fugitive Democracy», *Constellations*, 1 (1): 11-25.

8
Negociación deliberativa[1]

Mark E. Warren y Jane Mansbridge con André Bächtiger,
Maxwell A. Cameron, Simone Chambers, John Ferejohn,
Alan Jacobs, Jack Knight, Daniel Naurin, Melissa
Schwartzherg, Yael Tamir, Dennis Thompson
y Melissa Williams.

Perseguimos diversos objetivos en este análisis normativo de la negociación. Primero, sostenemos que la capacidad de actuar es parte integral del sentido de la democracia. Cuando las legislaturas llegan a un punto muerto debido a su inhabilidad para negociar, su inacción socava valores democráticos claves. Segundo, señalamos la simple cuestión de que es improbable que un proceso de negociación sea por completo justo a menos que incorpore dos elementos a menudo vistos como normativamente esenciales para la democracia: (1) la inclusión en condiciones justas de las partes

---

1. Publicado originalmente en inglés en: Warren, Mark E. y Jane Mansbridge, con André Bächtiger, Max A. Cameron, Simone Chambers, John Ferejohn, Alan Jacobs, Jack Knight, Daniel Naurin, Melissa Schwartzberg, Yael Tamir, Dennis Thompson y Melissa Williams. 2015. "Deliberative Negotiation". En *Political Negotiation*, Jane Mansbridge y Cathie Jo Martin (eds.). Washington DC: Brookings, págs. 141-198. Este texto fue resumido para su inclusión en esta edición.

afectadas, y (2) la igualdad de poder de los negociadores. Por supuesto, rara vez las negociaciones cumplen dichos criterios, pero estos proveen objetivos hacia los cuales dirigirse. Asimismo, anotamos que, si bien ambos criterios son intuitivos y ampliamente aceptados, también son debatibles. Tercero, distinguimos los posibles componentes que pueden aparecer en el proceso de negociación legislativa. Entre los dos extremos de la deliberación pura y el regateo puro, especificamos tres formas de lo que denominamos *negociación deliberativa*, y detallamos las características de cada una. Luego explicamos por qué creemos que el fenómeno de la negociación deliberativa ha sido descuidado, tanto empírica como normativamente, y por qué debería recibir más atención en la política. Por último, emprendemos una investigación normativa sobre tres prácticas —mandatos prolongados, reuniones a puerta cerrada, y pagos compensatorios (*side payments*)—[2] que hacen más efectiva la negociación política, permitiendo, por consiguiente, que las democracias actúen. Especificamos los criterios que podemos usar para juzgar cuándo esas prácticas son justificables desde una perspectiva democrática.

La teoría normativa de la negociación y los acuerdos democráticos está en pañales. La teoría de la democracia deliberativa ha ido evolucionando a lo largo de los últimos treinta años, pero no necesariamente es lo mismo aceptar dicha teoría que apreciar el valor de la negociación deliberativa. La argumentación que presentamos aquí en favor de la capacidad de actuar colectivamente como algo esencial para la democracia, de las negociaciones deliberativas que

---

2. N. del T.: los *side payments* se refieren a medidas compensatorias ante pérdidas predecibles para uno de los actores, para así facilitar la negociación o inducir a un actor a participar (a través de una compensación adicional). Es decir que, si uno de los actores siente que, en caso de negociar, las pérdidas son mayores que las ganancias, el otro actor ofrece una compensación para inducirlo a negociar. Si bien el término puede evocar cierta reticencia (en el sentido de un pago lateral, no del todo visible), tal como señalan más adelante los autores, el término no posee ese sentido peyorativo en la literatura sobre negociación, acuerdos y conflictos.

posibilitan la acción colectiva legítima, y de las condiciones institucionales que soportan la negociación deliberativa, forman parte de una primera etapa en un proceso de construcción teórica.

Acción

La capacidad colectiva para actuar es un componente crucial de la democracia. Esa capacidad está subestimada de manera sorprendente tanto en la noción habitual de la democracia como en la teoría académica de la democracia. Cuando los problemas de la comunidad política requieren que se actúe y el parlamento no lo hace, la demanda de acción se desplaza hacia el ejecutivo, las agencias administrativas y los tribunales. Por supuesto que el presidente, las agencias y los tribunales no son antidemocráticos. Todos tienen justificación democrática en el sentido que los ciudadanos eligen directamente al ejecutivo, los miembros de las agencias son debidamente seleccionados, y los ciudadanos han autorizado constitucionalmente a sus funcionarios electos a nombrar a los miembros de la rama judicial. Pero el parlamento —el órgano legislativo oficial— tiene un papel único y central en una democracia. En los Estados Unidos, solo el Congreso tiene la autoridad de hacer y financiar leyes y los programas y políticas que se derivan de ellas. Ya que el Congreso está compuesto por muchos representantes, elegidos en todos los rincones del país, también puede acercarse mucho más que el ejecutivo a representar y comunicarse con las personas en toda su pluralidad. Cuando el Congreso no es capaz de actuar de cara a los problemas colectivos urgentes, el poder fluye hacia las otras partes del sistema político, disminuyendo su capacidad democrática y su legitimidad.

Algunos fallos están democráticamente justificados por una decisión mayoritaria de no actuar, sea implícita o explícita. Otras fallas al actuar están justificadas democráticamente por divisiones profundas entre la ciudadanía acerca del curso a seguir, aun cuando la mayoría concuerda en que debe darse algún tipo de acción.

Las fallas al actuar que más nos preocupan surgen cuando los miembros del parlamento podrían elaborar políticas que mejorarían el *statu quo*, contarían con el respaldo de la mayoría de la población, sin infringir los derechos individuales o los de las minorías —pero los legisladores siguen sin ponerse de acuerdo y, por tanto, no actúan—. Este tipo de fallas no son neutrales normativamente: favorecen el *statu quo* y desempoderan respuestas colectivas tanto frente a problemas emergentes como de larga duración. Privilegiar el *statu quo* no es competencia exclusiva de alguno de los lados del espectro político; incluso los partidarios de un Gobierno reducido tienen que aprobar legislación para alcanzar esa meta. Cuando una mayoría de la ciudadanía favorece una acción que no restringe derechos individuales, el bloqueo legislativo le empieza a sustraer su legitimidad a la legislatura —e incluso a la comunidad política en su totalidad—.

La capacidad para actuar está instalada en el significado mismo de la democracia, o gobierno (*kratos*) del pueblo (*demos*). Mientras que buena parte de la teoría política a la fecha ha explorado qué podría significar el que el *pueblo* gobierne, nos enfocamos en qué podría significar que ese pueblo *gobierne* —esto es, que tenga la capacidad de actuar e implementar decisiones (véase Ober, 2008, pág. 7). A veces tanto los ciudadanos del común como los teóricos democráticos dan por sentado el componente de la acción en la democracia y, por tanto, lo descuidan, porque la acción no es democrática *per se*. Ambos también pueden olvidar el valor de la acción porque estamos habituados a enfocarnos en la resistencia a la tiranía. Algunas características centrales de nuestro sistema político (p. ej., la separación de poderes) fueron diseñadas para evitar los peligros de la tiranía.

Muchas prácticas democráticas, basadas en ideales democráticos sólidos, pueden dificultar la acción democrática. El establecimiento de derechos para las minorías, con un sistema judicial fuerte e independiente para proteger esos derechos, puede dificultar la acción democrática. Los frenos y contrapesos entre las distintas ramas del Gobierno, instituidos para la protección en contra del abuso del poder, pueden dificultar la acción democrática. Las reglas destinadas a promover la deliberación, como por ejemplo el debate sin restricciones, pueden dificultar la acción democrática. La práctica de la resistencia civil desde la sociedad civil, que bloquea a la tiranía y a la vez es uno de los pocos recursos de presión para la inclusión de los grupos marginados o excluidos de la comunidad política, también puede dificultar la acción democrática. Valoramos esas prácticas e ideales por sus funciones incluyentes. Nuestro objetivo, sin embargo, es señalar que las inclusiones no son suficientes para la democracia: si las colectividades carecen de la capacidad para actuar, las inclusiones siguen siendo impotentes. Hacemos énfasis en que la capacidad para la acción es *parte* de la democracia, en tanto un sistema político debe empoderar a las colectividades para que respondan a sus problemas y aspiraciones colectivas. Por lo tanto, subrayamos el daño que el bloqueo político puede hacerle a las capacidades de la democracia para hacer cosas —esto es, el daño para la democracia en tanto autogobierno colectivo—. Queremos rectificar el balance entre resistencia y acción al llamar la atención sobre cómo las instituciones destinadas a empoderar la resistencia pueden socavar las capacidades democráticas para resolver problemas colectivos.

Al contemplar estos intercambios (*quid pro quo*) entre la resistencia a la tiranía y la capacidad para actuar, destacamos que la incapacidad para llegar a un acuerdo a menudo perjudica la inclusión, la formación de la voluntad colectiva, la eficiencia, la confianza colectiva y la legitimidad.

Primero, un sistema bloqueado tiende a rechazar demandas emergentes. Las negociaciones fallidas congelan los patrones existentes de inclusión y exclusión, al tiempo que fracasan en responder al cambio social y económico. El cambio social puede ocurrir, pero las fuerzas del cambio tienen que operar por fuera del sistema político.

Segundo, si bien los medios de comunicación, grupos de interés y los movimientos sociales ayudan a dar forma a las perspectivas e intereses de los miembros de la comunidad política a través del involucramiento y la discusión, los partidos políticos, las campañas políticas y los candidatos, por su parte, ayudan a dar forma a esas perspectivas, intereses, necesidades y deseos en agendas que sean ejecutables. Entonces, las legislaturas hacen el trabajo detallado de preparar las políticas que pueden atraer a una mayoría de votos de los representantes. Si una democracia está funcionando bien, sus instituciones transforman los conflictos en acuerdos potenciales que al menos la mayoría de participantes podría considerar como aceptables en términos sustantivos —y la mayoría de los demás podrían considerarlos aceptables en términos procedimentales y, por tanto, legítimos—. El bloqueo legislativo equivale a un fracaso en la conversión de las voluntades de quienes deberían estar incluidos en cualquier decisión en algo que constitucionalmente pueda considerarse una decisión y una voluntad colectivas.

Los acuerdos fallidos también conllevan costes de eficiencia, sobrellevados por los miembros de la colectividad. Algunas formas de lo que llamamos negociación deliberativa a menudo ayudan a los participantes a descubrir resultados eficientes que capturan más intereses comunes y superpuestos, y soluciones de suma positiva a los problemas de lo que parecía posible anteriormente. Acuerdos así pueden, entonces, ahorrarle costes significativos a la comunidad política. Los acuerdos clásicos también ahorran costes en los conflictos en curso, siendo la guerra el caso límite. Los acuerdos fallidos a menudo implican costes en la reducción de la confianza mutua, lo cual afecta las posibilidades de acuerdos futuros. Toda falta de acuerdo cuando este es posible tiende a inducir a los participantes a abstenerse de brindar respeto a sus oponentes y en cambio a demonizarlos. El fracaso en el acuerdo engendra una cultura y una mentalidad de animosidad que, a su vez, hace menos probables acuerdos futuros (Gutmann y Thompson, 2012, cap. 2).

En contraste, los acuerdos exitosos a menudo producen externalidades éticas positivas: generan la confianza necesaria entre los oponentes para el siguiente acuerdo.

El conjunto de estos fallos pasa factura a la legitimidad. Distinguimos entre *legitimidad normativa* y *legitimidad empírica*. La legitimidad normativa existe cuando un proceso puede ser justificado con razones bien fundadas. La legitimidad empírica existe cuando un proceso es aceptado de hecho por la mayoría de las personas en la colectividad en cuestión.

El bloqueo socava la legitimidad *normativa* cuando la práctica que emana de instituciones establecidas para promover ideales democráticos ya no es justificable en términos de los ideales mismos o de un balance razonable con otros ideales —como la acción democrática—. Mencionamos anteriormente que el bloqueo legislativo fomenta la migración del poder hacia afuera del parlamento. Si el parlamento es la más «democrática» de las ramas del poder —en vista de sus capacidades para representar el pluralismo de una colectividad y para habilitar una comunicación bidireccional entre los electores y representantes—, el bloqueo produce un proceso menos democrático. El bloqueo también produce resultados no democráticos. Como han señalado los politólogos desde la década de 1960, una «no decisión» es tan decisoria como cualquier otro acto explícito de decisión (Hachrach y Baratz, 1962, 1963).

Si una mayoría significativa está a favor de la acción y la oposición a esa acción no está basada en derechos individuales o minoritarios, entonces la inacción es no democrática. La inacción es particularmente preocupante cuando por razones externas una situación ya se está desarrollando en una dirección y la inacción permite que esa «deriva» continúe, o cuando cambian las preferencias fuertes de la mayoría en respuesta a nuevas circunstancias, pero los cuerpos políticos existentes no alteran las políticas pertinentes. Los prolongados déficits estructurales en el presupuesto, la creciente desigualdad y la desigual inversión en capital humano y físico vividos hoy en los Estados Unidos ejemplifican algunos de estos tipos de derivas. A nivel internacional, los crecientes fenómenos climáticos extremos ejemplifican otro tipo de deriva. Si las decisiones para actuar en cada caso fueran meditadas deliberada y cuidadosamente, y los resultados potenciales fueran evaluados y rechazados, la inacción resultante sería legítima democráticamente. Sin embargo, cuando las instituciones de la comunidad política bloquean recurrentemente las decisiones que de otro modo hubieran sido tomadas democráticamente —y entonces se habría actuado—, el resultado es ilegítimo en términos democráticos.

El bloqueo también socava la legitimidad *empírica*. Un sistema político que a juicio de la gente no puede actuar corre el riesgo de perder su legitimidad, lo cual a su vez puede poner en riesgo su estabilidad. En los Estados Unidos, la confianza en el Congreso está en su punto histórico más bajo, en parte debido al reciente bloqueo del Congreso (con una aprobación del 9 %). Si bien el sistema como un todo no parece estar perdiendo su legitimidad en opinión de la gente, su núcleo democrático —el Congreso— se encuentra en un peligro de ese tipo. En las democracias más nuevas la incapacidad para actuar democráticamente a menudo provee una razón de peso para un retorno al gobierno autoritario. En los Estados Unidos el riesgo para la democracia es más sutil pero también bastante real: a medida que el núcleo del sistema político pierde su legitimidad, aquellos poderes que quedan para la acción colectiva migran hacia partes menos democráticas del sistema: las agencias del Ejecutivo, la Reserva Federal y el sistema judicial.

La democracia, en resumen, incluye tanto al «pueblo» como a su «gobierno». En una democracia sana, la gente es capaz de proveerse bienes colectivos y responder colectivamente a los retos, problemas y oportunidades emergentes. Un sistema legislativo paralizado daña la democracia al socavar estas capacidades.

Los ideales de una negociación justa[3]

En este capítulo, defendemos la negociación como una herramienta importante y democrática a través de la cual los ciudadanos y sus representantes toman decisiones colectivas que afectan sus vidas. Antes de discutir las cualidades normativas de lo que llamamos «negociación deliberativa», abordamos la cuestión de cómo los procesos de negociación pueden ser evaluados desde el punto de vista de la justicia —una cuestión que está relacionada pero no es idéntica a la cuestión de los criterios democráticos—. Aunque no ofrecemos una discusión extensa sobre la justicia, sugerimos que los procesos de negociación pueden ser juzgados como más o menos justos en relación con dos ideales simples: el ideal de incluir a todas las partes afectadas y el ideal de igualdad de poder en la negociación. Ambos ideales están relacionados con la justicia del *proceso*, no con sus *resultados*. Y ambos ideales apoyan y están estrechamente relacionados con los ideales democráticos de inclusión.

Son también «ideales regulativos» que proveen estándares hacia los cuales dirigirse, no criterios que, en caso de no ser cumplidos, desaprueban el proceso. Reconocemos que estas ideas son controvertibles. Las discutimos aquí no para saldar las controversias sino para poner sobre la mesa estos asuntos para su posterior deliberación.[4] Nuestro criterio general de justicia en la negociación es que, en una metadeliberación acerca de las condiciones de una negociación justa, los participantes libres e iguales probablemente adopten esas interpretaciones de la aplicación de la justicia a las condiciones de la negociación.

---

3. Esta sección debe ser tomada como un referente para una discusión más meticulosa que esperamos tener en el futuro (y que, si nosotros como colectivo no la tenemos, esperamos que la comunidad más amplia de teóricos normativos la tenga).

4. La cuestión de los ideales de una negociación justa no ha sido muy discutida. En uno de los abordajes que conocemos, Albin se declaró «sorprendido por la escasez de investigaciones comparables» (Albin, 2001, pág. 12).

Negociación deliberativa

El Congreso parece estar perdiendo su capacidad para lo que llamamos «negociación deliberativa». Entendemos por *negociación* en el ámbito político una práctica en la cual los individuos, a menudo actuando en instituciones a nombre de otros, elaboran y responden a demandas, argumentos y propuestas con el ánimo de alcanzar acuerdos vinculantes y mutuamente aceptables. Por *negociación deliberativa* entendemos una negociación basada en un proceso de justificación mutua, respeto y equidad recíproca. Tal negociación incluye elementos de argumentos a partir de los méritos de consideraciones planteadas que son aceptables para las otras partes; la búsqueda de zonas de acuerdo y desacuerdo; y argumentar acerca de las condiciones de un proceso justo, así como de resultados, con un trasfondo de respeto mutuo y suficiente para que esos argumentos tengan fuerza motivadora. La negociación deliberativa se da en un contexto de relativa apertura y explicitación de intereses, necesidades y restricciones.[5]

Buena parte de lo que se ha venido en llamar como «teoría política deliberativa» en la segunda mitad del siglo XX empieza por distinguir entre «deliberación», es decir, un proceso de justificación mutua, y «regateo», esto es, un proceso en el que individuos o grupos dicen que harán o darán algo a cambio de otra cosa, y en el que cada uno da lo mínimo y obtiene lo máximo.[6] Elster resume esta distinción cuando diferencia entre «regateo» político y «argumentación» política (o deliberación). Ubica la negociación y el voto en la misma categoría no deliberativa (o antideliberativa), identificando a la negociación como «instrumental», «privada»,

---

5. Sobre negociaciones deliberativas véase además Mansbridge (2009) y Mansbridge *et al.* (2010).

6. La definición de *regateo* en parte es extraída del diccionario Merriam-Webster. Tres vetas distintas de la primera teoría deliberativa han enfatizado esta distinción: la habermasiana ([1981]1999), la republicana cívica (p. ej., Sunstein, 1988) y la rawlsiana (Cohen, 2007).

basada en el «voto individual y secreto», dando como resultado un «compromiso entre intereses privados ya dados e irreductiblemente opuestos» (1986, pág. 103). Al otro lado de su dicotomía, identificó la «argumentación» con el «acuerdo racional en lugar del mero compromiso» y con «el debate público con la intención de hacer emerger un consenso» (pág. 103).

Desde entonces, muchos teóricos democráticos deliberativos han argumentado que la deliberación y el voto son actividades complementarias en lugar de contradictorias. Han argüido asimismo que la meta de la deliberación no es solo alcanzar la unanimidad sino también clarificar y estructurar el conflicto.[7] Nosotros expandimos estos puntos para incluir la negociación, señalando que, en la negociación, no solo argumentar y regatear frecuentemente van de la mano a nivel empírico, sino que son compatibles normativamente. En la negociación deliberativa, las partes reconocen los intereses en conflicto, pero buscan justificación y respeto mutuos, así como resultados y términos de interacción justos. Son relativamente abiertas y transparentes entre sí. En lugar de un acuerdo racional acerca del fondo de un asunto, pueden generar o bien un acuerdo negociado «integrador» o un compromiso, tal como se describe más adelante. Sugerimos que en el mundo político no se ha prestado suficiente atención a la prevalencia de las formas deliberativas de negociación.

Para propósitos de este análisis, usamos *negociación* como un término amplio para incluir todos los procesos de esta tabla, oscilando entre la deliberación pura a través de las variadas formas de la negociación deliberativa y el regateo puro. En la práctica, los elementos deliberativos en las negociaciones pueden entrelazarse con las amenazas y promesas características del regateo puro. Solo

---

7. Sobre la congruencia entre votar y deliberar, véase por ejemplo Thompson (2002), Mansbridge *et al.* (2010). Sobre la clarificación y estructuración del conflicto, véase por ejemplo Goodin (2008), Mansbridge (2009), Knight y Johnson (2011), y List *et al.* (2013).

para facilitar la comprensión, la primera columna de la Tabla 1 retrata las expectativas que las partes tienen al entrar en el proceso y las peticiones que hacen. La segunda representa los resultados derivados del acuerdo.

TABLA 1. Tipos de procedimientos para buscar acuerdos

	Procedimientos para buscar acuerdos				
	Deliberación pura	Negociación deliberativa			Regateo puro
		Integradora		Distributiva	
Tras-fondo	Intereses comunes; todos ganan con beneficios idénticos o que se superponen, es decir, en un mayor entendimiento.	Ventaja mutua completa, en la cual cada parte gana, pero con beneficios distintos; no hay pérdidas.	Ventajas mutuas parciales; cada cual gana, pero se llega a un acuerdo para agregar valor.	No hay creación mutua de valor, con ofertas justas, basada en la razonabilidad; lo que alguien gana, alguien lo pierde.	No hay creación mutua de valor; demandas estratégicas, que cada uno maximiza.
Resultados	Consenso informado o clarificado y conflicto estructurado.	Acuerdo plenamente integrador; ninguna de las partes pierde.	Acuerdo parcialmente integrador; al menos alguien padece algo de pérdida.	Compromiso justo; cada parte ha sacrificado algo de valor.	Compromiso basado en el poder, en el cual cada parte pierde algo de valor o capitula; una de las partes se apropia de todo el excedente.

Tomado de Mansbridge *et al.* (2015, págs. 141-198)

La primera columna de la Tabla 1 identifica la *deliberación pura* —esto es, la deliberación dirigida tanto a lograr un acuerdo sólido como a clarificar los conflictos—.[8] La deliberación puede tener

---

8. Para definiciones de deliberación véase, entre otros, Gutmann and Thompson (2004); Chambers (2003); Goodin (2008); Fishkin (2005); Stokes (1998); Przeworski

lugar sin negociación alguna, particularmente en circunstancias donde existen intereses relativamente comunes, cuando los participantes están tratando de verificar hechos acerca del mundo, o forjar o descubrir instancias de un bien común. Sin embargo, lo que es más importante para nuestra discusión es que los momentos de deliberación pura pueden ocurrir dentro de una interacción más amplia que los legisladores y analistas llaman negociación. En esos momentos, una o más partes —que llegan a interactuar con la voluntad de ser persuadidas— pueden cambiar de opinión por razones de principio o simplemente al ver que nuevos medios les permiten alcanzar sus fines últimos de mejor manera que los medios que originalmente habían promovido.

Las siguientes cuatro columnas de la tabla pueden ser divididas de dos maneras (usamos ambas). Primero, adoptamos la distinción estándar de la bibliografía sobre negociación entre negociaciones *integradoras* y *distributivas*. En los momentos integradores de la negociación, los participantes descubren o crean ganancias conjuntas más allá de aquellas demarcadas por la zona original de acuerdo posible. En contraste, en los momentos distributivos, todas las ganancias conjuntas han sido capturadas y solo quedan distribuciones del tipo suma cero. Así, en la Tabla 1, la segunda y tercera columnas se refieren a los momentos integradores y sus correspondientes soluciones integradoras, mientras la cuarta y quinta columnas se refieren a los momentos distributivos y sus correspondientes soluciones distributivas. Sin embargo, adicionalmente, distinguimos entre formas de negociación deliberativa, deliberación pura y regateo puro. Las negociaciones deliberativas, sean integradoras o distributivas, son caracterizadas por una justificación mutua, respeto y la búsqueda de términos en la interacción y los resultados.

(1998); Knight y Johnson (1994); Dryzek (2000), y Manin (2005).

La negligencia frente a la negociación deliberativa

Es probable que los ciudadanos, politólogos y (crecientemente) los legisladores en el Congreso confundan el regateo puro con las distintas dimensiones de la negociación deliberativa envueltas en acuerdos exitosos. Estos errores se han reflejado en la teoría política. En 1962, en su primera gran obra, Habermas escribía de forma mordaz acerca de la acción legislativa en la República de Weimar, que «la compensación de intereses tiene que ser literalmente "negociada", conseguida, cada vez que se solicite, mediante presiones y contrapresiones, basada meramente como está en el equilibrio precario característico de una constelación de poder que se desenvuelve entre el aparato del Estado y los grupos de intereses» (Habermas, 1997, pág. 225). Tal «regateo», proclamó, llevaba la marca de su «procedencia (la esfera del mercado)» (Habermas, 1997, pág. 225). En 1998, Sunstein escribía de forma similar, desde la tradición cívico-republicana, que los ciudadanos virtuosos «intentarán diseñar instituciones políticas que promuevan la discusión y el debate entre la ciudadanía; serán hostiles a los sistemas que promuevan legislaciones como "transacciones" o regateos entre grupos privados de interés» (1988, pág. 1549).[9] En 1989, Cohen, desde una tradición rawlsiana, argumentaba que «la toma colectiva de decisiones [...] debe diferenciarse de la negociación [*bargaining*], la contratación y otras formas de interacción de tipo mercantil, tanto por su atención explícita a consideraciones de ventaja común, como por el modo en que esa preocupación ayuda a conformar los fines de los participantes» (Cohen, 2007, pág. 127).

Cada uno de estos tempranos teóricos deliberativos, desde tres tradiciones diferentes, posicionaron las metas normativas de la de-

---

9. Véase también: «Los republicanos [cívicos] serán hostiles a los mecanismos de regateo en el proceso político y, en cambio, buscarán asegurar el acuerdo entre los participantes políticos» (1988, pág. 1554).

liberación como antitéticas al «regateo». Como hemos visto, en 1986, haciendo eco de buena parte del pensamiento de su tiempo, Elster también situó la «argumentación», o deliberación, en agudo contraste con el «regateo». Si bien Habermas ([1992] 1998) posteriormente cambió su postura frente al regateo, otorgándole un estatus democrático más positivo cuando se da entre iguales, en ese momento estos tres teóricos recurrieron fácilmente a la denigración, públicamente aceptada, del «regateo». Pasaron por alto el valor democrático de la negociación en general, y el de la negociación deliberativa en particular.

El regateo puro ha generado la mayoría de fuertes connotaciones negativas que se atribuyen a la negociación. El regateo a menudo incluye amenazas —incluyendo la amenaza de retirarse— como algo rutinario. El uso estándar de la «tergiversación estratégica» en el regateo que ocurre en negociaciones de única vez —en particular, no revelar el precio de reserva—[10] conduce a que el regateo, o el «tira y afloja», como lo denominó Habermas, bordee con lo no ético. Algunos autores orientados hacia el mercado subrayan esta interpretación. White (1980, pág. 928), entre otros, argumenta que la negociación es como un juego de póker: «La esencia de la negociación es ocultar nuestra verdadera posición, despistar al oponente acerca del verdadero punto de acuerdo».[11] Un manual sobre negociación empresarial sugiere que «un individuo que confunde la ética privada con la moralidad empresarial no es un negociador efectivo. Un negociador debe aprender a... subordinar su sentido personal de la ética al propósito primordial de asegurar el mejor trato posible para el cliente» (Beckmann, [1977], citado en Lax y Sebenius [1986, 146]). Igual sucede en el parlamento: algunos legisladores consideran que el uso del procedimiento parlamentario para poner en desventaja a un oponente, o convocar a una vota-

---

10. N. del T.: el precio de reserva es el precio más alto que el comprador está dispuesto a ofrecer (por ejemplo en una subasta).

11. Véase Carr (1968, 145), quien permite el «ocultamiento» y el «engaño astuto».

ción cuando el oponente no está presente, no es más que una forma diestra de jugar dentro de las reglas.

Ninguna de esas prácticas que son características del regateo puro —amenaza, tergiversación estratégica, uso estratégico de información asimétrica— cumple los criterios normativos para la negociación *deliberativa*. Es decir, que la negociación esté basada en el respeto, la justificación mutua y la búsqueda de términos justos en la interacción y los resultados, todo lo cual supone un grado razonable de apertura y divulgación de información entre las partes. El compromiso con estas prácticas tiende a pasar por alto el valor práctico de las negociaciones deliberativas. Por ejemplo, las interacciones repetidas socavan la utilidad del regateo puramente estratégico al hacer menos probable que otros se involucren en negociaciones futuras con aquellos que los han engañado. Tales prácticas, por tanto, suelen ser ineficientes. Los casos que presentan Ulbert y Risse (2005, pág. 359) confirman el «rol crucial» de la «credibilidad y la veracidad de los portavoces» en las interacciones repetidas.

En particular, para desempeñar el papel de «intermediario de conocimientos» (una posición que asegura una influencia significativa en una negociación), el portavoz «debe ser percibido como honesto e imparcial». La reputación personal o el representar una organización con un extenso historial dedicado a una causa en aras del bien común puede también afianzar la credibilidad del portavoz. Las estructuras de incentivos creadas por la interacción repetida reducen la probabilidad de la mayoría de instancias de manipulación, engaño e incluso del uso estratégico de información asimétrica.

Es habitual que la negociación implique rechazo, ya que el mercado y también la legislatura están a menudo basados en el autointerés o, más comúnmente, en el autointerés de los electores. No menos importante, las negociaciones son vistas como derivadas de conflictos entre intereses que socavan e incluso corrompen el bien común. No obstante, recientemente el autointerés ha sido rehabilitado como un insumo importante del proceso democrático (Mansbridge *et al.*, 2010). Por añadidura, si bien a veces las negociaciones que terminan en compromisos reflejan falencias al momento de encontrar intereses comunes (representando así un segundo mejor resultado), tal falencia puede ocurrir solamente cuando existen intereses comunes que pueden ser descubiertos. En todos los demás casos, incluyendo la mayoría de casos difíciles en política, los participantes no obtendrán todo lo que quieren del proceso político. Un compromiso negociado puede ser la segunda mejor opción —pero igual suficientemente buena—. Ya que los intereses en conflicto son un parte imposible de erradicar de la vida política en una sociedad pluralista, la negociación y el llegar a compromisos son características esenciales de los sistemas políticos que maximizan los bienes democráticos.[12]

El concepto de compromiso genera repulsa por otra razón. En la mayor parte del mundo, el término *compromiso* acarrea la connotación de que quien transige «no tiene principios» y, así, es sospechoso moralmente, como en la frase en francés «verse comprometido» (*mettre en compromis*).[13] Esta connotación de transigir con los propios principios deriva a su vez, en parte, de asumir que ciertos bienes —en particular los principios morales— nunca deben ser transigidos o negociados. Si bien este juicio a veces resulta ser cierto, la idea general y tan familiar de Schumpeter ([1942] 1962) y de otros respecto a que los ideales e intereses ideológicos no pueden ser transigidos es incorrecta. Gutmann y Thompson (1996) señalaron que los compromisos pueden ser forjados de tal forma que cada parte respete los valores más profundos de las demás, y que los compromisos efectivos pueden in-

---

12. Véase, por ejemplo, Gutmann y Thompson (2012, cap. 2).

13. Fumurescu (2013) comparó el uso relativamente neutral (o incluso positivo) de la palabra en Inglaterra y los Estados Unidos con el uso peyorativo del término en francés, que a menudo aparecen en la frase *mettre en compromis*. La diferencia con Francia puede emerger del fundamento normativo y práctico de los contratos de la «nación de tenderos» británica y la «república comercial» estadounidense.

cluir ganancias mutuas aun cuando las partes ostentan principios opuestos.[14]

El Acto Comprehensivo de Migración de 2007, un compromiso que contaba con un fuerte apoyo bipartidista pero que en última instancia fracasó, ilustra la naturaleza desordenada de los compromisos clásicos. Combinó una forma de amnistía (que de acuerdo con los conservadores violaba el principio de justicia retributiva) y una forma de discriminación en contra de los inmigrantes ilegales (que según los liberales violaba la justicia distributiva). El senador Arlen Specter, republicano de Pensilvania, quien habló apasionadamente en favor del compromiso, reconocía el problema: «[E]sta enmienda fue caracterizada por el Senador de Nuevo México como la política del compromiso. Bueno, eso puede sonar mal, pero es lo que en realidad sucede todo el tiempo en el Senado. Sucede en todos los cuerpos políticos... [N]o hay nada inapropiado en la política del compromiso. Lo que significa es que sacrificamos lo mejor por lo bueno».

Frente al tema del aborto, por ejemplo —un asunto que se ha creído resistente al compromiso— los proponentes de cada lado pueden hacer concesiones tanto frente a la afirmación de que un embrión tiene elementos de vida humana como a la afirmación de que traer al mundo un hijo no deseado es una tragedia. Los opositores han visto que pueden ponerse de acuerdo en torno al deseo de reducir embarazados no deseados, particularmente entre adolescentes. En casos como estos, la conversación conjunta ayuda a las partes no solo a explorar los compromisos asumidos y expresarlos a los otros sino también a ensayar si se podrían hallar acuerdos posibles en algunos compromisos y hacer concesiones en otros (de tal manera que puedan elaborar soluciones que puedan integrar parcialmente aquello que parecían diferencias absoluta-

---

14. Gutmann y Thompson (1996; 2012, págs. 73-85). Para una posición algo distinta, que también arguye en favor de la posibilidad de transigir a partir de principios/sobre los propios principios, véase Richardson (2002).

mente irreconciliables). Tanto las oposiciones ideológicas como materiales a veces son completamente incompatibles. Sin embargo, se necesitan argumentos (o deliberación) y a menudo el intento de negociar para saberlo.

Instituciones y prácticas facilitadoras de la negociación

Si el bloqueo socava la democracia y la negociación deliberativa la favorece, ¿por qué no tenemos más negociación deliberativa? Hay resistencia frente a la negociación deliberativa no solo porque sus valores distintivos son incomprendidos sino también porque algunas prácticas que la hacen posible pueden de hecho entrar en conflicto con las normas democráticas. Aunque hay muchas clases de reformas que ensancharían las condiciones favorables para las negociaciones deliberativas —elecciones primarias no partidistas o comisiones electorales de distrito independientes, por ejemplo— nos enfocamos en tres prácticas que son efectivas y pueden entrar en conflicto con las normas democráticas: la interacción repetida promovida por los mandatos prolongados, las negociaciones a puerta cerrada, y la provisión de pagos compensatorios para el electorado de un miembro específico del Congreso. Todas facilitan la negociación deliberativa, pero conllevan significativas concesiones normativas. En la discusión que sigue indicamos circunstancias en las que los costes de estas concesiones son reducidas o incluso llegan a ser inexistentes.

Una circunstancia general que puede minimizar las concesiones entre normas democráticas y las tres instituciones que respaldan la negociación aquí discutida es la existencia de una comunidad política relativamente no corrupta, en el sentido tanto de corrupción ilegal como de corrupción institucional generalizada (como aquella causada por las desigualdades masivas en la financiación de campañas).[15] Cuanto más corrupta sea la comunidad política, más

---

15. Acerca de la corrupción institucional, véase Thompson (1995) y Lessig (2012).

altos son los costes de las relaciones «íntimas» creadas por la interacción repetida y las oportunidades de transacciones en beneficio propio (o transacciones en favor de cierto electorado) que ofrecen las sesiones a puerta cerrada y la provisión de pagos compensatorios Las comunidades políticas relativamente no corruptas les permiten a los representantes políticos involucrarse más libremente en negociaciones deliberativas para el bien público.

Un desafío mayor que enfrentan todos los esfuerzos para facilitar la negociación legislativa es el ascenso de las campañas permanentes.[16] Las campañas son certámenes de suma cero, no ocasiones para negociar —mucho menos para negociar deliberativamente—. Las actitudes y prácticas de las campañas no son propicias para la negociación necesaria para gobernar. A medida que hacer campaña se inmiscuye de manera creciente en la práctica gubernamental, las negociaciones se tornan cada vez más difíciles. Los representantes están más enfocados en ganar la siguiente elección que en llegar a acuerdos constructivos. Las relaciones de largo plazo, las deliberaciones a puerta cerrada y los pagos compensatorios que facilitan la cooperación colegiada pueden ser vistos como formas que habilitan a los legisladores a enfocar su mente en gobernar.

Interacción repetida

Muchos teóricos de la negociación, así como muchos representantes elegidos, enfatizan la importancia de las interacciones repetidas a largo plazo, en las cuales las partes opuestas pueden conocerse personalmente —particularmente en contextos distintos de aquellos que implican las cuestiones en torno a las cuales se oponen—. Este tipo de relaciones son especialmente importantes en los órganos legislativos. Como escriben Gutmann y Thompson (2012):

---

16. Gutmann y Thompson conectan de forma explícita la campaña permanente con la dificultad de negociar acuerdos (2012, págs. 3-5, 160-167).

Cuando los adversarios se conocen bien entre sí, es mucho más probable que reconozcan si la negativa de la otra parte a transigir en torno a un principio es una táctica de negociación o un constreñimiento político real. Es menos probable que actúen como los jugadores de un juego clásico de regateo, que se aferran a su máximo beneficio individual, produciendo un resultado que empeora la situación de ambas partes. En las relaciones de largo plazo, los legisladores conocen mejor las intenciones de sus colegas, su fiabilidad y los constreñimientos políticos que enfrentan —y sus colegas saben que es así—. Son jugadores habituales. Esto les permite a todos hacer valoraciones más fiables acerca de cuándo transigir y cuándo no (Gutmann y Thompson, 2012, pág. 170; véase también págs. 177-179, 200-209).

Cuando las interacciones repetidas involucran trabajo conjunto en torno a un problema común, estas son particularmente útiles para incrementar el respeto mutuo y la comprensión que sustentan la negociación deliberativa.[17]

La solución de la interacción repetida entre representantes respalda de manera implícita los mandatos prolongados. Pero los mandatos prolongados a menudo implican elecciones relativamente poco disputadas, y frecuentemente se piensa que la rendición de cuentas de los representantes con sus votantes requiere elecciones genuinamente disputadas. Los índices empíricos de la democracia a menudo cuentan las elecciones relativamente poco disputadas como un claro indicador de carencia de democracia. La tensión normativa entre los beneficios de los mandatos prolongados y los beneficios de elecciones disputadas refleja en cierto grado la tensión entre acción (derivada de la negociación) y resistencia (derivada de la sospecha frente a mandatos prolongados y los motivos potencialmente corruptos o «acomodados» de los representantes). Un público crecientemente desilusionado demanda cada vez más un límite en los mandatos, que estos mandatos sean

---

17. Véase Sherif *et al.* (1961) acerca de los efectos de trabajar conjuntamente con grupos opuestos en un problema que beneficia a las dos partes.

breves y una ligazón más estrecha con la opinión pública. A menudo (aunque no siempre), estas demandas son negativas para la negociación.

Entonces, ¿qué clase de circunstancias nutren las interacciones repetidas de forma tal que sean consistentes con las normas democráticas, especialmente la norma de la capacidad de respuesta de los representantes frente a aquellos que los eligieron? Los mandatos prolongados son más o menos aceptables en la medida en que el electorado está relativamente informado y no está manipulado, posee alternativas potenciales al representante de turno y tiene la capacidad de actuar a partir de alternativas. De este modo, cuanto más se cumplan condiciones como las siguientes, mejor se conformarán los mandatos prolongados a las normas democráticas:

- El representante, en líneas generales, promueve políticas y una dirección política amplia apoyada por la mayoría de electores.
- La mayoría de electores dice que está relativamente satisfecha con su representante.
- La minoría de electores no está profundamente insatisfecha con su representante.
- El sistema de medios masivos, el de los grupos de interés y el de partidos (sea a través de un partido de oposición o de dinámicas internas de partido) gozan de buena salud, son capaces de presentar políticas alternativas y de dar a conocer desviaciones frente a las preferencias o intereses ciudadanos.
- Los ciudadanos son activos implementando otras formas de hacer política y, de esta manera, son capaces de informarse fácilmente y actuar hábilmente en caso de que el representante actual ya no parezca apropiado.

Estos indicadores sugieren que los electores pueden tener suficiente confianza garantizada en sus representantes como para permitirles conformar relaciones duraderas con otros representantes, sin por esto romper o en algún sentido traicionar sus relaciones representativas con sus votantes. Los representantes deberían poder usar sus relaciones de largo aliento para apoyar negociaciones deliberativas en nombre de sus electores.

Interacciones a puerta cerrada

La negociación deliberativa no prospera en escenarios visiblemente públicos. Tanto los representantes políticos como los investigadores sobre negociación concuerdan en que las interacciones relativamente privadas a puerta cerrada proveen los momentos, protegidos de la luz pública —particularmente del monitoreo constante y la vigilancia de grupos de interés bien organizados y hondamente interesados, así como de la prensa en búsqueda de una «primicia»—, en los cuales las partes opuestas puede expresar libremente sus perspectivas y llegar a entender las perspectivas de los otros.[18] Como señalaron Ulbert y Risse (2005, pág. 40):

> Los escenarios privados apartados de la luz pública… como las «conversaciones francas» durante los encuentros del Consejo Europeo,[19] le permiten a los actores explorar compromisos potenciales, la posible justificación de sus intereses y otras cosas similares. Estos escenarios permiten la argumentación y la persuasión, ya que a puerta cerrada los negociadores no tienen que ceñirse a sus preferencias fijas y se les permite «pensar en voz alta» acerca de posibles soluciones negociadas.[20]

---

18. Véase Gutmann y Thompson (1996, págs. 115-116), quienes argumentan que la deliberación secreta es una «forma justificable de alentar mejores discusiones y consideraciones plenas sobre la legislación […] Los legisladores conservan la libertad de cambiar de opinión acerca de un proyecto en respuesta a las discusiones en curso». Véase también Chambers (2009) para el abordaje más extenso a la fecha sobre el tema.

19. N. del T.: el Consejo Europeo, fundado en 1974, «se crea como foro informal de debate entre los jefes de Estado o de Gobierno de los Estados miembros de la UE. Define las orientaciones y prioridades políticas generales de la UE, normalmente con la adopción de Conclusiones. No negocia ni adopta legislación de la UE».

20. Véase asimismo Lewis (1998) y Wallace (2002).

Después de la Convención Federal para diseñar la nueva Constitución de los Estados Unidos, James Madison dijo que no creía que los delegados hubieran podido llegar a un acuerdo acerca de la Constitución si los procedimientos no hubieran sido a puerta cerrada. En su análisis, «si los miembros se hubieran comprometido públicamente al principio, habrían supuesto después que la coherencia les exigía mantener su postura, mientras que gracias a la discusión secreta nadie se sentía obligado a mantener sus opiniones más tiempo del que estuviera satisfecho con sus rectos hábitos y su verdad, y permanecía abierto a la fuerza de los argumentos».[21] El politólogo Jon Elster coincide: «Muchos de los debates de la Convención Federal fueron de hecho de alta calidad: notablemente libres de palabrería y notablemente asentados en argumentos racionales. En contraste, las discusiones en la *Assemblée Constituante* pública estuvieron fuertemente teñidas por la retórica, la demagogia y la sobrepuja» (1995, págs. 251, 244).

En sus estudios sobre las transcripciones de la deliberación parlamentaria en Suiza, Steiner *et al.* (2004) hallaron indicios de que un representante escuchaba a los demás más frecuentemente en los procedimientos apartados de la luz pública en el Parlamento suizo que en los procedimientos abiertos al público. En un estudio que comparó las cartas públicas y privadas enviadas por grupos de presión a los órganos gubernamentales regulatorios, Naurin (2007b, pág. 222) descubrió más justificaciones «de interés propio» en las cartas disponibles de acceso público, presumiblemente porque esas cartas podrían ser vistas por aquellos a quienes representaban los redactores de estas. Asimismo, una audiencia pública alienta a adoptar posturas intransigentes y a congraciarse con los propios electores.[22]

---

21. Citado en Elster (2000, pág. 386). Véase también Stasavage (2004, pág. 688).

22. En el mismo estudio Naurin encontró que los grupos de presión empresariales que actúan a puerta cerrada en sus relaciones con la Comisión Europea se han dado cuenta de que «con el fin de promover sus intereses tienen que argumentar cui-

Ya para 1965, sobre la base de muchos años de negociaciones laborales, los especialistas pioneros en negociación, Walton y McKersie, concluyeron:

> [Las partes] no adoptarán un comportamiento tendiente a resolver problemas a menos que la actividad sea relativamente segura. Tanto la parte como su oponente necesitan tener la seguridad de que si reconocen de manera libre y abierta sus problemas, si exploran de buen grado cualquier solución propuesta, y si discuten con franqueza sus propias preferencias, esta información no será usada en su contra. [...] El uso de transcripciones o de un taquígrafo puede inhibir discusiones exploratorias y tentativas. Las grandes audiencias y la divulgación a personas externas tienen el mismo efecto (Walton y McKersie [1965, pág. 159], citado en Naurin [2007a, pág. 211]).

Hasta ahora, la evidencia empírica de los beneficios deliberativos de las interacciones a puerta cerrada parece incontrovertible.

El problema es que las interacciones a puerta cerrada y no transparentes conllevan serios peligros democráticos. Discutimos tres de ellos: el «derecho a estar informado», la *accountability* y la confianza social. Luego, sugerimos distintos criterios que nos ayudan a juzgar cuándo las reuniones privadas, a puerta cerrada, pueden ser consistentes con las normas democráticas.

La presunción general en favor de la transparencia en las democracias se origina en el hecho de que, para tomar decisiones colectivas, los ciudadanos tienen que estar informados.[23] Pero la cuestión permanece abierta frente a qué tipo de conocimientos son

---

dadosamente en relación con los intereses e ideales púbicos en lugar de regatear desde el autointerés», y que «con respecto al interés propio, la industria de grupos de presión estudiada aquí razonaba mejor a puerta cerrada que en público», dada la presión del votante para que se adopte una postura autointeresada en escenarios públicos (Naurin, 2007b, págs. 9, 8).

23. Véase asimismo Stiglitz (1999) y Florini (2007). La reciente campaña sobre el derecho a la información en la India tenía el eslogan «queremos saber, queremos vivir» (Singh [2007], referenciado en Peters [2013]).

necesarios para respaldar los derechos y poderes de los ciudadanos ejercidos para evaluar a sus representantes y sus decisiones.[24] Distinguimos entre *transparencia en el proceso*, o acceso público a los detalles de las interacciones reales, y *transparencia en la justificación*, o el acceso público a las razones que sustentan el resultado.[25] Si la justificación subyacente es genuina, en muchos casos eso es todo lo que los ciudadanos necesitan saber para estar informados, permitiendo que el proceso en sí permanezca a puerta cerrada. El problema práctico es que esa justificación puede no ser genuina y, a menudo, la única manera en que los ciudadanos pueden darse cuenta de esto es teniendo acceso al proceso.

Los problemas que plantean estas reuniones privadas en términos de *accountability* se alinean con aquellos del derecho a informarse. El concepto de *accountability* tradicionalmente significa «dar cuenta de» —esto es, proveer las razones de nuestras acciones—. En una relación mandante-agente, en la cual el mandante ha contratado o encomendado al agente para que actúe en favor del interés del primero, el agente debe poder dar cuenta de cualquier posible desviación frente a aquellos intereses. Más recientemente, la *accountability* ha llegado a significar una combinación de monitoreo y sanción, y, claro, el monitoreo requiere transparencia para que los sucesos puedan ser monitoreados. En un gobierno democrático representativo, hoy se espera mucha más transparencia que aquella experimentada en la fundación de Estados Unidos, cuando los delegados a la Convención Federal debatían si requerir o no que la votación en voz alta llamando a lista fuera pública. En los primeros años de la república, las sesiones a puerta cerrada en el Congreso fueron frecuentes.[26] Stasavage (2004, pág. 671) señaló

---

24. Véase Thompson (1999), especialmente la sección de «¿Cuánto debe correrse el velo?».

25. Para esa distinción, véase Mansbridge *et al.* (2010); véase asimismo Gutmann y Thompson (2012, págs. 59-60).

26. Para los debates de la Convención acerca del acceso público a los votos de los representantes, véase Madison Debates, 10 de agosto de 1787, http://avalon.law.yale.

que «existe evidencia clara en Estados Unidos y Reino Unido de que las demandas en favor de la transparencia aparecieron durante períodos de marcados temores con respecto a que los representantes fueran sesgados. En abierto contraste, en períodos durante los cuales los temores sobre el sesgo estaban menos presentes, el público aceptaba mejor las sesiones a puerta cerrada».

La fuente más seria de parcialidad es la influencia indebida de grupos poderosos, combinada con el temor a que cualquier concesión hecha a esos grupos será oscurecida en la justificación que posteriormente se haga pública. El uso instrumental de la transparencia en el proceso para identificar y, posteriormente, evitar tal influencia dependerá del grado de influencia indebida de los intereses especiales, y de hasta qué punto la transparencia en el proceso revelaría dicha influencia.

El conjunto de asuntos y las negociaciones de políticas normativamente más problemáticas que se benefician del secreto son aquellas profundamente controversiales, divisivas, o que generalmente involucran alguna dificultad —y quizás un intercambio impopular del tipo *quid pro quo*—. Por ejemplo, los conflictos que se desarrollan en el Consejo de la Unión Europea, que de todas maneras opera más como un foro para la negociación internacional que como el parlamento de una comunidad política, usualmente están relacionados con intereses nacionales a nivel sectorial y no con ideas políticas generales (Thomson, 2011). El vínculo entre los negociadores del Consejo y sus electores está basado en la geografía y la nacionalidad más que en la ideología política. Los debates en el Consejo no demostrarían el conflicto entre, por ejemplo, liberales y conservadores, sino entre alemanes y griegos o entre po-

---

edu/18th_century/debates_810.asp. Agradecemos a Gregory Koger por esta referencia. Todas las asambleas del período colonial de los Estados de los Estados Unidos se reunieron en secreto, y no fue sino hasta 1794 que el Senado votó a favor de abrir los debates al público. En 1689, 1738 y 1771 la Cámara de Representantes debatió sobre si vetaba la prohibición de publicar sus actas (Stasavage, 2004, págs. 685-686).

lacos e italianos. Una razón importante por la cual el Consejo se ha abstenido de tener esos debates en público es el temor a que estos, conducidos en términos de «nosotros» y «ellos», dividan y reduzcan, en lugar de aumentar, en opinión de los europeos, la legitimidad de la Unión Europea. Ulbert y Risse (2005, pág. 359), por tanto, sugirieron que para que las discusiones públicas tengan la mayor influencia constructiva, cierto grado de imparcialidad es necesario en el público. Cuando estas condiciones no se sostienen, y cuando prevalece el nacionalismo, consideran que existen buenos argumentos para sostener las negociaciones a puerta cerrada. Si el Consejo de la Unión Europea se llegara a convertir en algo parecido a un parlamento, afirman, donde los miembros y los ciudadanos se concibieran, al menos en parte, como representantes o ciudadanos de toda la Unión, las negociaciones podrían ser más públicas.

El problema con respecto a las normas democráticas es que los ciudadanos no solo quieren que sus intereses sean representados, sino que también estén sus voces y, hasta cierto grado, ellos mismos. Si de hecho son nacionalistas o tiene posturas sobre algunos asuntos que son más extremas que las del votante promedio, quieren que esas perspectivas sean representadas. Aquellos más activos políticamente no solo quieren que sus perspectivas sean representadas, sino que se luche por ellas *dentro del propio proceso*. Ahora, la transparencia en el proceso le permite a este tipo de ciudadanos monitorear a sus representantes para prevenir que transijan en sus principios. La transparencia en la justificación no es suficiente para este fin. La transparencia en la justificación tampoco cumplirá usualmente el deseo de ver reflejada nuestra voz en el proceso a menos que la justificación también exhiba el argumento más fuerte o más enérgicamente expresado por todas las partes. En esas circunstancias, independientemente de la bondad o maldad normativa de mantener posiciones extremas, los procesos a puerta cerrada implican el coste normativo de socavar el poder de los ciudadanos para monitorear el proceso o escuchar las voces expresadas en los argumentos.

Además de los beneficios democráticos del derecho a informarse y la *accountability*, recientemente la transparencia en el proceso ha sido presentada como un medio para apuntalar la confianza ciudadana en el Gobierno. No obstante, la transparencia puede no tener este efecto. Diversos estudios no encuentran efecto alguno de la transparencia en la confianza y la aceptación de procedimientos.[27]

Dados los problemas normativos puestos de manifiesto por el derecho a informarse y la *accountability*, sugerimos cuatro circunstancias bajo las cuales es más probable que las sesiones a puerta cerrada, que facilitan la negociación deliberativa, sean aceptables democráticamente.

Primero, sería mejor si los ciudadanos mismos tienen la oportunidad de deliberar y ponerse de acuerdo sobre el carácter privado de las negociaciones. Este «metaacuerdo», o acuerdo de «segundo orden», legitimaría la negociación a puerta cerrada.[28] Esta condición usualmente puede cumplirse en el caso de decisiones acerca de operaciones militares, que afecten la seguridad nacional, o del mercado (por ejemplo, las deliberaciones de la Reserva Federal de los Estados Unidos). Pero son difíciles de cumplir en el caso de la legislación ordinaria. Cuanto más controvertida sea la ley, más ciudadanos querrán saber acerca del proceso que la produjo. Cuando los ciudadanos no entienden las razones para las sesiones a puerta cerrada, y cuando la tendencia natural es querer toda la información disponible, el requisito del acuerdo ciudadano es difícil de cumplir. En tanto en una democracia una mayoría de ciudadanos se opone a procesos no transparentes, en esa medida estos son ilegítimos.

---

27. Véase Grimmelikhuijsen (2012), De Fine Licht (2011) y De Fine Licht *et al.* (2013). Véase también Bauhr y Grimes (2013) para un estudio correlacional.

28. Para la «publicidad de segundo orden», véase Gutmann y Thompson (1996, 105) y Thompson (1999); para la «metatransparencia» véase Neumann y Simma (2013). Ambos términos se refieren a hacer transparentes las razones y el alcance de cualquier falta de transparencia. N. del T: publicidad se entiende aquí no como propaganda o mercadeo sino en relación con la visibilidad pública.

Una posible solución puede ser hacer públicos los registros de las reuniones confidenciales en una fecha posterior. Esta solución puede funcionar bien para instituciones como la Reserva Federal de Estados Unidos («la Fed»), donde el acceso a los pros y contras de las posibles decisiones en el momento en que se están tomando causaría, de hacerse públicos, una considerable inestabilidad en el mercado. Al igual que al establecer privacidad en asuntos de seguridad nacional, la razón para esta privacidad no está relacionada con la calidad de la deliberación (véase Peters, 2013).

Las situaciones en las que la visibilidad pública perjudica la calidad de la deliberación tienen una estructura diferente: los negociadores tienen que preocuparse respecto a conversaciones informales, expresivas y desprevenidas y propuestas tentativas que más adelante pueden ser asumidas en los contextos estratégicos del debate público como traición a los principios o como un acto de vender a los votantes. Ya que los registros públicos tienen una duración indefinida, los negociadores van a necesitar el compromiso de que las demoras *ex post* en la *transparencia en el proceso* (en oposición a aquella transparencia *en la justificación*) durarán al menos lo que dure su carrera política. De otro modo, los negociadores posiblemente van a tratar las negociaciones a puerta cerrada como si fueran negociaciones públicas, sabiendo que cualquier cosa que digan puede ser usada en contra suya más adelante.

Una segunda condición es la confianza. Las negociaciones a puerta cerrada tienen menos problemas normativos cuando los electores tienen motivos para confiar en sus representantes. En un sistema político afectado por un cinismo público generalizado, los representantes individuales tendrán que trabajar duro para ganarse la confianza de sus electores. No obstante, algunos representantes son de hecho confiables. Sus electores pueden creer justificadamente que su representante es «como» ellos, o pueden tener otra razón —como la reputación— para creer que su representante actuará en favor de sus intereses, incluso a puerta cerrada.[29] Al igual que con los mandatos prolongados, esta confianza garantizada es el mejor argumento normativo para habilitar las negociaciones a puerta cerrada. En este caso, como en muchos otros, una sociedad construida en torno a altos niveles de confiabilidad —y el consecuente alto grado de confianza social— puede ser mucho más eficiente, así como atractiva normativamente, que las sociedades en las que la confianza está menos garantizada (Warren, 1999).

Una tercera condición que puede ayudar a reconciliar las negociaciones a puerta cerrada con las normas democráticas sería que los intereses relevantes sean representados equitativamente en la negociación. La exclusión de los intereses de las partes afectadas de la consideración, cuando no de la representación, es una evidencia *prima facie* de un proceso ilegítimo. Más aún, como señaló Chambers, «frente a cuestiones fundamentales que afectan a un público amplio, cuanto más secreto y cerrado sea el debate, más importante es que todos los puntos de vista sean representados» (2004, pág. 397).

La cuarta y última condición, pero igualmente crucial, es que después de la negociación los negociadores hagan pública la justificación íntegra del resultado. Debería ser suficiente para las normas democráticas de inclusión y el acuerdo aceptable que las justificaciones de las propuestas y acuerdos sean públicas y transparentes, en lugar de que todos y cada uno de los aspectos que condujeron al acuerdo lo sean.[30] Las cuestiones de por qué este acuerdo es un buen trato, por qué esta solución es la correcta, y cuál es la justificación pública global del resultado, deberían ser argumentadas públicamente para que los votantes puedan discutir esa justificación y, posiblemente, ejercer las críticas y sanciones re-

---

29. Acerca del «modelo de selección» de la representación, véase Fearon (1999), Besley (2006) y Mansbridge (2009).

30. La propia prueba establecida por Kant era que «todas las acciones que se refieren al derecho de otras personas cuyas *máximas* no estén en concordancia con la publicidad son injustas» (2011, énfasis añadido).

trospectivas.[31] Lo ideal sería que los representantes ofrecieran razones para sus acciones en un proceso de doble vía, involucrándose con sus electores o representantes de su grupo de interés en una discusión en torno a por qué aceptaron un acuerdo o una propuesta de acuerdo. Ya que en la práctica una comunicación de doble vía con los electores consume mucho tiempo, la publicidad dada al asunto por los debates públicos entre representantes elegidos o grupos de interés suele ser suficiente.[32]

Para resumir, creemos que existen dos tipos de circunstancias que reconcilian las negociaciones a puerta cerrada con las normas democráticas, a saber:

- Los ciudadanos tienen la oportunidad de deliberar acerca de la justificación de las negociaciones a puerta cerrada.
- Los ciudadanos tienen una confianza (justificada y amplia) en sus representantes y, consecuentemente, tienen motivos para confiar en ellos para negociar a puerta cerrada.
- Los intereses de los afectados (o potencialmente afectados) deberían estar representados efectivamente en la negociación.
- Los negociadores, por ende, son transparentes en las justificaciones de sus decisiones, proveyendo la suficiente información y razonamiento para que los ciudadanos puedan participar de un debate informado y evaluarlo con conocimiento de causa.

---

31. Véase Lindstedt y Naurin (2010) acerca de la importancia de que la información que podría informar la deliberación ciudadana «de hecho llegue al público y sea recibida por este».

32. Véase Naurin (2013) para la distinción entre «transparencia» (es decir, hacer que la información esté disponible) y «publicidad» (esto es, lograr que el público se percate de la información). Bajo las mejores condiciones posibles, un proceso de «dos pasos» (Lazarsfeld *et al.* 1944, págs. 151 y sigs.), en el cual las fuentes públicas ponen a disposición la información y los individuos mejor informados publican las partes relevantes, producirá información relevante en una forma comprensible para el público.

Pagos compensatorios

Por último, los teóricos de la negociación a menudo llaman «intercambio de favores» (*logrolling*)[33] a las transacciones hechas vía pagos compensatorios en negociaciones parcialmente integradoras.[34] El nombre, tomado de la negociación legislativa, tiene una connotación normativa negativa en el habla común, aunque no en la literatura sobre negociación o incluso en parte de la ciencia política. El intercambio de favores se refiere en primera instancia al intercambio de votos, en el cual un legislador le promete a otro votar por su proyecto si este vota a favor del proyecto del primero. Los representantes pueden intercambiar ya sea proyectos costosos o costosas reducciones de impuestos. Gran parte de los intercambios se refieren a proyectos electoralistas o de «distribución no programática» (*pork-barrel*),[35] que benefician principalmente a los electores de un legislador concreto o a una parte de ellos. Este tipo de intercambio no sería necesario si cualquiera de los dos proyectos pudiera obtener la mayoría por sí solo. Por lo general, cada componente del intercambio solo beneficia a un grupo relativamente pequeño, a expensas de la totalidad de los contribuyentes.

---

33. N. del T.: *Logrolling* es una expresión usada para designar los acuerdos entre dos o más legisladores, en especial para votar afirmativamente los respectivos proyectos de los involucrados. El término procede del juego entre leñadores que se balancean en un tronco (*log*) para mantenerlo en equilibrio (o balancín).

34. «El intercambio de favores es el acto de efectuar intercambios mutuamente beneficiosos entre los recursos considerados» (Thompson y Hrebec, 1996, pág. 398).

35. N. del T.: *Pork-barrel* es una metáfora que alude a la opacidad en la asignación de recursos y a su desperdicio. Es una expresión usada en la legislación estadounidense para referirse a acciones para congraciarse con un distrito electoral específico, sin incurrir en relaciones uno a uno de tipo patronal o clientelar. Hace parte del denominado presupuesto táctico o no programático, de tinte eminentemente electoralista, que «ocurre cuando no existen criterios claros (o transparentes)» en la asignación de recursos, ni «discusión pública al respecto». Leyva-Botero, Santiago; Mejía-Betancur, Claudia; Fortou, Jose Antonio (2021), «Más allá del clientelismo y la técnica: la *distribución política* del presupuesto gubernamental en Colombia», *Revista* CS, 35, págs. 125-153.

En casos así el problema normativo es que los beneficios solo se dirigen a algunos miembros de la población (es decir, «beneficios intensos») pero son costeados por todos (es decir, «costes difusos») (Gutmann y Thompson 2012, págs. 15-16). El resultado es ineficiente y, puede decirse, contrario al bien común. Tal como escribió Pennock en 1970, el intercambio de favores en relación con los proyectos electoralistas «es discriminatorio y tiende a resultar en un gasto excesivo» (1970, pág. 714). El problema desde la perspectiva de las normas democráticas es que aquellos afectados —el público en general— están excluidos del proceso decisorio. Es probable que los legisladores calculen que no podrían justificarles esos intercambios a las mayorías afectadas. En promedio, es improbable que los asuntos que requieran el intercambio de favores sean de interés público, al menos en primera instancia.

No todo intercambio es intercambio de favores en este sentido. Los intercambios pueden reflejar intensidades divergentes de preferencias sobre un asunto, lo cual ofrece oportunidades para intercambios normativamente inobjetables en los que se cambian valores negativos por valores positivos, permitiendo soluciones parcialmente integradoras que representan mejoras sobre el *statu quo* de todas las partes interesadas. Sin embargo, incluso cuando se trata de negociar sobre asuntos que implican un intercambio de favores sobre distribuciones no programáticas, la cuestión de si el intercambio es en conjunto bueno o malo depende a menudo del tipo de asuntos y de los tipos de intercambios. Tales valoraciones serán contingentes de acuerdo con las circunstancias.

Si bien en términos normativos hay mucho que decir en contra de los pagos compensatorios —los legisladores que intercambian votos pueden no ser más que agentes bien posicionados que capturan rentas para su electorado, por ejemplo—, todos los manuales de negociación recomiendan expandir el área de asuntos negociables para incluir pagos compensatorios de diverso tipo. Solo a través de dicha expansión las partes cuyas posturas no generan una zona de acuerdo posible pueden hallar políticas que benefician a todo el mundo. La oposición a los pagos compensatorios emerge principalmente porque generan un coste al contribuyente sin el escrutinio —legislativo o judicial— necesario para determinar que están de hecho justificados como parte de los acuerdos que mejoran el *statu quo*.[36]

En la actualidad, podemos decir de manera tentativa que los pagos compensatorios son más o menos aceptables bajo las siguientes circunstancias:

- Los pagos compensatorios deberían ser trasparentes.
- Los pagos compensatorios deberían pasar la prueba del escrutinio coste-beneficio en la asignación como tal; esto es, tiene que haber un beneficio global para la colectividad que sirve como medida frente al coste de proveer dicho beneficio.
- La justificación del beneficio provisto por el pago compensatorio debe ser justificable para aquellos afectados (por ejemplo, los contribuyentes) que no estuvieron involucrados en el trato. Es decir, que debe haber transparencia en la justificación.
- Los pagos compensatorios tienen que ser necesarios para negociar un acuerdo.
- Los pagos compensatorios tienen que ser parte de un compromiso justo o una solución parcialmente integradora.

Conclusión

La democracia es, antes que nada, el gobierno del pueblo. El sistema político estadounidense, sin embargo, fue diseñado, ante todo, para evitar la tiranía, en gran medida a través del dispositivo institucional de la separación de poderes. En consecuencia, el sistema empodera a múltiples actores para prevenir la acción colectiva aun

---

36. Al respecto, véase el sistema británico de *private bills*. N. del T.: en el sistema de *private bills* los representantes presentan un proyecto al parlamento sin actuar en nombre de la rama ejecutiva.

en el caso en que la gente prefiera actuar colectivamente y la mayoría se beneficiase. En tales sistemas, los representantes electos por el pueblo *negocian* entre sus numerosos puntos potenciales de veto con el objetivo de llegar a un acuerdo. Para alcanzar esta meta, tienen que negociar de forma tal que les permita descubrir mutuamente intereses comunes, intereses solapados, intereses convergentes y acuerdos justos. Esto es, tienen que involucrarse en una *negociación deliberativa.*

Nuestro objetivo en este capítulo ha sido desarrollar el concepto de negociación deliberativa, consciente no solo de los perjuicios de los bloqueos para la democracia sino también del alto grado en que el sistema político depende de esta clase de procedimientos para lograr acuerdos y producir, así, resultados democráticos. Clarificamos el concepto con este contexto en mente. También buscamos identificar características de instituciones que respalden la negociación deliberativa. Nos enfocamos en tres de ellas —interacciones repetidas, interacciones a puerta cerrada y pagos compensatorios— en gran medida porque estas plantean importantes cuestiones normativas en una democracia. Reconocemos que nuestra aplicación de los ideales de la democracia a la cuestión de la negociación se encuentra en una etapa relativamente temprana y esperamos la contribución de futuros investigadores.

Nota: este capítulo fue escrito principalmente por Mark Warren y Jane Mansbridge, basándose en ideas y aportes de los otros miembros del Grupo de Trabajo en Normatividad de la APSA Presidential Task Force on Negotiating Agreement in Politics: André Bächtiger, Maxwell A. Cameron, Simone Chambers, John Ferejohn, Alan Jacobs, Jack Knight, Daniel Naurin, Melissa Schwartzberg, Yael Tamir, Dennis Thompson y Melissa Williams. Los miembros sugirieron diversas ideas y citas que aparecen aquí, mejoraron la estructura del capítulo y escribieron borradores de partes del mismo. Daniel Naurin hizo contribuciones particularmente importantes a la Tabla 1. Si bien cada investigador(a), de haberlo escrito de forma independiente, hubiera puesto su propio acento, el capítulo representa una dirección de pensamiento que los miembros respaldan colectivamente.

Bibliografía

Albin, C. (2001). *Justice and Fairness in International Negotiation*, Cambridge University Press, Cambridge.

Applbaum, A. (1998). *Ethics for Adversaries: The Morality of Roles in Public and Professional Life*, Princeton University Press, Princeton.

Bachrach, P.; Baratz, M. S. (1962). «Two Faces of Power», *American Political Science Review*, 56 (4): 947-952.

— (1963). "«Decisions and Nondecisions: An Analytical Framework"»., *American Political Science Review*, 57 (3): 632-642.

Bauhr, M.; Grimes, M. (2013). «Indignation or Resignation: The Implications of Transparency for Societal Accountability», *Governance: An International Journal of Policy, Administration, and Institutions*, doi: 10.1111/gove.12033.

Beckmann, N. W. (1977). *Negotiations: Principles and Techniques*, Lexington Books, Lexington, MA.

Beitz, C. R. (1989). *Political Equality: An Essay in Democratic Theory*, Princeton, Princeton, NJ.

Besley, T. (2006). *Principled Agents? The Political Economy of Good Government*, Oxford University Press, Oxford.

Burnam, J. (2010). «The President and the Environment: A Reinterpretation of Neustadt's Theory of Presidential Leadership», *Congress & the Presidency*, 37 (3): 302-322.

Burns, J. MacGregor (1963). *The Deadlock of Democracy*, Englewood Cliffs: Prentice-Hall.

Carr, A. Z. (1968). «Is Business Bluffing Ethical?», *Harvard Business Review*, enero-febrero, 143-153.

Chambers, S. (2003). «Deliberative Democratic Theory», *Annual Review of Political Science*, 6: 307-326.

— (2004). «Behind Closed Doors: Publicity, Secrecy, and the Quality of Deliberation», *Journal of Political Philosophy*, 12 (4): 389-410.

— (2009). ""«Rhetoric and the Public Sphere: Has Deliberative Democracy Abandoned Mass Democracy?"», *Political Theory*, 37 (3): 323-350.

Checkel, J. T. (2001). «Why Comply? Social Learning and European Identity Change», *International Organization*, 55 (3): 553-588.

Cohen, J. (2007). «Deliberación y legitimidad democrática», *Cuaderno Gris*, 9: 127-142.

Cohen, M. (2013). «Popular Governors, and Prospects for 2016», 28 de mayo, http://fivethirtyeight.blogs; nytimes.com/2013/05/28/popular-governors-and-prospects-for-2016/?_r=0

De Fine Licht, J. (2011). «Do We Really Want to Know? The Potentially Negative Effect of Transparency in Decision Making on Perceived Legitimacy», *Scandinavian Political Studies*, 34 (3): 183-201.

De Fine Licht, J.; Naurin, D.; Esiasson, P.; Gilljam, M. (2013). «Does Transparency Generate Legitimacy? An Experimental Study of Procedure Acceptance of Open- and Closed-Door DecisionMaking», *Governance: An International Journal of Policy, Administration, and Institutions*, doi:10.111/ gove.12021.

Dryzek, J. (2000). *Deliberative Democracy and Beyond: Liberals, Critics, Contestations*, Oxford University Press.

Ehrenhalt, A. (1982). «Special Report: The Individualist Senate», *Congressional Quarterly*, 4 de septiembre, 2175-2182.

Elster, J. (1995). «Strategic Uses of Argument», en *Barriers to Conflict Resolution*, Kenneth Arrow, Robert H. Mnookin, Lee Ross, Amos Tversky y Robert Wilson (eds.), W.W. Norton and Company, Nueva York.

— (1998). ""«Deliberation and Constitution Making"», en. In *Deliberative Democracy*, ed. Jon Elster (ed.),. Cambridge: Cambridge University Press, Cambridge.

— (2000). "«Arguing and Bargaining in Two Constituent Assemblies"»,. *University of Pennsylvania Journal of Constitutional Law*, 2: 345-421.

— (2007). «El mercado y el foro: tres formas de teoría política», *Cuaderno Gris*, 9: 103-126.

Fearon, J. D. (1999). «Electoral Accountability and the Control of Politicians: Selecting Good Types versus Sanctioning Poor Performance», en *Democracy, Accountability, and Representation*, Adam Przeworski, Susan C. Stokes y Bernard Manin (eds.), Cambridge University Press, Cambridge.

Fisher, R.; Ury, W.; Patton, B. (1991). *Getting to Yes: Negotiating Agreement Without Giving In*, Houghton Mifflin, Boston.

Fishkin, J. (2005). «Defending Deliberation», *Critical Review of International Social and Political Philosophy*, 8: 71-78.

Florini, A. (2007). «Conclusions», en *The Right to Know: Transparency for an Open World*, Ann Florini (ed.), Columbia University Press, Nueva York.

Follett, M. P. [1925] (1942). «Constructive Conflict», en *Dynamic Administration: The Collected Papers of Mary Parker Follett*, H. C. Metcalf y L. Urwick (eds.), Harper, Nueva York.

Fumurescu, A. (2013). *Compromise: A Political and Philosophical History*, Cambridge University Press. Cambridge.

Fung, A. (2013). «The Principle of Affected Interests: An Interpretation and Defense», en *Representation: Elections and Beyond*, Jack H. Nagel y Rogers M. Smith (eds.), University of Pennsylvania Press, Filadelfia.

Goodin, R. E. (2007). «Enfranchising All Affected Interests, and Its Alternatives», *Philosophy and Public Affairs*, 35 (1): 40-68.

— (2008). *Innovating Democracy: Democratic Theory and Practice after the Deliberative Turn*, Oxford University Press.

Grimmelikhuijsen, S. G. (2012). *Transparency and Trust: An Experimental Study of Online Disclosure and Trust in Government*, Utrecht University, Utrecht.

Groseclose, T.; McCarty, N. (2001). «The Politics of Blame: Bargaining Before an Audience», *American Journal of Political Science*, 45 (1): 100-119.

Gutmann, A.; Thompson, D. (1996). *Democracy and Disagreement*, Harvard University Press, Cambridge.

— (2004). *Why Deliberative Democracy?*, *Princeton:* Princeton University Press, Princeton.

— (2012). *The Spirit of Compromise: Why Governing Demands It and Campaigning Undermines It*, . Princeton,: Princeton University Press, Princeton.

Habermas, J. (1994). *Historia y crítica de la opinión pública. La transformación estructural de la vida pública*, Gustavo Gili, Barcelona.

— (1999). *Teoría de la acción comunicativa. Vols. 1 y 2*, Taurus, Madrid.

— [1992] (1998). *Facticidad y validez. Sobre el derecho y el Estado democrático de derecho en términos de teoría del discurso. Madrid:*, Trotta, Madrid.

Hacker, J.; Pierson, P. (2010). *Winner-Take-All Politics: How Washington Made the Rich Richer and Turned Its Back on the Middle Class*, Simon and Schuster, Nueva York.

Hamilton, A. [1788] (2008). «Federalist 34», en *The Federalist Papers*, Alexander Hamilton, James Madison, y John Jay, Oxford University Press, Oxford.

Jacobsson, K.; Vifell, A. (2003). «Integration by Deliberation? On the Role of Committees in the Open Method of Coordination», inédito, State Center for Organized Research (SCORE), Estocolmo.

— (2011). Kant, Immanuel, K., *Sobre la paz perpetua*, Mardrid: Akal, Madrid.

King, A. (1997). *Running Scared: Why America's Politicians Campaign Too Much and Govern Too Little*, Simon & Schuster, Nueva York.

Knight, J.; Johnson, J. (1994). «Aggregation and Deliberation: On the Possibility of Democratic Legitimacy», *Political Theory*, 22 (2): 277-296.

— (2011). *The Priority of Democracy: Political Consequences of Pragmatism,*. New York: Russell Sage Foundation, Nueva York.

Lazarsfeld, P. F.; Berelson, B.; Gaudet, H. (1944). *The People's Choice: How the Voter Makes up His Mind in a Presidential Campaign*, Columbia University Press, Nueva York.

Lax, D. A.; Sebenius, J. K. (1986). *The Manager as Negotiator*, Free Press, Nueva York.

Lessig, L. (2012). *Republic, Lost: How Money Corrupts Congress—and a Plan to Stop It*, Twelve, Nueva York.

Lewis, J. (1998). «Is the "Hard Bargaining" Image of the Council Misleading? The Committee of Permanent Representatives and the Local Elections Directive», *Journal of Common Market Studies*, 36 (4): 479-504.

Lindstedt, C.; Naurin, D. (2010). «Transparency is not Enough. Making Transparency Effective in Reducing Corruption», *International Political Science Review*, 31(3): 301-322.

List, C.; Luskin, R. C.; Fishkin, J. S.; McLean, I. (2013). «Deliberation, Single-Peakedness, and the Possibility of Meaningful Democracy: Evidence from Deliberative Polls», *The Journal of Politics*, 75 (1): 80-95.

Manin, B. (2005). «Democratic Deliberation: Why We Should Promote Debate Rather Than Discussion», ponencia presentada en el *Program in Ethics and Public Affairs Seminar*, Princeton University, Princeton, NJ.

Mansbridge, J. (2009). «The "Selection Model" of Political Representation», *The Journal of Political Philosophy*, 17 (4): 369-398.

— (2011). "«On the Importance of Getting Things Done"»,. *P.S.: Political Science and Politics*, 45: 1-8.

Mansbridge, J.; Bohman, J.; Chambers, S.; Estlund, D.; Føllesdal, A.; Fung, A.; Lafont, C.; Manin, B.; Martí, J. L. (2010). «The Place of Self-Interest and the Role of Power in Deliberative Democracy», *The Journal of Political Philosophy*, 18 (1): 64-100.

Mansbridge, J.; Warren, M.; Bächtiger, A.; Cameron, M. A.; Chambers, S.; Ferejohn, J.; Jacobs, A.; Knight, J.; Naurin, D.;

Schwartzberg, M.; Tamir, J.; Thompson, D.; Williams, M. (2015). «Deliberative Negotiation», en *Political Negotiation*, Jane Mansbridge & Cathie Jo Martin (eds.), Brookings, Washington DC.

Menkel-Meadow, C.; Wheeler, M. (2004). *What's Fair: Ethics for Negotiators*, Jossey-Bass, San Francisco.

Morgenthau, H. (1950). *Politics among Nations*, Alfred A. Knopf, Nueva York.

Nagel, J. (1975). *A Descriptive Analysis of Power*, Yale University Press, New Haven.

Naurin, D. (2007a). *Deliberation behind Closed Doors: Transparency and Lobbying in the European Union*, ECPR Press, Colchester.

— (2007b). "«Backstage Behavior? Lobbyists in Public and Private Settings in Sweden and the European Union"», *Comparative Politics*, 39 (2): 209-228.

Neumann, T.; Simma, B. (2013). «Transparency in International Adjudication», en *Transparency in International Law*, Andrea Bianchi y Anne Peters (eds.), Cambridge University Press, Cambridge.

Newport, F. (2013). «Congressional Approval Sinks to Record Low», Gallup Organization, Princeton, nota de prensa del 13 de noviembre, http://www.gallup.com/poll/165809/congressional-approvalsinks-record-low.aspx?version=print

Ober, J. (2008). «The Original Meaning of "Democracy": Capacity to Do Things, Not Majority Rule», *Constellations*, 15 (1): 3-9.

Odell, J. S. (2012). «Negotiation and Bargaining», en *Handbook of International Relations*, Walter Carlsnaes, Thomas Risse, y Beth A. Simmons (eds.), Sage Publications, Londres.

Ornstein, N.; Mann, T. (2000). *The Permanent Campaign and Its Future*, American Enterprise Institute, Washington, DC.

Pedrini, S.; Bächtiger, A.; Steenbergen, M. R. (2013). «Deliberative Inclusion of Minorities: Patterns of Reciprocity among Linguistic Groups in Switzerland», *European Political Science Review*, 5:483-512.

Pennock, J. R. (1970). «The "Pork Barrel" and Majority Rule», *Journal of Politics*, 32:709-716.

Peters, A. (2013). «Towards Transparency as a Global Norm», en *Transparency in International Law*, Andrea Bianchi y Anne Peters (eds.), Cambridge University Press, Cambridge.

Pruitt, D. G. (1983). «Achieving Integrative Agreements», en *Negotiating in Organizations*, Max H. Bazerman y Roy J. LeWicki (eds.), Sage Publications, Beverly Hills, CA.

Przeworski, A. (1998). «Deliberation and Ideological Domination», en *Deliberative Democracy*, Jon Elster (ed.), Cambridge University Press, Cambridge.

Putnam, R. D. (1988). «Diplomacy and Domestic Politics: The Logic of Two-Level Games», *International Organization*, 42 (3): 427-460.

Rae, D. W. (1975). «The Limits of Consensual Decision», *American Political Science Review*, 69: 4, diciembre, (December), 1270-1294.

Raiffa, H. (1982). *The Art and Science of Negotiation*, Harvard University Press, Cambridge.

Rawls, J. (1971). *A Theory of Justice*, Harvard University Press, Cambridge, MA.

— (2002). *Justicia como equidad. Una reformulación*, Paidós, Barcelona.

Richardson, H. S. (2002). *Democratic Autonomy: Public Reasoning about the Ends of Policy*, Oxford University Press, Oxford.

Schumpeter, J. A. [l942] (1962). *Capitalism, Socialism and Democracy*, Harper and Row, Nueva York.

Schwartzberg, M. (2013). *Counting the Many*, Cambridge University Press, Cambridge.

Shapiro, I. (2003). *The State of Democratic Theory*, Princeton University Press, Princeton, NJ.

Sherif, M.; Harvey, O. J.; White, B. J.; Hood, W. R.; Sherif, C. W. (1961). *Intergroup Conflict and Cooperation: The Robbers Cave Experiment*, University Book Exchange, Norman, OK.

Singh, S. (2007). «India: Grassroots Initiatives», en *The Right to Know*, Florini (ed.), 19-53.

Stasavage, D. (2004). «Open-Door or Closed-Door? Transparency in Domestic and International Bargaining», *International Organization*, 58 (4): 667-703.

Steiner, J.; Bächtiger, A.; Spörndli, M.; Steenbergen, M. R. (2004). *Deliberative Politics in Action: Analysing Parliamentary Discourse*, Cambridge University Press, Cambridge.

Stiglitz, J. (1999). «On Liberty, the Right to Know, and Public Discourse: The Role of Transparency in Public Life», en *Globalizing Rights, The Oxford Amnesty Lectures 1999*, Matthew Gibney (ed.), Oxford University Press, Oxford, 115-156.

Stokes, S. (1998). «Pathologies of Deliberation», en *Deliberative Democracy*, Jon Elster (ed.), Cambridge University Press, Cambridge.

Sunstein, C. R. (1988). «Beyond the Republican Revival», *The Yale Law Journal*, 97 (8): 1539-1590.

Thompson, D. F. (1995). *Ethics in Congress: From Individual to Institutional Corruption*, The Brookings Institution, Washington, DC.

— (1999). «Democratic Secrecy», *Political Science Quarterly*, 114 (2): 184-185.

— (2002). *Just Elections: Creating a Fair Electoral Process in the United States*, University of Chicago Press, Chicago.

Thompson, L.; Hrebec, D. (1996). «Lose-Lose Agreements in Interdependent Decision Making», *Psychological Bulletin*, 120 (3): 396-409.

Thomson, R. (2011). *Resolving Controversy in the European Union: Legislative Decision-Making Before and After Enlargement*, Cambridge University Press, Cambridge.

Ulbert, C.; Risse, T. (2005). «Deliberately Changing the Discourse: What Does Make Arguing Effective?», *Acta Politica*, 40: 351-367.

United States Constitutional Convention (1937). *The Records of the Federal Convention of 1787*, Max Ferrand (ed.), 3 vols, Yale University Press, New Haven.

Van Parijs, P. (2012). «What Makes a Good Compromise?», *Government and Opposition*, 47 (3): 466-480.

g